Antes...
e Depois...

Antes... e Depois...

psicografia Marcial Jardim
Espírito Álvaro

Aliança

1ª edição, 1ª reimpressão, julho/2010, do 6º ao 7º milheiro

Título
Antes... e Depois...
Copyright 2010

Autor
Marcial Jardim (médium)
Álvaro (Espírito)

Revisão
Arlete Genari

Diagramação
Cintia Aoki

Capa
Antônio Carlos Ventura

Impressão
Bartira Gráfica e Editora S.A.

Ficha catalográfica

J763a
Jardim, Marcial
Antes... e Depois... / Marcial Jardim
1ª edição – São Paulo: Editora Aliança – 2010
288 págs.
ISBN 978-85-88483-53-8

1. Espiritismo 2. Contos I. Título

CDD –130

EDITORA ALIANÇA
Rua Major Diogo, 511 – Bela Vista – São Paulo – SP
CEP 01324-001 – Tel.: (11) 2105.2600 – Fax: (11) 2105.2626
www.editoraalianca.org.br editora@editoraalianca.org.br

Sumário

Minha gratidão

Expresso aqui, a minha gratidão à querida irmã de ideal espírita, Cristiane Gonçalves Pereira Fernandes, por todo o empenho e por todo o carinho que me dedicou durante o desenrolar desta obra.

Marcial Jardim

Prefácio

É com muita alegria e gratidão que recebemos mais uma contribuição valiosa do espírito Álvaro, por meio da mediunidade de nosso irmão Jardim.

Estas páginas nos trazem elucidações detalhadas sobre alguns temas que atualmente preocupam a humanidade.

Atravessamos uma fase de transição, em que a consciência individual anseia por melhores conhecimentos a respeito de si própria e das circunstâncias que envolvem os problemas que deverão ser enfrentados em cada encarnação. Soube o nosso amigo espiritual, escolher os temas que mais desafiam o entendimento humano.

Por meio de suas palavras, podemos entender melhor a lei maior que rege a vida em todos os níveis do Universo – a lei de Causa e Efeito. Uma lei inexorável que só pode ter atenuantes e agravantes.

Atenuantes, quando aceitamos, sem revolta, as situações atuais resultantes das nossas atitudes do passado e, agravantes, quando tomamos a revolta como companheira constante.

Entretanto, sem a necessidade de nos aprofundarmos nas causas de nossos males, o Evangelho do Mestre nos traz o caminho que devemos percorrer para enfrentarmos o presente e prepararmos, agora, um futuro com menos sofrimento e mais compreensão.

Vemos, nos diferentes assuntos tratados, que a causa maior de nossos fracassos está no egoísmo, na arrogância, no desamor, no ódio e demais desvirtudes.

Se desenvolvermos em nós as virtudes opostas aos sentimentos acima citados, conseguiremos evoluir espiritualmente, resgatando nossos débitos, cientes de que somos os causadores dos acontecimentos felizes ou infelizes de nossa caminhada.

Esperamos que, ao final da leitura desta obra, tenhamos todos adquirido maior compreensão diante das provas que tivermos de enfrentar nesta Escola maravilhosa criada pelo pai da Vida, que é a reencarnação.

Muita paz.

Ely Teixeira Pinto

por der ante chapéu e parte do rosto coberto por rustico ca-

1

Abominável algoz

"Pautamos nossa vida pela indiferença, pelo esquecimento e pela ingratidão, porém, exigimos dos outros, lembrança e consideração."

Antes...

Flocos de neve, alvíssimos, desprendiam-se do céu, dançando delicadamente nos ares, enfeitando a noite para, em seguida, beijarem o chão da cidade de Nápoles, estimulando os seus habitantes a permanecer em suas casas, aconchegados ao redor das lareiras, protegendo-se do rigoroso inverno que os visitava.

Quando a madrugada se fazia alta, anunciando que, em breve, as primeiras luzes do dia se fariam presentes, uma figura esguia, trajada de negro, tendo a cabeça coberta e protegida por deselegante chapéu e parte do rosto coberto por rústico cachecol, tomando todas as precauções para não ser notada, saíra, sorrateira, pelo portão dos fundos da luxuosa residência de conceituada família napolitana.

Carregando camuflado volume, refugiara-se na escuridão.

Esgueirando-se célere e astutamente, por ruas e vielas desertas, finalmente estacara diante da porta principal da Santa Casa local.

Após certificar-se de que não estava sendo observado, o estranho personagem depositara o volume que portava em um dos degraus situados em frente ao portal da instituição. Em seguida, acionara a sineta, fazendo-se anunciar.

Na esperança de que o tilintar da sineta tivera sido escutado por alguém, acobertado pelo negror da noite, partira, rapidamente, desaparecendo nas sombras.

Instantes depois, circunspecto e apreensivo sacerdote viera atender ao chamado, deparando-se, surpreso, com um cesto que ali se encontrava.

De imediato, tomara conhecimento de que se tratava de um bebê, cujos pais, por certo, ali o haviam deixado, confiantes de que seria bem acolhido e amparado em suas primárias necessidades.

Sem vacilar, o religioso apanhara cuidadosamente o cesto e o conduzira para o interior da instituição, levando-o, de imediato, à presença do seu superior, comunicando-lhe a ocorrência, para que, juntos, tomassem as providências cabíveis ao caso, o que de fato ocorrera, tendo o tempo por testemunha.

O recém-nato, que passara a ser chamado de Marco, permanecera na referida Santa Casa até um ano de idade, quando, então, fora adotado por casal, cujos componentes, apesar de maduros na idade, desfrutavam boa saúde e consolidada posição social, trazendo em seus corações a esperança de virem a usufruir as inusitadas alegrias que somente a presença infantil é capaz de proporcionar.

Felizes, Nicola e Beatrice, tendo ela aconchegado em seu regaço o pequenino ser, dirigiram-se para casa, dando início, esperavam, a um doce convívio.

Com o passar do tempo, os dedicados pais adotivos foram percebendo o caráter egoísta e arisco que o filho do coração denotava, deixando-os, de certa forma, apreensivos quanto ao que o futuro, para todos, estaria reservando, impelindo-os a, desde cedo, procurar educá-lo com a conscienciosa rigidez e disciplina que as evidências exigiam.

Assim, os anos foram deslizando pelas veredas do tempo e, a cada dia, ficava mais claro para Nicola e Beatrice a índole exclusivista de Marco, que se mostrava desatencioso para com os conselhos que deles recebia, comportando-se de maneira deseducada e, até mesmo, desdenhosa, delatando o lado obscuro da sua alma orgulhosa e ingrata.

Mesmo assim, amorosamente, resolveram promover uma festa em comemoração aos 15 anos do filho e, para tanto, pediram-lhe que convidasse seus amigos para, juntos, usufruírem o que esperavam ter: felizes momentos.

No sábado aprazado, a parentela e os amigos do casal de anfitriões se fizeram presentes, prestigiando a data, entretendo-se em prazerosas conversações, ao mesmo tempo em que desfrutavam os deliciosos quitutes e as taças de sucos e alcoólicos que lhes eram servidas, contribuindo para o sucesso do evento.

Nicola e Beatrice, um tanto quanto surpresos, notaram que apenas dois colegas de Marco, Pietro e Ítalo, ali compareceram, delatando, cada qual, por meio de suas atitudes, a falta de educação que os caracterizava.

Separados dos demais convivas, os jovens cochichavam entre si e, de tempos em tempos, destinavam olhares matreiros para um ou outro convidado, dissimuladamente sorrindo, desdenhando aqueles que ali se encontravam em homenagem ao aniversariante.

Marco, por sua vez, acabara por juntar-se aos amigos, formando com eles um desagradável conluio que não passara despercebido para Nicola que deles se aproximara, exigindo-lhes respeito para com os presentes e a devida compostura.

Enquanto, discretamente os admoestava, Nicola sentira um forte e desagradável odor de tabaco e alcoólico que os adolescentes exalavam, sem contudo identificar de qual deles procedia.

Preocupado, reservadamente colocara a esposa a par do ocorrido, alertando-a quanto as suas desconfianças, solicitando-lhe que, como ele, passasse a melhor observar os inconvenientes rapazinhos.

Os minutos foram passando e, com eles, viera a decepção. Por fim, Nicola acabara por surpreender os três, fumando e bebendo às escondidas, sediados em um dos muitos recantos do extenso jardim que circundava a mansão.

Sem ser visto, silenciosamente se afastara do local, tendo como companhia o incômodo desalento.

Sentindo-se enganado pelo filho em suas melhores expectativas, retornara ao salão, trazendo no semblante as marcas do desgosto que, instantes atrás, tivera.

Momentos depois, os jovens cúmplices adentraram o recinto, ilustrando as notórias características daqueles que exageraram na ingestão de alcoólicos, surpreendendo, desagradavelmente, os presentes.

Entontecidos, tornaram-se inconvenientes, para descontentamento de todos. Aos poucos, para evitar maiores constrangimentos, os convidados foram se retirando, de certa forma decepcionados com o impróprio comportamento dos adolescentes.

Quando todos os convivas já haviam deixado o local, Nicola e Beatrice, desiludidos com o repudiável procedimento do filho e de seus desaforados amigos, entregando seus corpos a confortáveis sofás, passaram a meditar, intentando, no silêncio das suas almas, encontrar explicações plausíveis que pudessem justificar a inesperada e desagradável ocorrência.

Sem encontrar respostas que lhes satisfizessem as íntimas inquirições, desalentados, entreolharam-se, ilustrando um certo desconforto que, naqueles momentos, lhes fazia companhia.

Concordes de que deveriam encetar repreensiva conversação com Marco, procurando corrigir-lhe a conduta, abraçados como que tentando, mutuamente, consolar-se, encaminharamse para o quarto, conscientes de que o momento não era propício para dialogar com o filho, que ainda se encontrava entontecido e, portanto, incapaz de, com a devida lucidez, manter uma conversação mais séria e abrangente a respeito do episódio ocorrido naquela noite.

Imaginando que Marco, logo mais, se recolheria ao leito para refazer-se, Nicola e Beatrice, após definirem como iriam abordar o assunto com o filho, apreensivos e fatigados, deitaramse, sendo, em seguida, abraçados pelo sono.

Porém, Marco, enlaçado pela irresponsabilidade típica da adolescência, após ingerir mais bebidas, deixara, às escondidas, sua residência, indo encontrar-se com os jovens amigos para, juntos, dirigirem-se à dissimulada casa de má fama, de que tinham ouvido falar, na expectativa de extravasarem os instintos que, naqueles momentos, escravizavam suas mentes desavisadas e distraídas.

Todavia, lá chegando, a pouca idade que demonstravam, aliada à visível embriaguês que os acompanhava, foi-lhes vedada a entrada no recinto, não lhes restando outra alternativa a não ser a de retornar aos seus respectivos lares para, lá, recomporem-se.

Na manhã seguinte, logo após o café da manhã, Marco e seus pais encontravam-se acomodados na aconchegante sala de estar da mansão, dialogando a respeito do que houvera ocorrido na noite anterior, quando Nicola pedira ao filho explicações a respeito da sua lastimável conduta.

Mal-humorado, acossado por incômodo mal-estar e insistente dor de cabeça, Marco mantivera-se calado por todo o tempo, ouvindo, cabisbaixo, as admoestações que recebia dos pais.

Sentindo-se acuado, não encontrando palavras que pudessem justificar o seu desastrado comportamento, nervosa e intempestivamente se levantara da poltrona que o acolhia, retirando-se para o quarto, denunciando sua equivocada inconformação para com tudo o que os seus ouvidos, impacientes, acabavam de escutar.

Julgando-se injustiçado, pois fora a primeira vez que se rendera aos caprichosos apelos dos sentidos, optara por não dar o devido valor aos conselhos dos pais, desprezando-os.

Nicola e Beatrice, impactados pela atitude insólita e deseducada que o filho acabara de tomar, delatando por meio dos seus semblantes o desencanto que os visitava, permaneceram ainda por algum tempo em absoluto silêncio, como que se preparando para enfrentar os desafios que, provavelmente, o amanhã lhes haveria de endereçar e que os adolescentes, de maneira geral, são pródigos em propor aos pais.

Durante todo o dia, Marco permanecera em seu quarto, curtindo a ressaca que, desastradamente, para si mesmo, promovera. Somente no início da noite deixara o aposento, atendendo ao pedido de Beatrice que o chamara para jantar.

Visivelmente contrariado, não se dignara a pedir desculpas aos pais pela atitude intempestiva e desaforada que, pela manhã, havia tomado, desfrutando, tão só, com incontestável avidez, os alimentos que lhe foram servidos. Satisfeita a fome que o fustigava, sem nada dizer, retirara-se para os seus aposentos, sem ao menos tentar dissimular o enfado que a presença dos pais lhe causava.

Todavia, o tempo acabaria por incumbir-se de apagar o que fora, na condescendente análise de Nicola e Beatrice, inconsequente arroubo da juventude, fazendo com que Marco voltasse às boas com os pais, com eles, pouco a pouco, trocando pareceres, trazendo de volta, com as devidas ressalvas, a relativa tranquilidade.

Dois anos se passaram, durante os quais nenhum fato digno de nota ocorrera.

Certa noite, crendo que Marco já tinha se recolhido ao leito, Nicola e Beatrice puseram-se a conversar a respeito da conduta irreverente do filho que, apesar dos constantes aconselhamentos, evidenciava inexplicável soberbia e compulsiva arrogância, incompatíveis com a educação que lhe fora ministrada.

Assim pensavam, pois, apesar da elevada posição social que ocupavam e das suas respeitáveis posses, sempre pautaram suas vidas com a naturalidade característica das almas nobres que respeitam e valorizam o próximo, conscientes de que todos, sem nenhuma exceção, necessitamos um dos outros e, juntos, somos capazes de muito, porém, sozinhos, estaremos reduzidos às nossas mais ínfimas possibilidades.

Depois de muito conversarem a respeito, Nicola, dirigindo-se à esposa, perguntara-lhe:

— De quem será que Marco herdou estas condenáveis características? Em seguida, baixando o tom de voz, dissera;

— Será que tem algo a ver com os seus pais biológicos?

Beatrice, nada lhe respondera, endereçando-lhe apenas expressivo olhar de reprovação pelo comentário, a seu ver, inoportuno e inconsequente.

Naquele exato instante, Marco, que havia deixado o quarto para vir tomar um copo de água, acabara mal ouvindo o final do diálogo que seus pais mantinham e, adentrando a sala, de chofre, lhes indagara:

— De quem estavam falando?

Surpreendidos pela presença inesperada do filho e pelo seu súbito questionamento, Nicola e Beatrice empalideceram, ficando em dúvida se Marco havia escutado o que havia sido dito, o que os colocaria em delicada e constrangedora situação.

Dominando, rapidamente, a forte emoção que a sobressaltara, Beatrice assim respondera, esforçando-se para aparentar relativa calma:

— Falávamos de alguém muito querido por nós, merecedor de toda a nossa atenção, carinho e amor.

Marco, bocejando, enfadado e sonolento, lhes dissera:

— Sempre preocupados com os outros, tentando ajudá-los. Vocês não aprendem mesmo! Vamos nos preocupar apenas conosco, deixando que os outros resolvam seus próprios problemas.

Em seguida, soberbo, como se estivesse presenteado os pais com inteligente lição, demandara para o quarto para deixar-se abraçar pelo sono amigo, ficando, para os seus genitores, a certeza de que o filho nada ouvira que pudesse vir a desestabilizar o relacionamento familiar.

Aliviados, Nicola e Beatrice encaminharam-se para o quarto, deixando-se acolher por sono reparador.

Na manhã seguinte, logo após Marco ter saído para o colégio, seus genitores, continuando a desfrutar o apetitoso e costumeiro desjejum, passaram a comentar a respeito dos momentos de tensão que, na noite anterior, haviam passado, sentindo-se impelidos a refletir, mais profundamente, sobre o delicado assunto que abordavam.

Considerando que, com o passar do tempo, Marco, por razões várias, viesse, sem a devida preparação, tomar conhecimento da sua condição de filho adotado, o que, julgavam, seria profundamente lamentável e, quiçá, traumatizante para todos os implicados, Beatrice levantara a hipótese de colocar o filho a par da verdade, tão logo completasse a maioridade, pois, acreditava, estaria ele mais amadurecido para entender, avaliar e aceitar a sua situação.

Por instantes, Nicola mantivera-se calado e pensativo, todavia, a seguir, expondo simpático e confiante sorriso, dissera à esposa:

— Você tem razão. Concordo que será o momento oportuno para colocá-lo a par da realidade que, até então, mantivemos protegida na intimidade dos nossos corações.

Decididos, levantaram-se, abraçando-se, haurindo forças e coragem para, no tempo previsto, colocarem em prática o que estavam aventando, pois tinham preocupantes dúvidas quanto a reação que o filho teria ao defrontar-se com a contundente verdade dos fatos.

Não há como negar que Marco, apesar dos pesares, sempre demonstrara vivo interesse e dedicação para com os estudos, denunciando inconteste aptidão para a área médica que, realmente, o fascinava.

Convicto desta sua declarada vocação, passara a empenhar-se com afinco e determinação neste particular, sonhando em um dia tornar-se respeitável médico.

Após ter completado a maioridade, quando, então, finalmente, iniciara seus estudos, propriamente ditos, no *campus* universitário, Marco fora presenteado pelos pais com um automóvel o que, há tempos, havia se transformado no objeto dos seus sonhos.

Ao tomar conhecimento de que seria, assim, premiado, abraçara e beijara os seus genitores como jamais havia feito, demonstrando a felicidade ímpar que viera ao seu encontro, satisfazendo os seus anseios.

Na verdade, Nicola e Beatrice, ao presentearem o filho do coração, além da alegria que iriam proporcionar-lhe, guardavam no imo de suas almas a oculta intenção de, com esta atitude, conseguirem amainar o contundente impacto que, por certo, Marco sofreria ao tomar conhecimento de que era filho adotivo do casal e que a identidade dos seus pais biológicos jamais lhes fora conhecida, acobertada, ainda mais, pela implacável poeira do tempo.

Apesar de decididos quanto a colocar o filho a par da sua verdadeira origem, acharam mais prudente aguardar a melhor oportunidade para fazê-lo, na tentativa de evitar que Marco viesse a sentir qualquer desconfiança com respeito às suas secundárias, porém amorosas, intenções.

Tempos depois, ao final de uma chuvosa e fria tarde de domingo, Nicola e Beatrice reunidos no confortável jardim de inverno dialogavam, aguardando, com indisfarçável apreensão, que o filho chegasse, a fim de, juntos, lancharem, para, logo depois, calmamente, colocarem-no a par da sua real e delicada situação.

Quando os ponteiros do relógio indicavam 19 horas, Marco adentrara a residência, indo ao encontro dos genitores, cumprimentando-os secamente, como o fazia de hábito, sem sequer esboçar-lhes um leve sorriso, o que, por si só, seria suficiente para alegrar os seus corações.

Terminada a frugal refeição, que Beatrice caprichosamente preparara, Nicola convidara o filho para acompanhá-los até a sala de estar, pois tinha importante assunto para tratar com ele.

Sem nada dizer, Marco apenas atendera ao pedido que lhe fora feito.

Nicola, colocando a mão sobre o ombro do filho, carinhosamente o acompanhou até o referido local. Em seguida, Beatrice sentara-se ao lado, enquanto o esposo acomodava-se em outra poltrona bem à frente de ambos.

Com a voz titubeante, as mãos ligeiramente trêmulas e um frio incontido a percorrer-lhe as entranhas, Nicola passara a descortinar a verdade.

Ao mesmo tempo, as mãos delicadas de Beatrice encontravam as de Marco, acarinhando-as, na esperança silenciosa de minimizar o choque que a notícia iria causar-lhe, demonstrando, com esta doce atitude, o amor incondicional que lhe devotava.

Durante toda a impactante narrativa, Marco mantivera-se impassível, simplesmente ouvindo, como se tudo o que estava sendo dito não lhe dissesse respeito.

Entretanto, durante o relato, começara, disfarçadamente, a transitar pelas vias da sua alma orgulhosa, um insólito e profundo ódio pelos seus desconhecidos pais biológicos, sentindo-se por eles humilhado, preterido, abandonado, como se fosse um simples e desprezível objeto, à mercê das imprevisíveis intempéries do mundo.

Beatrice, procurando trazer para si a angústia que, por certo, o filho vivenciava, esforçando-se para não deixá-la transparecer, ao final da exposição o beijara com inenarrável ternura, recebendo do filho, como retribuição, apenas um olhar de ingrato repúdio, acompanhado pelo silêncio sepulcral dos seus pálidos lábios.

Em seguida, Marco se levantara, como se estivesse carregando sobre os ombros pesado fardo, encaminhando-se, lenta e visivelmente abalado, para os seus aposentos.

Nicola, por sua vez, gravara na retina dos olhos da alma a constrangedora cena que, à sua frente, se desenrolara, sentindo-se impelido a ir ao encontro da esposa, abraçando-a ternamente, procurando aliviar-lhe as tensões que, também, compartilhava.

Chegando ao seu quarto, trazendo o coração dilacerado pelo sofrimento provocado pela ingratidão dos seus desconhecidos pais biológicos, Marco rendera-se ao pranto, traduzindo, não só a tristeza que o assolava, mas também o ressentimento odiento que até então desconhecia e que passara a chicotear a sua alma prisioneira da soberba.

As lágrimas silenciosas que lhe banharam as faces, minutos depois se secaram, sendo substituídas pelo ódio indomável que passara a nutrir pelos pais que desconhecia e que, impiedosamente, o abandonaram quando ainda era indefesa e necessitada criaturinha.

Naquela noite, não mais deixara os seus aposentos, ali permanecendo, horas a fio, remoendo na intimidade do seu ser inconformado, a realidade de ser um enjeitado filho de pais desconhecidos.

Tendo os pensamentos cativos da desagradável frustração que passara a perseguir a sua alma orgulhosa, fatigado, física e mentalmente, acabara por render-se ao sono que, caridosamente, o acolhera, durante o qual sua alma libertara-se do arcabouço físico que a mantinha prisioneira, vendo-se, em seguida, recepcionada por entidades malsãs que a aguardavam, ansiosas, para com ela dialogar e interagir.

Insuflando-lhe pensamentos repugnáveis, fizeram com que não só recrudescesse o ódio que passara a nutrir pelos pais carnais que o haviam abandonado, como, também, a inconformação pelos pais adotivos que, durante tanto tempo, nada lhe disseram a respeito, mantendo-o a distância de tão importante verdade.

Na manhã do dia seguinte, ao despertar, Marco trazia os olhos congestionados e olheiras profundas, denunciando o cansaço físico que as poucas horas de sono não foram capazes de eliminar.

Ao sentar-se com Nicola e Beatrice, para, juntos, tomarem o habitual café da manhã, Marco como se estivesse alienado do mundo, nem mesmo os cumprimentara, ignorando-os, totalmente, absorto que estava em seus recrimináveis pensamentos.

Nem bem terminara a frugal refeição matinal, abruptamente se pusera de pé, partindo rapidamente para a faculdade, sem que seus lábios proferissem uma só sílaba, expondo, assim, o forte abalo que o inesperado comunicado da noite anterior provocara na intimidade do seu ser.

Nicola e Beatrice, apreensivos com a atitude do filho, entreolharam-se, tentando imaginar quais seriam os pensamentos que volteavam em sua mente, por certo, ainda conturbada, para que demonstrasse tanta indiferença para com eles.

Enquanto isto, na acolhedora mansão citada no início deste conto, Silvia, contando pouco menos de 40 anos de idade, recolhida na solidão do seu luxuoso quarto, retratava em seu semblante a melancolia que, há muito tempo, fazia-lhe desagradável companhia.

Pelas vias do seu pensamento, transitavam imagens que lhe traziam saudosas lembranças de quando ainda contava 18 primaveras, mescladas, ao mesmo tempo, com tristes recordações desse mesmo período que, tão intensamente, vivenciara.

Naquela época, inexperiente e frágil, acreditando nas falsas promessas de amor que Marcelo, seu também jovem e irresponsável namorado, lhe destinava, aliadas ao clamor das células que a atiçavam, Silvia acabara por ceder aos impulsos da carne, advindo, deste seu desatino, a inesperada gravidez que passara a nublar os seus dias, comprometendo o seu porvir.

Ao tomar conhecimento da alarmante realidade, a jovem desesperara-se e, após muito refletir, sem chegar a qualquer conclusão, procurara sua mãe, Sofia, narrando-lhe, visivelmente transtornada e abatida, o inoportuno acometimento, na inocente expectativa de que viesse dela receber maternal acolhimento, aliviando suas agruras.

A austera genitora, ao receber a impactante notícia, de imediato reagira, condenando veemente a atitude impensada e irresponsável da filha que acabara por ocasionar a sua gravidez, tornando-se, a partir de então, motivo de preocupação para toda a família.

A noite, logo após o jantar, a pedido de Sofia, todos se encaminharam para a sala de estar, pois a matriarca tinha importante assunto a explanar.

Minutos depois, Roberto, o pai da jovem, veramente surpreendido pelo relato, ilustrara nas faces inquestionável palidez, ao mesmo tempo que evidente preocupação introduzira-se no interior da sua alma.

Após as esperadas repreensões que fizera à filha, passara a ponderar, juntamente com a esposa, a respeito das providências que haveriam de ser tomadas no tocante ao caso em questão.

Inicialmente, tanto Roberto como Sofia ponderavam, todavia, logo a seguir, com os ânimos alterados, começaram a discutir, tentando colocarem-se de acordo quanto à melhor solução a adotar para o problema, aliviando, assim, as tensões que os oprimiam.

Silvia, na mais absoluta mudez, apenas ouvia o que se tornara polêmico e desagradável diálogo, sentindo-se profundamente fragilizada e ressentida pelo fato de não estar sendo consultada sobre a delicada questão, sendo ela e o bebê que agasalhava em seu ventre os principais afetados, qualquer que fosse a decisão que viria a ser tomada.

Sentindo-se colocada na condição de ré, como se houvesse cometido o mais nefando dos crimes, sem dispor da mínima possibilidade de defesa e de perdão, Silvia, com os olhos avermelhados e umedecidos pelas lágrimas, deixara o ambiente, indo curtir em seu leito a desventura que abraçava o seu coração, sedento de compreensão, tolerância e amor.

Ao constatarem a inabitual atitude da filha, Roberto e Sofia silenciaram, dando-se conta de que as palavras e atitudes, entre eles trocadas, acabaram por transformar-se em dardos penetrantes, ferindo a alma fragilizada da jovem.

Arrefecidos os ânimos, passaram a aguardar uma nova oportunidade para, então, voltarem a conversar sobre o tema, desta feita, incluindo o parecer da filha que, sem sombra de dúvida, era a principal implicada.

Na manhã seguinte, espelhando, por meio das faces pálidas e dos olhos congestionados, a noite mal dormida, os três familiares reencontraram-se no jardim de inverno da elegante propriedade, para, juntos, compartilharem mais um desjejum, intentando, cada qual, após os naturais cumprimentos, apagar qualquer ressentimento que pudesse ter permanecido após a calorosa discussão ocorrida na noite passada.

Após concisos e superficiais diálogos, durante os quais todos, sem exceção, tentavam disfarçar o mal-estar que ainda os acometia, Roberto, denotando incomum seriedade e relativa acalmia, convocara a esposa e a filha para, logo após o jantar, retornarem ao importante assunto que deles exigia breves e conscienciosas providências.

Horas mais tarde, Silvia, educadamente, desvencilhara-se do convite feito pela mãe para fazer-lhe companhia durante o almoço, permanecendo recolhida em seu quarto durante o restante do dia, por vezes, acarinhando o próprio ventre, prevendo, angustiada, os infortúnios que aquele pequenino ser, ainda em formação, certamente iria ter de enfrentar.

Enfim, a noite chegara e, com ela, recrudesceram as apreensões que enlaçavam a jovem e indecisa gestante.

Depois da refeição, acomodados nas confortáveis poltronas da sala de estar, Roberto dera início à conversação, assim dizendo:

— Filha, presumimos que seja Marcelo, seu namoradinho, o pai desta criança. Portanto, antes de mais nada, pretendemos com ele dialogar para saber qual a sua posição frente à presente situação.

Em seguida, Silvia, timidamente se manifestara, dizendo-lhes:

— Papai, o senhor tem razão. Marcelo ainda desconhece o que aconteceu, mas, conforme o seu conselho, vou convidá-lo para vir aqui em casa, colocando-o a par do ocorrido.

Como nada podiam decidir antes de saber o parecer do rapazola, após alguns poucos diálogos, despediram-se, encaminhando-se para os seus aposentos, a fim de reporem as energias despendidas durante aquele, longo e inquietante, dia.

Na noite seguinte, Marcelo viera ao encontro de Silvia, atendendo-lhe ao pedido, desconhecendo, totalmente, o motivo pelo qual fora convidado.

A jovem já o esperava ao portão e, após os tradicionais e recatados cumprimentos, Silvia, de imediato, convidara o jovem para adentrar a residência.

Surpreendido pelo inesperado convite, Marcelo, não desejando manter qualquer comprometimento mais sério com a namoradinha, principalmente na presença dos seus pais, sem delongas, procurara descartar-se do incômodo pedido. Contrafeito, alegando compromisso inadiável para logo mais, sentindo-se acuado pela jovem, como se dele estivesse exigindo que assumisse claramente o namoro, o que, sem dúvidas, não desejava fazê-lo, mudara o rumo da conversação, na tentativa de safar-se, ileso, da desconfortável situação.

Porém, naquele exato instante, Roberto aparecera na porta principal da mansão e, com a fisionomia evidenciando indisfarçável austereza, viera ao encontro dos jovenzinhos, convocando, formalmente, Marcelo para entrar.

Intimidado e constrangido, a partir de então, também apreensivo, o rapazola não teve como não aceitar o frio convite.

No mais absoluto silêncio, Roberto os acompanhara, conduzindo-os, sem perda de tempo, para o interior da residência onde Sofia já os aguardava, acomodada na sala de estar.

Estando, todos, devidamente acomodados, Roberto passara a expor ao jovem o motivo pelo qual ali se encontrava.

Aos poucos, Marcelo fora sendo colocado a par da irresponsável e desconfortante situação em que se encontrava, fazendo com que sua fisionomia empalidecida e suas assustadas expressões faciais ilustrassem a insofismável preocupação e o inquietante temor que o vieram assaltar.

Ao término do relato, indubitavelmente abalado pela realidade dos fatos que, de súbito, vieram ao seu encontro e para os quais fora irresponsável coadjuvante, Marcelo, por instantes, emudecera, como se o dom da fala o tivesse abandonado, tal a repercussão que a notícia lhe causara.

Sentindo-se acuado pelos olhares de expectativa que sobre si recaíam, exigindo que externasse o seu parecer a respeito, com a voz embargada, gaguejante, quase inaudível, sem saber o que dizer, temeroso, pedira-lhes, quase em tom de súplica, que lhe dessem um tempo para assimilar e refletir sobre o que acabara de ouvir, a fim de que, mais calmo, pudesse, em definitivo, posicionar-se.

O silêncio fora a resposta que recebera de todos, fazendo-o deduzir que sua solicitação fora atendida.

Aturdido e intimidado, não vendo a hora de livrar-se daquela inesperada e desconfortante arguição, Marcelo, instintiva, porém, educadamente, se levantara, despedindo-se, retirando-se em seguida, sendo acompanhado pela jovem e assustada Silvia, ganhando a rua que, naqueles momentos, significava a sua liberdade e, ao mesmo tempo, seu aconchegante refúgio.

Três dias haviam passado sem que o rapazola desse qualquer sinal de vida, quando, então, Roberto e Sofia, ansiosos, passaram a dialogar com a filha, cuja fisionomia espelhava o retrato das tensões que estava vivenciando, pressionando-a para que mantivesse contato com Marcelo, comunicando-lhe que todos estavam no aguardo de sua resposta frente ao caso, pois já tivera tempo suficiente para ter chegado a uma definição.

Sentindo-se coagida a telefonar para Marcelo, a contragosto o fizera, recebendo de quem atendera ao chamado vagas informações a respeito do seu paradeiro, fazendo com que todos viessem a conjeturar que o jovem estava procurando esquivar-se de qualquer contato, desertando das responsabilidades que lhe diziam respeito.

Por cerca de um mês, procurando pacientemente controlar suas pessimistas expectativas, toda a família aguardara que o jovem viesse a manifestar-se, o que, na verdade, não ocorrera.

Completamente decepcionados com a atitude imatura e irresponsável do rapazola, concluíram que o seu sumiço fora a fria resposta que lhes dera, patenteando sua covarde deserção, a respeito da qual nada poderiam fazer.

Ao final de um morno e agradável domingo, totalmente convencidos da contundente realidade, a apreensiva família se reunira para tomar as providências que se faziam necessárias quanto ao futuro da filha e da criança que seu ventre acolhia.

Roberto dera início ao que previa ser tensa conversação, assim se expressando:

— Filha, depois de muito refletirmos e ponderarmos, achamos melhor que, durante o tempo em que perdurar sua gravidez, você permaneça recolhida em nossa casa de campo, distante de tudo e de todos, aguardando, pacientemente, o nascimento desta criança.

Impactada pela proposta que seu pai acabava de fazer-lhe, Silvia esboçara, timidamente, retrucar; porém, a imediata e convincente argumentação que, logo a seguir, a genitora empregara, fizera com que se mantivesse calada, pois, naquele momento, considerava-se totalmente à mercê da resolução que os seus pais haveriam de tomar.

Sofia assim se manifestara:

— Silvia, procure esforçar-se para compreender e avaliar o que vou lhe dizer. Você é muito jovem, tem toda a vida pela frente e esta imprevista gravidez irá trazer-lhe inúmeros dissabores e renúncias que você ainda não está preparada para enfrentar.

— Sem dúvidas, se não atender aos nossos conselhos, irá sentir-se condenada pelos parentes, amigos e pela sociedade pelo fato de ter-se tornado uma imatura mãe-solteira, deixando-se, irresponsavelmente, seduzir pelo primeiro namorado, entregando-se, infantilmente, a ele, gerando uma criança, no momento atual, inoportuna.

— Pondere sobre tudo o que acabei de lhe dizer e acabará concluindo que o que estamos lhe propondo é a melhor solução.

Vacilante, fragilizada, não conseguindo evitar que lágrimas incontidas visitassem suas faces, deixara-se convencer pela argumentação tendenciosa e egoísta que a mãe lhe apresentara e, levantando-se da poltrona em que se encontrava, fora aninhar-se no colo de Sofia, como a pedir-lhe complacência e perdão pelo erro cometido e forças para conseguir suplantá-lo.

A partir de então, orientada pelos pais, Silvia deixara de frequentar o colégio, pois, assim agindo, estaria se prevenindo de eventuais e desagradáveis contratempos.

Ao surgirem os quase imperceptíveis sinais de gravidez de Silvia, seus pais providenciaram sua ida para a casa de campo, localizada em outra região, relativamente distante e isolada, alegando, enganosamente, a todos os parentes, amigos e conhecidos, que a jovem resolvera aprimorar os seus conhecimentos culturais, dirigindo-se para a capital francesa, onde iria permanecer por cerca de um ano.

Italina, dedicada e confiável governanta da família, iria permanecer com a jovem durante todo o seu período de gestação, sendo incumbida pelos patrões de assessorá-la em tudo o que fosse necessário, para que a gravidez transcorresse sem maiores problemas.

De tempos em tempos, Silvia e Italina dirigiam-se ao consultório do dr. Ezio, sediado em importante cidade vizinha, para que a gestante tivesse o devido acompanhamento médico.

Durante a estada da futura mamãe naquele bucólico e aprazível rincão, a princípio envolvida pela revolta e pelo desconsolo, por considerar-se banida da parentela e da sociedade nas quais interagia e, concomitantemente, desprezada pelo imaturo e covarde namorado, gradualmente, sua alma sensível e insegura fora se rendendo à doce maternidade, passando a nutrir pela criança maternal sentimento.

Muitas vezes, quando se encontrava na solidão do seu íntimo aposento, fustigada por atroz melancolia, dialogava com o bebê, confiando-lhe seus pesares e suas incertezas.

Assim, vivenciando esta e aquela nova experiência, pouco a pouco, fora recrudescendo o carinho e o amor que Silvia sentia pela criança que, em sua intimidade, aconchegava, ao mesmo tempo que um desconfortante receio do porvir passara a perambular pelos seus pensamentos, ensombrando os seus dias.

Com muita frequência, Roberto e Sofia visitavam a filha, procurando, nessas ocasiões, encorajá-la a seguir adiante em sua gestação, todavia, mostravam-se frios para com a criança que iria nascer, deixando evidências de que não desejavam despertar qualquer sentimento neste sentido.

Em realidade, no íntimo dos seus seres, já haviam tomado a ditatorial decisão de levar o recém-nato para uma instituição de caridade que, esperavam, haveria de incumbir-se de entregá-lo a algum casal que se mostrasse interessado em adotá-lo, livrando-se, assim, de serem taxados como irresponsáveis pais de mãe-solteira.

Nessas oportunidades, aproveitando-se do caráter frágil, vacilante e influenciável da filha, Sofia, habilmente, procurava convencê-la das dificuldades que iria ter de enfrentar, assim como das incontáveis renúncias que iria ter de fazer, caso viesse a assumir os cuidados e a educação da criança. Astutamente, procurava dar maior ênfase à vergonha que, por certo, iria passar pelo fato de ter-se tornado mãe-solteira, o que, naquela época, era motivo de escândalo e irrestrita condenação por parte da sociedade.

Durante o desenrolar das astuciosas considerações da mãe, Silvia demonstrava ora aceitação, ora dúvida para com o que lhe estava sendo exposto, quando então, Sofia esmerava-se em sua argumentação, procurando, sutilmente, repisar os pontos em que a filha se mostrava vulnerável, conseguindo, gradualmente, ir convencendo-a do seu insensível e condenável objetivo.

Com o correr dos meses, apesar do sentimento amoroso que passara a nutrir pela criança, possuidora de personalidade inconstante e intimidável, Silvia fora deixando-se convencer pelas constantes e, para ela, convincentes argumentações dos pais, concluindo que a melhor solução para a situação seria mesmo a de seguir os seus conselhos.

Assim pensando, a jovem fora reduzindo os íntimos monólogos que mantinha com o bebê, procurando, desta forma, esfriar os seus sentimentos, preparando-se para o momento em que, ambos, haveriam de separar-se.

Quinze dias antes da data prevista pelo dr. Ezio, para o nascimento da criança, Roberto e Sofia dirigiram-se para a casa de campo, ali permanecendo ao lado da filha, dando-lhe toda a atenção, o carinho e a coragem de que necessitava naqueles momentos.

Finalmente, ao cair da tarde de um chuvoso sábado, Silvia passara a sentir as primeiras contrações, anunciando que o nascimento do neném estava para acontecer.

Sem perda de tempo, Roberto telefonara para o dr. Ezio, informando-o a respeito, partindo, em seguida, juntamente com a esposa e a filha para o hospital, onde o doutor os estaria aguardando.

O parto fora exaustivo e complicado, durante o qual a parturiente estivera à beira da morte, exigindo do médico toda dedicação e experiência para contornar as dificuldades que iam surgindo.

Enfim, em meio a tantas perigosas complicações, um saudável menino viera ao mundo, enquanto a mãe, debilitada, ainda correndo risco de morte, fora encaminhada para unidade específica de tratamento para, lá, receber o acompanhamento médico de que se fazia necessário e urgente.

Como Silvia não se encontrava em condições de amamentar o recém-nascido, o próprio hospital providenciara uma ama de leite para fazê-lo.

A jovem mãe ali permanecera por cerca de uma semana entre a vida e a morte, necessitando da equipe de profissionais que a assistia, todo o empenho para que, aos poucos, fosse recuperando a tão preciosa saúde.

Aos primeiros sinais de melhora da filha, Roberto e Sofia apressaram-se em procurar o dr. Ezio para com ele dialogar, com a finalidade de definir a melhor conduta a ser adotada com respeito ao recém-nascido.

Habilmente, conseguiram obter o seu consentimento para levar o bebê para casa, com o compromisso de bem assisti-lo, até que a mãe estivesse em condições de fazê-lo.

Em verdade, os avós pretendiam que Silvia não chegasse a ver a criança, temerosos de que, tendo-a nos braços, quisesse com ela permanecer, fazendo ruir todo o plano que, há tempos, haviam traçado e que a filha, até então, se mostrava concorde, apesar de nunca ter, explicitamente, manifestado o seu real parecer.

Imediatamente após terem conseguido o aval do médico, apressaram-se em conduzir o recém-nato para casa, a fim de darem prosseguimento ao que haviam tramado.

Antes que a filha recebesse alta do hospital, Roberto, conduzindo, dissimuladamente, o recém-nascido em seus braços, adentrara em seu veículo, retornando de madrugada ao seu domicílio na cidade Nápoles, dando, pessoalmente, seguimento ao plano preestabelecido, conforme se encontra narrado no início deste conto.

Dias depois, sendo liberada pelo dr. Ezio, Silvia fora reconduzida para a casa de campo para, ali, permanecer, até que o seu corpo físico recuperasse a antiga forma e o total restabelecimento.

Lá chegando, imediatamente indagara pelo filho, ansiosa para tê-lo nos braços, quando, então, recebera dos pais o dorido relato a respeito do ocorrido.

Angustiada, abalada nas fibras mais íntimas do seu ser, somando-se ao fato de ainda estar fisicamente debilitada, Silvia quase perdera os sentidos, sendo, de imediato, amparada pelos pais que foram reconfortando-a, ajudando-a a recompor-se, fazendo com que, gradualmente, viesse a recuperar o equilíbrio.

Desde aquele angustiante momento, consciente do fato consumado, deixara-se dominar pela mais profunda melancolia, transitando pelas calçadas da vida completamente solitária, sentindo-se impiedosamente apunhalada pelo remorso que, sem descanso, haveria de acompanhá-la pelo resto dos seus dias.

Quanto aos seus pais, com ela convivendo e compartilhando suas angústias, acabaram por sentir-se culpados pelo seu sofrimento, deixando-se, também, enlaçar pelo remorso que os acompanharia por toda a existência.

Retornando às lides de Marco e de seus pais adotivos, Nicola e Beatrice, era notório o ressentimento que o jovem passara a agasalhar em relação a eles, ilustrando-o por meio das palavras, das atitudes e das ações geradas no convívio diário, desprovidas de qualquer resquício de gratidão para com tudo o que, incondicionalmente, até então, lhe haviam feito.

Anos depois, Marco formara-se em medicina, concentrando seus estudos na área da ginecologia, para a qual evidenciava nítida predileção.

Certa ocasião, já exercendo a profissão, Marco fora procurado por uma jovem solteira, grávida de dois meses que, discretamente, expora o seu propósito de abortar a criança, inquestionavelmente preocupada com a repercussão que uma extemporânea e indesejável gravidez iria provocar em sua vida. Naquele momento, a jovem deixara bem claro que se sentia impelida, logo após o nascimento do bebê, a abandoná-lo em alguma Santa Casa que, por certo, o acolheria.

Marco, pacientemente, tudo ouvira. A princípio, sentira-se incitado a escorraçar a jovem do seu consultório por ter ousado fazer-lhe tal proposta, porém, instigado por Espíritos das sombras, dissera-lhe, com certa austeridade, que iria pensar sobre o delicado assunto, colocando-a a par da sua decisão numa próxima consulta.

Ao final da sua jornada de trabalho, Marco fora jantar com os amigos, Italo e Pietro, também médicos, vindo a abordar com eles, velada e tendenciosamente, o controvertido tema, referente ao aborto.

Levemente entontecidos pelos alcoólicos ingeridos, passaram, de forma irresponsável, jocosa até, a externar suas opiniões, claramente superficiais e divergentes, demonstrando não haver, entre eles, um consenso a respeito do delicado assunto.

Quando o relógio assinalava meia-noite, despediram-se, regressando às suas residências, deixando-se, em seguida, abraçar pelo sono reconfortante, procurando recuperar as energias despendidas naquele dia.

Marco, ao deitar-se, não conseguira conciliar o sono, pois a velada e insinuante proposta que a jovem grávida lhe fizera agitara a sua alma conturbada, deixando-o indeciso quanto à resposta que iria dar-lhe.

No dia seguinte, procurando encontrar uma justificativa que viesse satisfazer o seu inconfessável desejo de atender ao pedido da sua paciente, pois contrariava a ética médica, incitado por aqueles mesmos Espíritos prisioneiros do mal, começara a rememorar e a refletir sobre o irreprimível desgosto que passara a acompanhá-lo desde que tomara conhecimento da sua condição de filho adotivo. Assim pensando, chegara à abominável conclusão de que, atendendo à solicitação da sua cliente, estaria poupando o futuro abortado dos mesmos dissabores por que passara e que ainda o perseguiam, sentindo-se, então, convencido a incluir o aborto como mais uma das suas atividades médicas. Assim fora feito.

Dali em diante, cínica e irresponsavelmente, o execrável crime passara a fazer parte do rol das suas atividades profissionais, transformando-o em obstinado e frígido ceifador de vidas, impedindo inúmeros Espíritos de reencarnar e, consequentemente, vivenciarem as bênçãos de novas experiências neste mundo de provas e expiações, que, sem dúvida, os fariam galgar outros degraus na escalada bendita rumo à evolução.

Desta forma agindo, egoísta e arredio, não chegara a constituir sua própria família e, após o desencarne dos seus idosos pais adotivos, que sempre o presentearam com incondicional amor, enfrentara a mais dolorosa solidão, acompanhado, tão somente, por seus cruéis asseclas espirituais, que não lhe davam tréguas, incitando-o a continuar provocando o aborto, comprometendo, cada vez mais, o seu já sombrio amanhã.

O tempo, implacável, houvera passado e, com ele, viera a velhice, o desalento e a enfermidade.

Assim, Marco desencarnara, levando em sua bagagem espiritual apenas a somatória dos crimes perpetrados contra indefesas criaturinhas, impedindo-as, insensivelmente, de viver, interagir e evoluir.

Depois...

O frio intenso e penetrante que, no final da tarde, abraçava a bela e histórica cidade de Roma não fora capaz de impedir que incontáveis cidadãos transitassem pelas calçadas de suas ruas e avenidas, cobertas pela neve, apressados e ansiosos para comprarem os mimos que, logo mais à noite, iriam presentear parentes, amigos e conhecidos, durante a doce celebração do Natal.

Habitando em modesta, porém acolhedora residência, situada na periferia da frenética capital italiana, Donato e Carmine, jovens casados, dirigiram-se para o domicílio de Bruno e Claudia, pais da jovem, para, juntos, passarem, mais uma vez, a noite de Natal, desfrutando as suas companhias e a saborosa ceia que Claudia, como sempre, esmerara-se em preparar. Os pais de Donato, há algum tempo, já haviam partido para a pátria espiritual.

Carmine, grávida de oito meses, espelhava em seu semblante contagiante alegria, aguardando, ansiosa, o momento em que iria, enfim, aconchegar em seus braços a criança tão esperada e que, acreditava, iria enfeitar o seu amanhã.

Donato, todavia, era mais comedido em suas manifestações a esse respeito, evidenciando certa acalmia que, para bom observador, escondia incômoda preocupação quanto ao que o futuro lhes estava reservando.

Bruno e Claudia, ao contrário do genro, radiantes, delatavam a felicidade que, desde quando a filha lhes comunicara estar grávida, se encontrava represada em seus corações, não vendo a hora de espargi-la em todas as direções, a partir do momento em que, de fato, se tornariam avós.

Os preparativos para a ceia estavam próximos do final, quando Carmine sentira uma leve tontura, sendo acudida pela mãe que, pressurosa, a acomodara no sofá da sala, oferecendo-lhe, em seguida, reconfortante xícara de chá quente que, aos poucos, fora ajudando-a a recuperar-se do inesperado e passageiro mal-estar que a acometera.

Quando faltavam 15 minutos, Carmine, já recuperada, convidara todos para sentarem-se ao redor da mesa, já preparada para a ceia, pois pretendia fazer uma prece de agradecimento a Deus pelo dom da vida, como sempre o fazia antes das refeições.

Quando todos já estavam devidamente acomodados e desfrutando apaziguante silêncio, Carmine iniciara a oração, assim dizendo:

— Pai, de infinito amor e bondade. Peço-vos para apascentar as nossas almas apreensivas, dando-nos a coragem para enfrentar os desafios que a vida é pródiga em nos apresentar e, ao mesmo tempo, as forças necessárias para suplantá-los com resignação, sem revolta ou queixumes, tão somente agradecidos pela oportunidade que nos ofereceis de vivenciá-los, ensejando-nos refletir sobre as lições que nos estão sendo ministradas, convidando-nos a evoluir pelos caminhos da caridade e do amor incondicionais.

— Ao amantíssimo aniversariante, Jesus, pedimos que presenteie os nossos olhos com a ternura do Seu olhar, os nossos ouvidos com a paciência do Seu escutar, os nossos lábios com a doçura do Seu falar, as nossas mãos com a caridade das Suas mãos e o nosso coração com o Seu infinito amor.

— Este pequenino ser que, amorosamente, acolho em meu ventre, dentro em breve, abrirá seus olhinhos para o mundo, carente de proteção e amor para, por nós todos amparado, caminhar e evoluir pelas estradas do bem e do amor. Todos estamos preparados para bem recebê-lo e protegê-lo em nossos regaços, independentemente do sexo, da saúde ou da beleza física de que for portador, comprometendo-nos, sem nos deixar esmorecer um só instante, a bem cumprir com as sublimes missões de pais e avós que nos foram delegadas.

— Assim, felizes, nos despedimos, trazendo os nossos corações repletos de Sua infinita paz, nesta noite em que celebramos o seu inesquecível aniversário.

Terminadas as celebrações natalinas, a vida seguira seu rumo, enquanto Carmine preparava-se para o tão aguardado acontecimento.

Desde aquela noite, a futura mamãe fora sendo assediada por incômoda apreensão, como se estivesse antevendo dias difíceis que iria ter de enfrentar.

Na verdade, ao ser enlaçada pelo sono, seu Espírito desvencilhava-se do veículo físico que o mantinha cativo, constatando, de imediato, ao seu lado, a presença do seu guia espiritual que, aos poucos, paciente e carinhosamente, ia colocando-a a par da difícil missão que a aguardava, preparando-a para, resignadamente, assumi-la.

De fato, a criança que agasalhava em seu claustro materno era portadora de irreversível deficiência mental, que iria acompanhá-la por toda a sua existência, exigindo dos seus pais incondicional e irrestrita paciência e abnegação para ampará-la, assisti-la e ajudá-la em suas mais primárias necessidades.

Ao despertar, Carmine lembrava-se, vagamente, de ter sido abordada por uma entidade durante o sono, porém, apesar de tentar, não conseguia reaver o teor da conversação que fora mantida, ficando-lhe, somente, a impressão de ter sido encorajada para, com resignação, enfrentar os dias difíceis que estavam por vir.

Antes de completar os nove meses de gestação, Carmine começara a sentir as primeiras contrações, anunciando, para breve, o nascimento da criança.

O parto transcorrera normalmente, e um menino, Domenico, viera juntar-se aos integrantes daquela unida família, para a alegria de todos.

Com o passar do tempo, seus avós, mais experientes, foram notando que algo de estranho ocorria com a criança.

Assim pensando, na esperança de estarem enganados, nada comentaram com os pais, procurando poupá-los de uma suposição que talvez o tempo se encarregasse de dirimi-la.

Todavia, aos poucos, a dura realidade fora sendo descortinada diante dos olhos angustiados e entristecidos de todos os familiares. Tornara-se notório que o pequenino apresentava alguma deficiência, pois o seu controle motor apresentava-se aquém do das crianças da mesma idade, assim como o seu olhar vago evidenciava inconteste alienação, como se estivesse vivendo um mundo só seu, indiferente para com tudo o que se passava ao seu redor.

Em princípio, Donato e Carmine não aceitavam o que os seus olhos enxergavam e o que o bom senso lhes indicava, porém, face às evidências, sentiram-se impelidos a levar o filho ao médico para constatarem o que, realmente, se passava com a criança.

Após examinar, detalhadamente, o pequeno Domenico, com o olhar compassivo e a voz denotando um certo desconsolo, o experiente dr. Franco, convicto do seu diagnóstico, dissera-lhes, sem maiores rodeios:

— Sinto informar-lhes que o menino é portador de incontestável deficiência mental, catalogada pela ciência médica como autismo.

Donato e Carmine, visivelmente abalados pelo contundente parecer do profissional, sentiram como se punhal invisível penetrasse em suas almas, dilacerando-lhes a intimidade, ao mesmo tempo que choro compulsivo se apoderara da jovem mãe, expondo toda a dor que, naqueles tristes momentos, experienciava.

Donato, esforçando-se para manter a calma e o equilíbrio, imediatamente a abraçara procurando consolá-la.

Carmine, com os olhos lacrimejantes e inconteste palidez facial, destinara seu olhar pleno de compaixão ao filho, abraçando-o com tal carinho e amor, que nos é impossível descrever a cena que, naquela oportunidade, se desenrolara.

Concomitantemente, passara a beijar, com inenarrável ternura, as faces de Domenico, dizendo-lhe, por meio da voz titubeante, provinda das profundezas do seu sofrido coração de mãe:

— Meu amor, nós estamos aqui, ao seu lado, amparando-o, acompanhando os seus dias, adornando a sua existência com o nosso mais puro e sincero amor, auxiliando-o a cumprir a difícil missão que o Pai eterno lhe destinara, objetivando a sua e a nossa redenção pelas estradas do bem.

Em seguida, aconchegando, ainda mais, o filho em seu regaço materno, combalida e amparada pelo esposo, despedira-se do doutor que, desde então, passara a dar sua assistência ao pequeno Domenico, ajudando-o em tudo aquilo que lhe era possível, com o propósito de amainar-lhe a implacável e desafortunada jornada terrena.

Os dias, os meses e os anos foram passando, indiferentes às agruras que, resignadamente, aquela família enfrentava, impelindo todos os seus integrantes, principalmente Carmine, a envidar as maiores renúncias e sacrifícios para atender às necessidades mais prementes e corriqueiras do dia a dia de Domenico.

A princípio, Donato demonstrava certo inconformismo para com a deficiência do filho, desvencilhando-se, explicitamente, das responsabilidades que lhe cabiam como pai, deixando os maiores e desgastantes encargos para a esposa que, pacientemente, se desdobrava para atender às múltiplas carências de Domenico que se mostrava alheio a tudo e a todos, totalmente dependente dos amorosos cuidados da genitora.

Ao chegar a adolescência, ampliara-se o triste quadro do menino, exigindo cada vez mais cuidados e atenções por parte dos pais, principalmente da sua pacienciosa e dedicada mãe, obrigando-a a estar, diuturnamente, ao lado do filho, à sua disposição, procurando, de todas as formas possíveis, abrandar a aspereza do seu destino.

Indiferente às preocupações e ao trabalho exaustivo que exigia da mãe, Domenico, imprevisivelmente, de um momento para o outro, passara a autoflagelar-se, arranhando-se, cortando-se, batendo a própria cabeça na parede, dando tapas em seu rosto, chegando ao ponto de arrancar as próprias unhas, o que lhe causava atrozes sofrimentos, para desespero dos seus pais e avós.

Certa vez, ao banhar-se, como sempre auxiliado pela incansável genitora, Domenico, inquestionavelmente obeso, escorregara, projetando-se, desastradamente, ao chão, levando consigo Carmine, que, em vão, tentara impedir-lhe a queda.

Ambos feriram-se, mormente Carmine que acabara por quebrar uma das pernas, o que, por algum tempo, a impediria de executar as tarefas que exigiam o seu dedicado concurso.

Donato, ao escutar os gritos da esposa, acorrera, apreensivo e rapidamente ao local, procurando acudi-los naquilo que lhe era possível.

Desta forma imprevista, Donato se vira, de um momento para o outro, obrigado a trazer para si algumas das responsabilidades que cabiam à esposa, participando, mais ativamente, das dificuldades que Carmine, abnegadamente e sem queixume, enfrentava, levando adiante sua nobre missão de mãe, de esposa e de filha dedicada.

Claudia e Bruno, sentindo que a filha estava impossibilitada de assumir as tarefas que, até então, exercia, colocaram-se à disposição para ajudar o casal, aliviando, assim, as preocupações que, de repente, vieram ao seu encontro.

Passando a vivenciar, mais intensamente, as dificuldades que surgiam a todo momento com referência ao neto, os avós puderam melhor aquilatar as amarguras que Carmine, silenciosa e corajosamente, se defrontava, valorizando-a ainda mais.

Nesse contato mais constante e participativo com Domenico, fora sendo despertado no coração do pai e dos avós um profundo sentimento de compaixão e de amor pelo menino que, até então, de certa forma, mantinha-se prisioneiro do egoísmo próprio dos seres humanos que, ainda, não se decidiram a trilhar as estradas da cooperação e da verdadeira e incondicional caridade.

Donato, enfim, acordara da indolência paterna que o caracterizava, passando a empenhar-se para melhor atender às carências do filho, protegendo-o, auxiliando-o, presenteando-o com o carinho que, até então, egoisticamente lhe houvera restringido, privando-o da sua companhia de que, também, tanto necessitava.

O acidente ocorrido com Carmine, se avalizado por meio das lentes do imediatismo pessimista, característico das criaturas humanas, fora inoportuno, desagradável e preocupante. Porém, se observado pela ótica espiritual, tal ocorrência fora providencial, pois, por meio dela, os corações dos implicados enlaçaram-se mais estreitamente, pelos liames da compaixão e do amor, dando a todos a bendita oportunidade de virem a reparar o erro que, em encarnação passada, perpetraram, em desfavor de um inocente e indefeso recém-nascido.

Algum tempo depois, Carmine se recuperara e a vida continuara sua incessante marcha, unindo, em definitivo, pelos laços do amor, todos os integrantes daquela sofrida e resignada família.

Em suma, Domenico, ex-Marco, o frio ceifador de vidas, Carmine e Donato, outrora Silvia e Marcelo, seus imaturos e irresponsáveis pais biológicos, Bruno e Claudia, anteriormente, Roberto e Sofia, seus impiedosos e astutos avós, encontravam-se, pela infinita misericórdia do Pai da vida, juntos, outra vez, desfrutando o abençoado ensejo para repararem os erros que, em anterior encarnação, cometeram, transitando com suas almas entrelaçadas, pelas sendas perfumosas e irrestritas do bem e do amor.

Caro leitor:

Acossados pelos constantes e atrativos apelos do mundo, os seres humanos, muitas vezes, sentem-se instigados a atender-lhes aos chamados, enveredando, irresponsavelmente, pelas vias enganosas e comprometedoras do desamor.

Com o passar do tempo, vão se deixando por eles seduzir, não conseguindo visualizar que, mais adiante, densa vegetação esconde perigosos precipícios, colocando em risco suas vidas.

Ao acompanharmos o desenrolar deste conto, destaca-nos a observação, o comportamento condenável de alguns dos seus personagens, que, indiferentes para com as criaturas humanas que os presentearam com o privilégio das suas presenças, fizeram delas joguetes, interferindo, abusivamente, em suas vidas, chegando mesmo a comprometer-lhes o próprio amanhã.

Assim agira Marco, que, ao tomar conhecimento de que era filho adotivo, desconhecendo a identidade dos seus pais biológicos, inconsolavelmente inconformado, passara a interagir com os seus pais de coração, com incontestável menosprezo, ilustrando toda a ingratidão de que sua alma se encontrava repleta.

Mancomunado com Espíritos trevosos e, por eles influenciado, sendo médico, incluíra, fria e inconsequentemente, o execrável crime do aborto no rol das suas atividades, ceifando, sem a mínima compaixão, muitas vidas, impedindo-as de prosseguir suas respectivas jornadas.

Perseguido, sem tréguas, pela mesma turba de Espíritos malsãos, confiando, equivocadamente, na sua ótica insensível e desajustada, passara a acreditar, cegamente, que, ao provocar o aborto, estaria prestando a estas criaturinhas insofismável caridade, poupando-as dos dissabores por que passara sendo filho adotivo, olvidando-se, ingrato, de todas as benesses que lhe foram ofertadas pelos seus generosos pais que, sem restrições, o adotaram.

Ao reencarnar como Domenico, portando irreversível deficiência mental, classificada pela ciência médica como autismo, fazia-se cumprir a implacável lei de Causa e Efeito.

Enclausurado em seu mundo particular, Domenico, ex-Marco, trazendo ainda imantado em seu Espírito o inconformismo de ter sido, outrora, um enjeitado, não dava descanso à sua dedicada genitora, Carmine, ex-Silvia, dela exigindo incondicional abnegação, convocando-a aos maiores sacrifícios para atender-lhe as necessidades, objetivando, aparentemente distraído, convencer-se de que era, definitivamente, amado por ela.

Além disso, protegido pela mesma camuflada alienação, Domenico guardava em seu inconsciente a dor inenarrável do remorso, que o castigava dia a dia, dele exigindo inapelável reparação pelos crimes que perpetrara na anterior experiência encarnatória, quando fora Marco, o impiedoso ceifador de vidas.

Assim sendo, na adolescência, passara a autoflagelar-se, punindo-se, procurando penitenciar-se do seu passado delituoso, para, enfim, conseguir do Pai da vida o seu amoroso perdão.

Carmine, ex-Silvia, a insegura e influenciável mãe biológica de Marco, e Donato, outrora Marcelo, seu imaturo e covarde pai, ao acolherem Domenico em seus regaços, receberam de Deus-Pai o Seu misericordioso indulto, comprometendo-se, resignadamente, a amparar e proteger o carente autista, aliviando-lhe as angústias, acompanhando-lhe os passos enquanto vivos permanecessem.

Quanto a Bruno e Claudia, avós de Domenico, outrora Roberto e Sofia, astuciosos e frios avós de Marco, também foram agraciados pelo perdão do Pai celeste, comprometendo-se, também, a assistir o neto deficiente, presenteando-lhe com todas as atenções e carinhos que, em anterior encarnação, lhe haviam negado.

2

Unidos pelo ódio

"O ódio é lâmina afiada que fere a nossa alma, tornando-a necessitada da cirurgia do amor para apagar as cicatrizes que nela foram deixadas."

Antes...

A chuva tão esperada, enfim, banhara aquelas terras espanholas, onde o trabalho e as dificuldades eram a tônica da região.

Inumeráveis seres humanos, percorrendo os campos até então secos, alegravam-se pela bênção daquela linfa generosa que lhes devolvia as esperanças, incitando-os a prenunciar colheita farta, delineando-lhes um novo porvir.

Bem ao centro de pequena, mas bem cuidada propriedade rural, graciosa habitação enfeitava aquele pedaço de terra, abrigando em seu modesto interior o casal Pablo e Carmen, cujos filhos, Juan e Julio, eram as luzes das suas existências e das suas doces esperanças.

Os irmãos, entre 15 e 20 anos de idade, não só se assemelhavam fisicamente, como também, nas atitudes, ações, desejos e tendências. A rebeldia, a prepotência e o desdém que os caracterizavam, bem espelhavam a intimidade fria e insensível das suas almas, ainda fascinadas pelos instintos, cativas do desamor. Seus olhos negros, sempre atentos, desconfiados, destacavam-se do conjunto, causando incômodas sensações às pessoas que com eles mantinham contato, delatando aos mais sensíveis o estágio que os irmãos ocupavam na escalada espiritual.

Seus pensamentos, materializados em ações, desnudavam suas almas vazias de sentimentos, bem distantes das perfumosas veredas do amor, decepcionando, com constância, seus bondosos pais que, amorosa e incondicionalmente, os perdoavam, pois os consideravam ainda inexperientes e que o tempo, pacientemente, os haveria de transformar, dulcificando seus corações.

Num frio final de tarde, de volta ao lar, depois de estafante jornada de trabalho, Pablo e Carmen notaram, com certa surpresa, a ausência dos filhos que, costumeiramente, naquele horário ali já se encontravam, após o término das suas respectivas tarefas em propriedade vizinha, cujo dono, sr. Gerardo Sánchez, em consideração ao casal amigo, propiciara aos irmãos Juan e Julio a oportunidade de trabalho, para que assim pudessem ajudar no orçamento familiar.

Imaginaram, então, que os meninos, como assim os chamavam, por certo, deveriam ter permanecido por mais tempo em atividade, empenhando-se na semeadura do trigo com toda a presteza, pois o momento assim exigia.

O sol, cumprindo sua tradicional promessa, desaparecera por completo no horizonte, cedendo lugar à lua que, resplandecente, passara a adornar o firmamento, acompanhada pelo colar de estrelas que, faiscantes, completavam a bela paisagem sideral.

Foi quando, então, os jovens retornaram para casa, deixando transparecer em seus semblantes uma certa inquietação, delatando os incômodos pensamentos que rondavam suas mentes. Nenhum cumprimento ou explicação deram aos pais, denunciando o grau de preocupação, nervosismo e ansiedade que os assolavam naqueles momentos.

Silenciosamente, sem nada inquirir para evitar atritos, pois bem conhecia a índole arredia dos irmãos, Carmen, servira o jantar, chamando os filhos, que haviam se recolhido ao quarto, para que viessem fazer companhia aos pais na modesta refeição.

Sem emitirem uma só palavra, os irmãos, visivelmente contrariados, assentaram-se ao redor da mesa, expondo as faces pálidas e os olhos congestos, denunciando um misto de ansiedade e apreensão que, Pablo e Carmen, jamais haviam observado, o que lhes trouxe desagradável preocupação.

Terminada a refeição, em que o silêncio fora a tônica daqueles momentos, Juan e Julio, apressados, demandaram ao quarto, deixando seus pais sós, cativos das dúvidas, que o tempo, por fim, acabaria por fazê-los esquecer.

Na manhã seguinte, bem cedo, antes de se dirigirem para as árduas tarefas que os aguardavam, Pablo e Carmen foram informados por um dos empregados do sr. Gerardo, dono de extensa e próspera propriedade da região, onde se cultivava o trigo em larga escala, que este houvera sofrido grave acidente, ao cair da sua montaria quando supervisionava os trabalhos que estavam sendo realizados em suas terras. Fora acudido, com presteza, pelos seus funcionários e, imóvel, externando fortes dores, fora conduzido ao hospital mais próximo para, ali, receber o atendimento que se fazia urgente. O diagnóstico médico fora unânime: o rico senhor ofendera, irremediavelmente, a coluna vertebral, o que o impediria de caminhar pelo restante da vida, tornando-se, definitivamente, prisioneiro da cadeira de rodas e do leito.

A notícia impactara sobremaneira o casal, que fora invadido por desagradável surpresa e justa apreensão, pois desfrutavam a amizade do rico senhor, ao passo que Juan e Julio, sem que seus pais notassem, trocaram olhares cúmplices, denunciando uma mescla de desdém, satisfação e vitória.

Gerardo Sánchez, homem abastado, conseguira enriquecer à custa de árduo, perseverante e responsável trabalho, complementado pela consciensiosa administração dos bens que, honesta e pacientemente, fora amealhando.

De poucas palavras, porém justo e ponderado em suas atitudes e ações, sempre pautadas pelo equilíbrio e bom senso, fora conquistando, aos poucos, o respeito e a simpatia daqueles que lhe desfrutavam a companhia, até mesmo dos seus mais humildes colaboradores.

Nunca se deixava levar pelo orgulho dos poderosos, sendo a simplicidade uma das suas mais evidentes características, juntamente com a confiança, até prova em contrário, que depositava nas pessoas que com ele trabalhavam ou conviviam.

Todavia, era exigente no tocante ao desempenho dos seus empregados, quanto às tarefas que lhes cabiam executar, a fim de que não perdessem o foco das responsabilidades que lhes eram atribuídas.

Por vezes, constrangia-se ao ver-se impelido a chamar a atenção de um ou outro dos seus colaboradores, corrigindo-lhes o desempenho; todavia, tão logo findava sua recomendação, pautada pela compreensão, tolerância e justiça, esboçando paternal sorriso, tocava no ombro daquele que fora alvo do seu aconselhamento, como se estivesse, silenciosamente, a lhe dizer que tudo estava bem agora e que continuaria confiando no bom desempenho das suas tarefas.

Em consideração à sincera amizade que nutria pelo casal Pablo e Carmen, devido à nobreza das suas atitudes, sem que necessitasse, acabara por empregar em sua propriedade, Juan e Julio, esmerando-se por ensinar-lhes algumas tarefas básicas que não lhes exigiam maiores responsabilidades, a fim de que os rapazolas fossem, gradativamente, familiarizando-se com o trabalho e os encargos que lhes foram delegados, para depois poderem exercer tarefas mais relevantes.

Dois meses haviam passado desde a admissão dos irmãos nas dependências da propriedade do sr. Sánchez, tempo suficiente para que este notasse a indolência e o desinteresse que ambos apresentavam no cumprimento das suas funções.

Por várias vezes, calma e bondosamente, já os havia alertado e corrigido quanto à necessidade do bom cumprimento das suas responsabilidades, porém, entristecido, notava que suas amistosas observações eram interpretadas, errônea e tendenciosamente, pelos jovens, como se os estivesse perseguindo, menosprezando-os, quando então os irmãos, arredios, por meio dos seus olhares, deixavam transparecer o orgulho frívolo de que os seus corações estavam plenos, prisioneiros da soberbia exacerbada que lhes corroía as entranhas das almas, bem distantes das veredas perfumosas que o Cristo para todos nós, amorosamente, delineara.

O sr. Sánchez, em consideração ao casal Pablo e Carmen, não os querendo molestar, nada os informara sobre os filhos, na esperança de que o tempo os haveria de persuadir a trilhar os caminhos do bem e do trabalho que, até então, simplesmente, desconheciam.

Certa manhã, quando cavalgava pelos campos, notara, surpreso, que Juan e Julio dormitavam, irresponsável e camufladamente, em meio ao trigal, descumprindo suas recomendações, faltando-lhe, uma vez mais, com o devido respeito e consideração.

Naquele momento, o senhor das terras, que tantos e tantos conselhos, paciente e amistosamente, já havia endereçado aos irmãos, sem que nenhum progresso apresentassem, muito a contragosto, perdera sua habitual paciência e, descendo da sua montaria, com o dedo em riste, pela primeira vez falara-lhes com certa energia, delatando o seu profundo desagrado pela atitude irresponsável dos irmãos.

Os jovens, impassíveis, simplesmente escutaram as admoestações, enquanto que dos seus olhos chispas envenenadas pela incompreensão e orgulho partiram em direção ao justo senhor, tornando-os reféns do ódio que, a partir daquele momento, passaria a fazer-lhes constante e opressora companhia.

Juan e Julio, feridos em seus enganosos brios, conduzidos, febrilmente, pelo ódio que lhes incendiava a alma, acabaram por engendrar um ardiloso plano para vingarem-se da dura reprimenda que o sr. Sánchez lhes houvera feito.

Assim, numa chuvosa manhã, sabedores de que o senhor das terras não sairia para cavalgar, aproveitaram-se do ensejo para fazerem, habilmente, um dissimulado corte nos arreios da sua habitual montaria, enfraquecendo-os, para que, tão logo fossem mais exigidos, por certo, haveriam de romper-se, atirando por terra o desafortunado cavaleiro.

Dias depois, conforme já relatado, o sr. Sánchez caíra da sua montaria, ferindo-se gravemente, para a alegria dos jovens que se sentiram devidamente vingados.

A triste ocorrência fora levada, tão somente, à conta da fatalidade, não havendo quaisquer outras conjeturas que, eventualmente, pudessem levantar alguma suspeita sobre a origem do acidente. Assim, o episódio fora dado por encerrado.

Tão logo tomara conhecimento do infausto diagnóstico, o sr. Sánchez, apesar de ser um homem corajoso, acostumado a enfrentar os duros desafios da vida, não conseguira evitar que lágrimas abundantes deslizassem pelas suas faces amorenadas pelo sol, denunciando a suprema angústia que, naqueles inenarráveis instantes, à sua alma deixava extravasar, antevendo o seu triste e sombrio amanhã.

Após o natural período de convalescença, retornara ao lar, trazendo a mente conturbada, imaginando as dificuldades que o aguardavam para voltar a gerenciar os seus negócios, impossibilitado que estava de interagir como, até então, o fazia, com vigor, empenho e visível satisfação.

Os dias foram passando e o senhor das terras se vira impelido a delegar suas funções. Após profundas e conscienciosas reflexões, acabara por convidar Pablo para substituí-lo em suas anteriores responsabilidades.

Já o conhecia a longo tempo e, devido ao seu caráter ilibado, confiava nele plenamente, pois também reunia todas as características que, por certo, haveriam de resultar na profícua condução dos seus negócios.

Assim, decidido, o sr. Sánchez, oportunamente, comunicara a Pablo o seu propósito, convidando o casal e os dois filhos para virem morar em sua propriedade, a fim de melhor poderem gerenciá-la. Ao mesmo tempo que receberiam o justo salário, poderiam também dar assistência ao pequeno pedaço de terra que lhes pertencia e que, até então, lhes houvera garantido o digno sustento.

Pablo e Carmen, felizes, aceitaram o novo e promissor desafio.

Dias depois, toda a família transferira-se para o casarão onde o sr. Sánchez também residia, passando, logo após, a desempenhar suas respectivas tarefas.

Cinco anos se passaram e, a cada dia, era notória a absoluta confiança que o senhor das terras depositava em Pablo, tal a dedicação e o empenho que demonstrava no exercício das suas atribuições.

Carmen, por sua vez, tornara-se fiel e dedicada servidora, auxiliando-o, paciente e caridosamente, em suas mais insignificantes necessidades, conquistando, pouco a pouco, sua irrestrita estima.

Quanto a Juan e Julio, apesar de todo o empenho e paciência dos seus pais, continuavam prisioneiros fiéis da indolência, da irresponsabilidade e da insensatez que os acompanhavam, dia após dia, para tristeza e decepção dos seus genitores, delineando veredas obscuras e sinuosas que os seus pés, ainda, haveriam de percorrer.

Gradativamente, apesar de toda a dedicação de Carmen e do dr. Miguel, médico que, há tempos, o assistia, o sr. Sánchez fora perdendo o apetite, emagrecendo a olhos vistos, desenergizando-se, a ponto de não mais ter condições de deixar o leito, denotando pela palidez do seu rosto e pela profunda tristeza do seu olhar, estar desistindo de lutar, despedindo-se, paulatinamente, da vida.

Numa noite fria e chuvosa, reunindo as poucas energias que ainda lhe restavam, dirigindo seu olhar pleno de gratidão ao casal Pablo e Carmen, com incontestável dificuldade, lhes estendera a mão, entregando-lhes uma folha de papel timbrado. Em seguida, com a voz quase inaudível, porém, emocionada, pediu que lessem o seu conteúdo, com toda a atenção, pois aquele documento se revestia da mais sincera e cabal prova de amizade, consideração e gratidão que poderia lhes ofertar.

Pablo tomou-o nas mãos, visivelmente trêmulas, e passou a lê-lo em voz alta, quando, então, lágrimas incontidas vieram visitar as faces daquelas três criaturas, firmando um pacto da mais pura e sincera amizade e que o levariam, indelevelmente gravado, na mais profunda intimidade das suas almas.

Gerardo Sánchez sempre fora um homem só e mantiverase solteiro, não tendo herdeiros. Por esta razão, sentindo que estava prestes a findar os seus dias na Terra, veladamente, solicitara ao seu advogado para que redigisse um testamento, por meio do qual passaria todos os seus bens em nome de Pablo e Carmen, alertando o profissional para que mantivesse absoluto sigilo a respeito, pois pretendia, em oportuna ocasião, presentear o casal com a inesperada e auspiciosa notícia, como assim o fizera.

Poucos dias depois, o bondoso senhor fechara os olhos para o mundo e sua alma partira para outras plagas, deixando, definitivamente, na Terra, a cruz que a vida lhe destinara.

Os meses, rapidamente, deslizavam através da ampulheta do tempo, enquanto Pablo e Carmen desempenhavam, com todo o desvelo, suas intensas atividades nas terras herdadas, fazendo jus à confiança irrestrita que o sr. Sánchez neles depositara, sentindo-se responsáveis pela continuidade da semeadura, colheita e comercialização do trigo que, com tanto esmero e sacrifício, o falecido ali houvera iniciado.

Quanto a Juan e Julio, agora próximo dos 25 anos de idade, nenhuma mudança comportamental ocorrera, permanecendo enredados nas teias pegajosas da irresponsabilidade e indolência que os caracterizavam, artífices do desgosto que, a cada dia, projetavam em direção ao coração dos seus pais que, pouco a pouco, foram perdendo as esperanças de que seus filhos viessem, enfim, a trilhar as veredas do trabalho, da responsabilidade e do bem.

Os rapazes, constantemente atiçados pelos seus irrefreáveis instintos, passavam noites e noites em casas de má reputação, vivenciando, intensamente, os prazeres mundanos, escravizados pelo álcool, pelo tabaco e pelo desvario do sexo descomedido e inconsequente, traçando, sem o saberem, as linhas tortuosas dos seus próprios destinos.

Possuindo a moeda farta sem que, para tal, houvessem feito jus, enredados pelos vapores inebriantes do álcool e da fumaça nauseante do tabaco, perdiam a noção de valores, distribuindo-a, a mancheias, a homens e mulheres que lhes compartilhavam as orgias, parasitas incansáveis, sem nenhum pudor, desprovidos da mais ínfima noção de responsabilidade.

Assim, absortos nos fugazes e ilusórios delírios dos instintos, somente quando o astro-rei começava a surgir, destemido, imponente, no horizonte longínquo, adornando a vida, é que os jovens embriagados, cambaleantes, a mercê da insensatez que lhes fazia fiel companhia, retornavam ao lar, reproduzindo a imagem triste e desoladora de incontáveis seres humanos que, iludidos, ainda se encontram escravizados pelos efêmeros apelos do mundo, ignorando as benesses que somente uma consciendiosa e perseverante vivência espiritual lhes poderia facultar.

Pablo e Carmen, impactados por essas cenas degradantes que, constantemente, desfilavam diante dos seus olhos, sem que nada pudessem fazer, temerosos das costumeiras e agressivas atitudes dos filhos, veramente constrangidos, dirigiam-se ao encontro das suas obrigações, único lenitivo que encontravam para abrandar as dores que lhes estiletavam a alma.

Juan e Julio, fatigados, sem mesmo se desvestirem, comumente, atiravam-se ao leito, sendo logo abraçados por sono profundo que, esperavam, pudesse devolver-lhes as energias físicas, febrilmente desperdiçadas nos excessos da noitada.

Durante o sono, suas almas rebeldes, perturbadas, continuavam sendo acompanhadas por Espíritos cativos das mesmas e censuráveis emoções, prolongando os desatinos vividos durante toda a madrugada.

Assessorados, constantemente, por esta plêiade de entidades viciosas, pouco a pouco, os jovens foram se deixando por elas envolver, a ponto de assimilar-lhes os próprios pensamentos, tornando-se prisioneiros dos seus insensatos comandos, transformando-se em verdadeiras marionetes em suas mãos, executando suas ordens, sem contestação, acabando mesmo por serem influenciados quanto as palavras, gestos, atitudes e ações empregadas nos seus dia a dia.

Assim, os irmãos tornaram-se irremediavelmente obsediados, deixando de pensar e agir por conta própria, escravizados que estavam pela falange de Espíritos ignorantes que lhes acompanhavam os passos, sem cessar, conduzindo-lhes a existência.

Apesar de estarem constantemente juntos, acumpliciados na maldade incondicional que os enlaçava, Juan e Julio traziam suas almas separadas, envenenadas que estavam pelo ciúme, pela inveja e pela agressividade que nutriam entre si, resquícios negregosos de anteriores encarnações, durante as quais, alimentados pelo ódio que os estiletava, tornaram-se verdadeiros inimigos, comprometendo-se mutuamente.

Para tristeza de seus pais, desde crianças, por motivos banais, engalfinhavam-se, a ponto de ferirem-se, por vezes, com certa gravidade, expondo o sentimento odiento que ainda lhes acompanhava os passos, fazendo com que, pouco a pouco, fossem negligenciando a bendita oportunidade de reconciliação que o Pai da Vida, por meio de nova encarnação, amorosamente, lhes concedia.

Quatro longos anos, plenos de trabalho e responsabilidades, haviam transcorrido, quando Carmen começara a apresentar evidente cansaço e falta de ar que a impediam de desempenhar suas tarefas, como até então o fizera, preocupando o esposo que passara a permanecer mais tempo ao seu lado, fazendo-lhe dedicada companhia, atendendo, pacientemente, às suas incontestáveis necessidades.

Apesar de todo o empenho do dr. Miguel, a cada dia piorava o quadro apresentado por Carmen, cuja falta de ar passara a ser-lhe inseparável e cruel aliada, tornando veramente aflitivo o final da sua jornada.

Era o coração da dedicada esposa e mãe que, após tantos anos de árduo trabalho, açoitado também pelos incontáveis dissabores que os filhos insensíveis constantemente lhe endereçavam, fora, gradativamente, perdendo as forças, demonstrando, nitidamente, que a vida estava despedindo-se dela restando-lhe pouco tempo neste abençoado planeta de provas e expiações.

Pablo, na derradeira noite que antecedera o desencarne da esposa, fora, em Espírito, conduzido para uma outra dimensão, quando, então, entidades espirituais o confortaram, dando-lhe forças para que, com corajosa e consciente resignação, viesse a enfrentar os últimos instantes de vida da companheira, permanecendo ao seu lado o mais tempo possível, para que Carmen pudesse sentir-se, amorosamente assistida e amparada e, em paz, partisse para o além, onde Espíritos amigos a aguardavam para agasalhá-la em seus doces regaços, conduzindo-a para local apropriado, onde receberia os devidos cuidados, visando ao seu refazimento.

Pablo, ao despertar, mantivera nítidos em sua mente estes inusitados conselhos atribuindo-os tão somente, a um sonho que o Pai da Vida lhe proporcionara desfrutar, preparando-o para compreender e, resignadamente, enfrentar os tristes momentos que se avizinhavam. Assim o fizera.

Enfim, num final de tarde, findaram os sofrimentos de Carmen que, suavemente, cerrara os olhos para o mundo, dizendo adeus à vida e aos seus queridos, deixando um rastro perfumoso de amor por onde houvera passado, levando, na intimidade da sua alma, a certeza de que bem cumprira sua missão de mãe e esposa dedicada, enquanto aqui, nesta Terra abençoada, permanecera.

Durante todo o tempo em que se mantivera enferma, Juan e Julio, anestesiados pelas nefastas companhias espirituais que não lhes davam tréguas, praticamente, nenhuma companhia fizeram a mãe, permanecendo insensivelmente alheios aos seus padecimentos, vivenciando tão só o mundo dos instintos que os escravizava.

Na intimidade das suas almas asselvajadas, chegavam a desejar que a morte viesse, o quanto antes, ceifar a vida da genitora, cobiçosos que estavam quanto à herança que lhes caberia e que suas mãos, ávidas em possuir a moeda fácil e farta, estavam ansiosas para poder desfrutar.

Após o desencarne da esposa, Pablo mergulhara ainda mais intensamente no trabalho, única fórmula que encontrara para tentar ludibriar a saudade cruciante que, dia após dia, teimosamente, não cessava de o acompanhar.

Todo final de tarde, terminada a sua jornada de trabalho, visivelmente cansado pelo acúmulo de responsabilidades assumidas e desempenhadas, recolhia-se ao casarão em busca do merecido descanso e refazimento, para então, por volta das 19 horas, servir-se do jantar que Dolores, a prestativa serviçal, habitualmente, lhe preparava.

Os filhos, insensíveis à solidão que o pai vivenciava, raramente o acompanhavam às refeições, deixando-o irremediavelmente só, cativo das lembranças dos bons momentos quando ainda usufruía a doce presença de Carmen a lhe adornar a existência.

Trazendo a alma reclusa pela melancolia e dela não conseguindo desvencilhar-se, pois, perseverante, o acompanhava até o leito, dificultando o seu necessário encontro com o sono reparador, Pablo permanecia horas a mercê dos seus tristes pensamentos e, quando conseguia adormecer, a manhã já se avizinhava e, com ela, as tarefas que lhe aguardavam.

Os meses arrastavam-se na estrada do tempo e com eles a triste rotina de Pablo. A cada dia, sentia-se mais só, esquecido pelos filhos, saudoso da companheira querida cujo Espírito houvera partido para outras plagas para, nelas, refazer-se e continuar sua nova jornada.

Gradualmente, o pobre viúvo, deserdado pela alegria, fora perdendo o desejo de viver, não mais se alimentando como outrora o fazia e, como consequência, visivelmente, emagrecia, sem que os filhos fizessem qualquer tipo de comentário a respeito, o que denotaria um mínimo de preocupação e apreço pelo pai, o que talvez o fizesse reeguer-se e voltar a interessar-se pela vida.

Na verdade, escravos do egoísmo, sem limites, Juan e Julio, no recôndito das suas almas, compraziam-se com a progressiva debilidade física que Pablo apresentava, fazendo-os vislumbrar, ansiosos, o dia em que se tornariam herdeiros absolutos dos bens que, há tempos, o sr. Sánchez, generosamente, houvera deixado para os seus genitores.

Enfim, veramente debilitado, Pablo tornara-se refém do leito e da solidão que, sem piedade, o castigava, tornando martirizantes os seus últimos dias na Terra, sendo lembrado tão somente por Dolores que, fraternalmente, lhe ofertava a companhia, quando as suas responsabilidades assim o permitiam.

Enfim, numa nevoenta manhã de domingo, quando os raios do astro-rei sentiam-se impedidos de manifestarem-se com todo o seu esplendor, Pablo desencarnara, levando consigo a doce resignação, sendo seu Espírito acolhido, meritoriamente, por amigos espirituais que do lado de lá o aguardavam, encaminhando-o a local escolhido, para ali refazer-se e, oportunamente, seguir em marcha.

No dia do sepultamento de Pablo, os irmãos, obviamente, ali se fizeram presentes, simulando, em suas feições, para aqueles que prestavam as derradeiras homenagens ao pai, tristeza incomum quando, na realidade, regozijavam-se intimamente com a infausta ocorrência que, enfim, os libertaria do jugo paterno, podendo assim extravasar, sem controle, seus instintos animalizados.

Inapelavelmente enredados pela malta de Espíritos ignorantes, indolentes e desocupados que os acompanhavam na jornada terrena, Juan e Julio, inexperientes, passaram a cometer constantes desatinos na condução dos negócios, acabando por perderem o controle da situação, lapidando, pouco a pouco, o rico patrimônio que herdaram. Em consequência, acaloradas discussões passaram a ser a tônica dos seus diálogos, quando então, descontrolados, expunham as incontáveis mazelas que traziam enquistadas em suas almas, desde a última encarnação, recrudescendo o ódio mútuo que, incessantemente, os chicoteava.

Conscientizando-se de que a moeda, outrora abundante, começara a escassear, devido também aos gastos incontrolados efetuados em constantes noitadas de orgias, quando os instintos desenfreados comandavam-lhes os atos, Juan e Julio passaram, cada vez mais, a atritarem-se com maior agressividade, a ponto de, por vezes, chegarem quase às vias de fato, delineando o futuro sombrio que, de ambos, inexoravelmente, se aproximava.

Assim, os irmãos foram desperdiçando a abençoada oportunidade que o Pai de infinito amor lhes concedera de reencarnar, para que, assim, pudessem iniciar um venturoso processo de mútua redenção.

Num tépido final de tarde, após mais um dos seus costumeiros e desagradáveis entreveros, acossados pelos obsessores espirituais que dominavam seus pensamentos, palavras, atitudes e ações, Julio passara a engendrar maquiavélico plano que culminaria com a morte do irmão, ao qual imputava, injustamente, total responsabilidade pelo mal andamento dos negócios. Descartando-o da sua vida, tornar-se-ia o único proprietário das terras, podendo então, sem interferências, administrá-las a seu modo, revertendo a derrocada que delas se avizinhava. Assim acreditava.

A partir de então, os irmãos não mais se falavam, exceto quando uma ou outra decisão assim o exigia, porém por meio do olhar exteriorizavam o ódio crescente que lhes carcomia as entranhas, aniquilando qualquer resquício de perdão que porventura ainda tentasse fazer-se presente.

Julio, dissimuladamente, toda vez que lhe surgia a oportunidade, ministrava ao irmão imperceptíveis porções de veneno, mescladas ao alimento, à água ou a qualquer outra bebida, colocando em prática seu condenável plano.

Assim, dia a dia, Juan fora apresentando evidente depauperamento, a ponto de não ter mais disposição para desfrutar os prazeres das noitadas que tanto apreciava.

Apesar do acompanhamento médico, que, a pedido do próprio Julio, o dr. Miguel passou a fazê-lo, certa manhã, com os olhos esbugalhados e os lábios retorcidos, delatando as dores cruciantes que dilaceravam a intimidade do seu corpo combalido, Juan dera seu último suspiro, desertando da vida, sendo recebido na pátria dos espíritos pelas mesmas entidades que, desprovidas de qualquer sentimento mais nobre, o acompanhavam e o conduziam quando ainda se encontrava encarnado.

O ato infame de Julio passara incólume, despercebido perante a sociedade, premiando, à primeira vista, o cruel infrator.

Desde então, Julio tornara-se senhor absoluto das terras passando a gerenciá-las com mãos de ferro, criando atritos desnecessários de qualquer ordem, junto aos colaboradores que o assessoravam, desestimulando-os quanto ao esperado cumprimento das tarefas que lhes cabiam executar, vindo, obviamente, a prejudicar, ainda mais, o andamento dos negócios.

Dois anos se passaram, desde a morte de Juan, quando a falência irreversível viera ao encontro de Julio, que se vira impelido a vender a propriedade para honrar as dívidas que houvera assumido, no decorrer do tempo, pois só assim livrar-se-ia da justiça que, sem comiseração, se pusera em seu encalço.

Há tempos, Julio encontrava incontestável dificuldade em conciliar o sono que, comumente, era acompanhado por sonhos extremamente desagradáveis, nos quais Juan estava sempre presente, expondo o rancor, a mágoa e o ódio que lhe faziam companhia, deixando transparecer, por meio da fisionomia transtornada, o desejo de vingança que o açoitava, espelhando toda a maldade que, em si, agasalhava.

Veramente apavorado, Julio, aos gritos, despertava, como se Juan o estivesse a sufocar, intentando tirar-lhe a vida como assim, tempos atrás, ele mesmo o fizera ao próprio irmão.

Arruinado, sem amizades, as quais ele próprio se incumbira de afastar, devido ao gênio irrascível e a soberba que o caracterizavam, obsediado, escravizado pelo Espírito do irmão que se fazia acompanhar pela malta de entidades empedernidas que, há tempos, o assessoravam, não lhe dando um só momento de descanso, Julio fora rendendo-se à lassidão, perdendo o encanto pela vida, deixando de alimentar-se, esperando tão só que a morte viesse enlaçá-lo, quando, então, acreditava, haveria de livrar-se do martírio que, sem tréguas, o assediava.

Depauperado, física e espiritualmente, completamente só, esquecido pelo mundo, mais parecendo um farrapo humano, Julio dissera adeus à vida, levando consigo, para o além, o fardo das maldades que, quando ainda encarnado, semeara, junto a todos aqueles que lhe compartilharam a existência.

Do lado de lá, o Espírito Juan, acompanhado pelas entidades às quais se filiara, ansiosamente o aguardava para, então, dar continuidade ao processo de vingança que, impiedosamente, direcionava ao irmão, desde quando este ainda se encontrava encarnado, satisfazendo os seus instintos malsãos que continuavam, mesmo na pátria espiritual, a delimitar os seus caminhos.

Assim, por cerca de um século, os Espíritos Juan e Julio, incessante e acirradamente, permaneceram a atritar-se, delatando, a cada instante, o ódio implacável que os unia, sem que apenas uma réstia de complacência ou perdão viesse visitar suas mentes enfermas, cristalizadas na maldade que os estigmatizava, tendo como único e insano objetivo a desforra mútua e implacável.

Desta forma, foram projetando os seus amanhãs, quando então reencarnariam, retornando aos palcos do mundo espelhando em seus corpos físicos os contornos das vicissitudes cruciantes que não lhes dariam tréguas, constituindo-se, porém, em mais uma bendita oportunidade que o Pai da Vida lhes concederia, para que, mutuamente, viessem a redimir-se e perdoar-se, trilhando enfim novos caminhos, onde a compreensão, o perdão e o amor haveriam de, doravante, nortear os seus passos.

Depois...

Era um belíssimo e indescritível final de tarde, quando os raios alaranjados do astro-rei rasgavam as nuvens, colorindo e enfeitando os espaços, premiando os habitantes da opulenta e dinâmica capital espanhola.

O ruído incessante, provindo das ruas movimentadas, traduzia a pujança da grande metrópole, ao mesmo tempo que camuflava os incontáveis dramas íntimos que cada um dos seus cidadãos vivenciava, ora desfrutando sucessos, ora lamentando derrotas, ora celebrando alegrias, ora curtindo tristezas, ora parceiros da esperança, ora prisioneiros do desalento, enfim, resgatando seus passados, perdidos na esteira do tempo, cujas ações, nas épocas praticadas, acabaram por traçar as veredas dos seus destinos que, em Madri, haveriam de trilhar.

Bem próximo ao centro da cidade, erguia-se imponente edificação comercial, denunciando o sucesso dos negócios que o seu proprietário Javier Rios bem administrava.

Cristão convicto e praticante, incontestavelmente honesto, há anos, Javier conduzia sua empresa que se especializara na comercialização do trigo. Bem agindo, acabara por tornar-se um dos mais bem-sucedidos, respeitados e confiáveis negociantes do ramo, o que lhe proporcionava, a cada dia, maiores e seguros rendimentos, possibilitando-lhe uma vida tranquila, pautada pela sobriedade e moderação de que se revestiam suas palavras, atitudes e ações.

Viúvo, havia dois anos, na época, com 50 anos de vida, Javier era um homem solitário, saudoso da esposa, que muito cedo o deixara, acometida por cruel enfermidade pulmonar que, implacavelmente, acabara por arrebatá-la dos seus braços.

Rafael, jovem com cerca de 25 anos de idade, era um dos seus mais eficientes colaboradores. Devido à sua incontestável competência e intocável honestidade, terminara por assumir a gerência geral da empresa, tendo, devido a confiança que aos poucos fora conquistando, de prestar conta dos seus atos, tão somente a Javier que, com o tempo, passara a considerá-lo como filho querido do coração.

O jovem e sua esposa Maria, sempre a convite de Javier, costumavam frequentar sua elegante residência, quando, nas referidas ocasiões, após o desfrute de prazerosos repastos, aproveitavam o ensejo para dialogarem sobre assuntos diversos, entre eles, os que diziam respeito ao andamento dos negócios da empresa, assim como aos planos futuros a serem implantados.

A cada nova oportunidade, Javier fora sentindo-se mais cativado pelo jovem casal que, pela espontaneidade das palavras e dos conscienciosos posicionamentos a respeito da vida, em suas diversas nuanças, demonstrava o caráter ilibado que a ambos os cônjuges enlaçava, norteando os seus passos, delineando as suas veredas.

O tempo fora passando, quando, então, num daqueles agradáveis jantares, Rafael, com o coração jubiloso, veramente emocionado, comunicara a Javier que Maria se encontrava grávida, concretizando, assim, o sonho que o casal, há já algum tempo, acalentava.

Javier também se emocionara, tal o carinho e consideração que nutria pelos jovens, abraçando-os, incontinenti, delatando a alegria que viera visitar-lhe a alma carente e solitária.

Naqueles momentos inesquecíveis, em que os corações falavam mais alto do que a própria razão, sem rodeios, de chofre, já porém com a antecipada aquiescência da esposa, Rafael convidara Javier para tornar-se padrinho da criança que iria nascer e que, por certo, haveria de indicar-lhes novos rumos à existência.

Sem vacilar, sem dizer uma só palavra, Javier abraçara, carinhosa e espontaneamente, os futuros pais, denunciando a alegria incontida que invadira a sua alma e que, por si só, patenteava a aceitação incondicional do honroso convite que, há instantes, o casal lhe houvera destinado.

Logo após, Javier chamara Daniel, empregado de confiança que, há tempos, fielmente o servia em sua residência, para que abrisse uma garrafa de champanhe a fim de que pudessem brindar o acontecimento, deixando extravasar as alegrias inquestionáveis que, naqueles inolvidáveis momentos, a todos enlaçava, abrindo novas estradas que, por certo, seus pés, juntos, haveriam de percorrer, sob o amoroso amparo de Jesus.

Desde logo, a gravidez da futura mamãe se mostrara desconfortável, preocupando os jovens, a ponto de roubar-lhes a alegria.

Apreensivos, inexperientes, aconselhados por Javier dirigiram-se oportunamente ao consultório do dr. Pierre, médico de confiança do bem-sucedido homem de negócios, para conhecer-lhe o diagnóstico e tomarem as providências que se faziam necessárias para minorar as tensões que os acompanhavam.

Na ocasião, após as devidas observações, o profissional, sorrindo, serenamente comunicou ao casal que Maria estava grávida de gêmeos.

Impactados pela inesperada notícia, Rafael e Maria entreolharam-se, delatando um misto de alegria e preocupação que viera assaltar-lhes o pensamento, o que alteraria seus planos, impelindo-os a delinear novos horizontes, plenos de inquestionáveis responsabilidades que, subitamente, os viera abraçar.

Imediatamente após tomar conhecimento do fato, o casal apressara-se em colocar Javier a par do assunto, quando, então, o experiente senhor, calmamente, esboçando um simpático e confiante sorriso, dissera:

— Que sejam bem-vindos os novos integrantes desta jovem família, aos quais, feliz, coloco-me à inteira disposição para acompanhá-los, nesta longa jornada que já começaram a empreender.

Apesar de seguir à risca as recomendações dadas pelo dr. Pierre, a gravidez de Maria tornava-se, a cada dia, mais penosa, exigindo da futura mamãe muita coragem e heroica renúncia.

Seu ventre avolumado, a olhos vistos, delatava a insofismável inquietação dos bebês que se movimentavam com brusca e incômoda frequência, ao mesmo tempo que os enjoos constantes perseguiam-na, sem trégua, tornando sua gestação um verdadeiro calvário, requerendo-lhe valentia e perseverante resignação.

Seus sonhos eram desagradavelmente confusos e, ao amanhecer, deles pouco se lembrava, permanecendo, porém, envolvida por incômodo cansaço que, comumente, haveria de acompanhá-la durante todo o dia.

As noites maldormidas, faziam com que Maria fosse, aos poucos, perdendo as energias, denotando, pela palidez do seu rosto e das profundas olheiras, esta incontestável realidade, fazendo com que Rafael, por orientação do dr. Pierre e, com a devida anuência de Javier, se mantivesse mais presente junto à futura mamãe, prestando-lhe todo o auxílio e atenção que o delicado momento assim o exigia.

As alegrias que Rafael e Maria desfrutaram ao receberem a notícia de que se tornariam pais, aos poucos foram se dissipando, sendo substituídas por desconfortável inquietação que, insistentemente, passara a assediá-los.

Silenciosamente, na intimidade das suas almas apreensivas, esforçando-se para não deixarem transparecer, ambos eram acossados por aflitivo receio do porvir, fazendo com que, contrafeitos, pressentissem dias difíceis que ainda haveriam de vivenciar.

Finalmente, num ensolarado início de manhã, os futuros pais, apressados, deram entrada no hospital, para que Maria, horas mais tarde, após um parto difícil, caracterizado por riscos e apreensões, viesse a dar à luz.

Amenizados os dolorosos momentos por que passara, a jovem mãe aguardava, com visível ansiedade, a vinda dos bebês ao seu quarto para que, enfim, pudesse conhecê-los e, amorosamente, aconchegá-los em seu tépido regaço.

A espera tornara-se desconfortável, a ponto de deixar os pais veramente apreensivos, tal a demora que se verificava.

Finalmente, após meia hora de ansiosa e preocupante expectativa, dr. Pierre adentrara o quarto trazendo no semblante os sinais da inquietude que, naqueles momentos, particularmente, vivenciava.

Dirigindo seu olhar compassivo em direção a Rafael para, em seguida, destiná-lo à jovem mãe, carinhosamente colocara entre as suas as delicadas mãos de Maria, como querendo, de alguma forma, amenizar o impacto da triste notícia que haveria de dar-lhe.

Com a voz embargada e os olhos marejados, denunciando as fortes emoções que naqueles instantes enlaçava-lhe o coração, lhes dissera:

— Meus jovens. Os dois pequeninos estão bem, todavia, cabe-me comunicar-lhes que os gêmeos, por um capricho da natureza, vieram ao mundo, tendo seus corpinhos unidos pelo abdômen, fenômeno este que a medicina classifica como irmãos xifópagos ou siameses. No momento presente, nenhuma providência poderá ser tomada no tocante a separá-los, restando-nos tão só resignadamente aguardar que a ciência, no futuro, venha a se posicionar quanto aos caminhos que a medicina haverá de percorrer para solucionar estas ocorrências.

Inapelavelmente impactada pela desalentadora notícia, Maria desfalecera, exigindo do dr. Pierre imediata intervenção. Enquanto isto, Rafael, com os olhos embaçados pelas lágrimas sentidas que emergiam, incontroláveis, das profundezas do seu coração, abraçou a esposa, pleno de ternura e compaixão, acarinhando a sua fronte pálida e suarenta, reflexos da tristeza inenarrável que se projetara em direção à intimidade da sua alma bondosa e delicada.

Desde aquele triste momento, o jovem casal haveria de necessitar de toda a esperança e coragem para enfrentar os dias sombrios que se avizinhavam, compartilhando, resignadamente, a dolorosa missão a que foram chamados a cumprir.

Instantes depois, a jovem mãe abrira os olhos, umedecidos, recobrando os sentidos, conscientizando-se, aos poucos, da dura realidade que a vida, implacavelmente, lhe destinara.

Em realidade, os xifópagos, filhos de Maria – outrora Carmen, e de Rafael – outrora Pablo, tendo como padrinho Javier, ex- Gerardo Sánchez, nada mais eram do que as reencarnações dos Espíritos Juan e Julio que retornavam aos palcos do mundo, vestindo outras indumentárias carnais para que, irremediável e literalmente, juntos, pudessem desenvolver novas e difíceis experiências que, se bem compreendidas e vivenciadas, acabariam por fazê-los evoluir nas sendas do amor, possibilitando-lhes encaminharem-se, gradativamente, em direção aos ternos braços de Jesus.

Caro leitor:

A cada nova oportunidade encarnatória, por força da Lei Maior, somos impelidos a vivenciar, neste planeta azul, as mais diversas e profícuas experiências, em que sorrisos, apreensões, emoções e lágrimas mesclam-se, ininterruptamente, na tentativa de lapidarem as nossas almas que, há tempos imemoráveis, se encontram renitentes nos erros que as aprisionam, fascinadas que estão pela matéria enganosa e fugaz.

Todavia, um dia, inexoravelmente, delas haverá de emergir o fulgor indescritível do vero e incondicional amor, esta joia de incomensurável valia que, desde os primórdios da nossa existência, se encontra latente, porém, enclausurada no mais íntimo do nosso ser.

Ao percorrermos, com os olhos atentos, as páginas que compõem este conto, ressalta-nos, à mente e ao coração, os caminhos íngremes e pe-

dregosos que Juan e Julio para si mesmos haviam projetado e que seriam impelidos a percorrer numa próxima experiência encarnatória.

Os desentendimentos e atritos asselvajados que, constantemente, se faziam presentes no dia a dia dos dois irmãos, culminando com o assassínio de um deles, deixaram extensas cicatrizes na intimidade de cada um, enraizando-se, assim, em seus Espíritos frívolos, um sentimento odiento de ilimitada proporção retardando-lhes a caminhada.

Este mesmo ódio que os cristalizara, separando-os, tornando-os aqui e acolá cruéis inimigos, acabara por juntá-los, quando, reencarnando como xifópagos, tendo seus corpos unidos pelo abdômen, haveriam de, sem apelação, conviver, curtindo as mesmas aflições, as mesmas agonias, os mesmos padecimentos que somente o tempo, o remédio de Deus, pacientemente se incumbiria de transformá-los, estimulando-os, mutuamente, a compreenderem-se, apiedarem-se e, enfim, perdoarem-se.

Assim, após haverem resgatado seus desacertos e culpas e, finalmente, sentirem-se apaziguados, os irmãos transitarão por outras estradas, onde o verdadeiro amor estará presente, orientando-lhes os passos, conduzindo-os em direção a um novo e promissor amanhã.

3

Impiedosos delatores

"O egoísmo cega os nossos olhos, cerra os nossos ouvidos, emudece as nossas vozes, paralisa as nossas mãos, insensibilizando os nossos corações às dores alheias."

Antes...

Doces pensamentos pairavam na mente de Alícia, jovem com pouco mais de 15 anos de idade, cuja existência fora, até então, prisioneira das dificuldades e desventuras. Todavia, seu coração sensível resignadamente as acolhera, entendendo-as como se fossem lapidários da alma, delineando-a, fazendo-a evoluir em seus mais nobres sentimentos.

Desfilava em seus pensamentos a figura esguia e elegante de Alejandro, jovem pertencente à nobre linhagem dos Contreras que, há pouco, seu coração, inocente, acabara de conhecer e, repentinamente, enamorar-se.

Filha de camponeses espanhóis, órfã de pai, destinava quase que todas as horas do dia, na plantação e colheita de hortaliças para, assim, conseguir o seu sustento e o da sua mãe, Alba, há tempos aprisionada ao leito, acometida que fora por cruel derrame que acabara por paralizar-lhe os movimentos, necessitando da abnegação da filha para que suas mínimas necessidades fossem atendidas.

Fora num frio e garoento final de tarde, ao encaminhar-se, afadigada, juntamente com os demais trabalhadores do campo, de retorno ao lar, após o cumprimento das tarefas que lhe eram destinadas, que Alícia notara, a cerca de uma centena de metros, jovem cavaleiro vindo em direção ao grupo.

Há poucos metros da donzela, estacara o animal, quando então, externando simpático e cativante sorriso, educadamente lhe indagara onde se localizava a residência da família Quintana, pois, para ali, pretendia dirigir-se.

Naquele momento, aceleraram-se as batidas dos seus corações, acometidos que foram por insólitas emoções que enlaçaram suas almas, até então, carentes de afeto e de amor.

Antes que a indagação fosse respondida, os olhares que ambos se destinaram acabaram por denunciar os doces e repentinos sentimentos que os enredaram, dando-lhes a impressão de já se conhecerem e que, agora, estavam tão somente se reencontrando, para seguirem, juntos, as suas vidas, trilhando as mesmas estradas.

Após ter sido atendida sua solicitação, o cavaleiro, educadamente, a agradecera e após atiçar sua montaria, partira, a galope, em direção ao local que lhe fora indicado, levando consigo a lembrança daquele agradável encontro.

A partir de então, reféns das teias dulçorosas do amor, cada qual passara a sonhar com um novo encontro, quando, então, haveriam de amainar as saudades que deles se tornara constante companhia.

Uma semana após o inesquecível encontro, não conseguindo resistir aos apelos do seu coração, Alejandro destinara-se ao mesmo sítio e à mesma hora, na esperança de reencontrar a jovem e poder arrefecer os silenciosos sentimentos que enlaçavam a sua alma.

Assim, num final de tarde, presenteado pelos tépidos raios solares que ainda acariciavam aquelas plagas, deitando-se calmamente no horizonte longínquo, Alejandro, montado em seu corcel, passeara o olhar ansioso pelo campo, na expectativa de avistar a moçoila que lhe houvera cativado o coração a ponto de não conseguir, pelas vias do pensamento, dela se apartar.

Alícia, por sua vez, intuitivamente, já o aguardava e, ao término das suas habituais e estafantes tarefas, quando retornava ao lar, junto aos demais camponeses, radiante, notara, a pouca distância do local onde se encontrava, a figura esguia do cavaleiro que seduzira sua alma, fazendo-a entoar a suave melodia do amor.

Momentos após, seus olhares entrecruzaram-se, quando, então, o pulsar acelerado dos seus corações patentearam os dúlcidos sentimentos que emergiam de suas almas, materializando-se no sorriso espontâneo e nas feições felizes que ambos ilustravam.

Abraçada pela timidez, a moçoila nada dissera, aguardando, ansiosa, que o jovem tomasse a iniciativa de dirigir-lhe a palavra para que viessem a iniciar a tão esperada conversação.

Os demais trabalhadores prosseguiram caminhando em direção aos seus lares, possibilitando aos jovens ficar a sós e assim poderem, tranquilamente, dialogar.

Alejandro apeara-se do cavalo, iniciando, de imediato, prazeroso colóquio com a jovem, enquanto, segurando as rédeas do animal, a acompanhava pela singela estradinha, conduzindo-a de retorno à sua modesta residência.

A passos lentos, procurando assim permanecerem mais tempo juntos e melhor se conhecerem, de repente, o jovem agachara-se, tomando nas mãos delicada florzinha silvestre, ofertando-a, delicadamente, à moçoila, delatando a sensibilidade do seu ser e, ao mesmo tempo, as emoções que afloravam da intimidade do seu sincero coração.

Sentindo, suavemente, as mãos do jovem tocarem as suas, oferecendo-lhe, inesperada e gentilmente, aquele delicado mimo, Alícia ruborizou-se, enquanto experimentava, pela primeira vez, um agradável e, até então, desconhecido sentimento transitar pela intimidade de sua alma, exteriorizando-o por meio do seu olhar meigo e das suas feições alteradas, não lhe deixando dúvidas quanto às insólitas emoções que, naqueles inesquecíveis momentos, vivenciava.

Sem se aperceberem, depois de cerca de 15 minutos de caminhada, os jovens se encontravam diante da modesta residência de Alícia, permanecendo ali por alguns minutos, dialogando prazerosamente.

Em seguida, Alejandro achara de bom alvitre despedir-se, marcando, com o consentimento de Alícia, um novo encontro para o dia seguinte, no mesmo horário, pois se dera conta de que, a partir daquele encontro, da jovem não conseguiria mais se apartar.

Depois, segurando entre as suas as mãos ásperas de Alícia, acostumadas ao trabalho árduo que diariamente executava, o jovem médico despedira-se, partindo de retorno ao lar, levando, imantados em seu coração, os mais puros sentimentos que passaram a adornar-lhe os dias.

Chegando à acolhedora mansão em que residia com seus pais, Arturo e Conception Contreras, ele rico e respeitado homem de negócios, ela, bondosa e respeitável matrona, fora por eles carinhosamente recebido e, de imediato, conduzido à sala de refeição, pois o jantar estava prestes a ser servido.

Não conseguindo conter as fortes e, até então, desconhecidas sensações que percorriam as entranhas do seu ser, Alejandro passara a relatar o que com ele houvera ocorrido naquele final de tarde, externando por meio do sorriso, dos olhos, dos gestos e da voz emocionada, a alegria incontida que experimentava.

Terminada a refeição, os Contreras encaminharam-se à sala de estar, dando continuidade à conversação que durante o jantar se iniciara e que acabara por aguçar a curiosidade dos pais e de Consuelo, irmã de Alejandro, inquestionavelmente interessados em conhecer maiores detalhes a respeito da moçoila que tanto houvera impressionado o jovem médico.

Irradiando felicidade, o rapaz passara a satisfazer-lhes a curiosidade, deixando emergir das entranhas do seu coração os nobres sentimentos que enlaçavam a sua alma.

Por sua vez, na humilde, porém, bem cuidada residência de Alícia, radiante alegria a visitava, exteriorizada pelo seu cantarolar despretensioso que preenchia os espaços, delatando os mais íntimos sentimentos que a incitavam a sonhar com um porvir pleno de amor e realizações.

Após ter auxiliado a mãezinha em suas mais prementes necessidades, a jovem passara a servir-lhe o modesto jantar, colocando o alimento entre seus lábios, pois, desde que sofrera o derrame, sentira-se impossibilitada de até mesmo alimentar-se, dependendo do amoroso e paciente auxílio da filha para, assim, consegui-lo.

Enquanto servia a refeição, Alícia passara a narrar-lhe as doces experiências que desfrutara naquele tépido final de tarde, ilustrando por meio das faces rosadas, do sorriso brando e dos olhos vívidos, as alegrias jamais experimentadas que, desde aqueles memoráveis momentos, se apossaram por completo da sua alma inocente e sonhadora.

Alba, emocionada, a tudo ouvia, quando então deixara duas furtivas lágrimas emergirem dos seus olhos verdes, tais quais os da bela moçoila, extravasando, assim, as fortes emoções que dela se apossaram, fazendo-a compartilhar com a filha a felicidade inenarrável que deixava transparecer.

Naquela noite, os jovens enamorados demoraram para adormecer, tais as prazerosas lembranças que o feliz encontro lhes houvera proporcionado.

No dia seguinte, cativos da saudade que os abraçava, Alejandro e Alícia, radiantes, destinaram-se às suas respectivas tarefas com as quais se encontravam comprometidos.

Alejandro, inteligente e talentoso, com quase 25 anos de idade, apesar de jovem, ainda, acabara por tornar-se competente e respeitável médico, tramitando pelas estradas da profissão, sempre levando uma palavra de esclarecimento e de conforto aos seus pacientes, incutindo-lhes resignação e, ao mesmo tempo, a confiança de que necessitavam para enfrentar as enfermidades que os vieram molestar.

Assim agindo, deixava transparecer seu inquestionável amor e abnegação pela medicina e o carinho e o respeito com que presenteava os seus assistidos, que nele depositavam suas melhores expectativas.

Quando cursava a universidade, conhecera o jovem Manolo Quintana, tornando-se dele inseparável amigo, desfrutando, juntos, a alegre e descontraída mocidade.

Apesar da amizade que os enlaçara, era notório tratar-se de duas personalidades bem diferentes. Enquanto Alejandro era estudioso, responsável, pautando sua conduta pela honestidade, respeito e gratidão para com aqueles que o brindavam com a companhia e atenção, Manolo, ao contrário, era apenas razoável nos estudos, porém, irreverente e extremamente sagaz, aproveitando-se de toda e qualquer oportunidade que a vida lhe propiciava, para dela tirar proveito em benefício próprio, não se importando com as consequências que suas palavras, atitudes ou ações, pudessem causar àqueles com os quais compartilhasse a presença.

Apesar da desigualdade de caráter, Alejandro demonstrava simpatia por Manolo, com ele convivendo em certa harmonia, porém, sem nunca perder as oportunidades que surgiam, para bem aconselhá-lo no tocante ao seu comportamento que, por vezes, o colocava em situações embaraçosas, quando, então, a calma e o bom senso de Alejandro conseguiam livrá-lo delas.

Era justamente na extensa área rural que pertencia à abastada família Quintana, que Alícia trabalhava, tirando dali o seu sustento e o da sua incapacitada mãezinha.

Conforme havia sido combinado, no final da tarde daquele dia, o jovem médico dirigira-se para o mesmo local, aguardando, ansioso, a presença da moçoila, quando, então, conseguiria sufocar a saudade que, impaciente, percorria as entranhas de sua alma, enredada que fora pelas teias perfumosas do amor.

Os minutos corriam velozes, quando um grupo de camponeses surgira na estreita estradinha, delatando que a exaustiva jornada de trabalho, finalmente, houvera chegado ao final.

Com incrível rapidez, Alejandro percorrera com os olhos aquele humilde agrupamento de pessoas, esperançoso de ali encontrar Alícia, para com ela entretecer agradável conversação, quando pretendia expor-lhe os sentimentos que, súbita e inesperadamente, passaram a envolvê-lo desde o momento em que, pela primeira vez, com ela dialogara.

Após alguns instantes de ávida procura, desolado, constatara que a jovem não se encontrava naquele grupo, fazendo-o ter a sensação de que um punhal invisível houvera transpassado o seu coração, causando-lhe tristeza e dúvida que, a partir daqueles momentos, passaram a segui-lo, passo a passo.

Permanecera ali cerca de 15 minutos, até que se certificara de que a jovem não viera ao seu encontro, como houvera prometido, só restando-lhe partir, guardando ainda no seu coração entristecido uma réstia de esperança de que, no dia seguinte, viesse com ela reencontrar-se, reavivando os seus sonhos.

Ao chegar em sua residência, denotando inabitual desconsolo, dirigira-se para seus íntimos aposentos, questionando-se, sem conseguir resposta, sobre o ocorrido, chegando mesmo a pensar que a moçoila com ele se decepcionara, a ponto de evitar-lhe a companhia.

Todavia, relembrando-se do sorriso franco e feliz e do olhar carinhoso que a jovem lhe houvera endereçado, quando do inesquecível encontro, voltara a sentir-se otimista, imaginando que, talvez, algo houvesse ocorrido com Alícia, impossibilitando-a de cumprir com o prometido, o que acabara por incitá-lo a dirigir-se a casa da jovem e verificar o que, de fato, acontecera.

Assim pensando, ansioso por conhecer as verdadeiras razões que levaram a jovem faltar ao encontro e, por fim, libertar-se da dúvida que aprisionava a sua alma, comunicara aos seus familiares que, excepcionalmente naquela noite, não os acompanharia no jantar, pois tinha assunto importante a resolver.

Apesar de ter o conhecimento de que esta sua atitude, intempestiva e emocional, feria a ética e o seu bom senso, desprezara completamente a razão, partindo, resoluto, em busca dos seus objetivos.

No início da noite, chegara ao seu destino. Antes de bater na porta, titubeou por alguns instantes, entretanto, dominado pela ansiedade, assim o fizera.

Prontamente fora atendido por Alícia que, com um sorriso mesclado de espontaneidade e surpresa, aflorando em seus lábios, acompanhado por um doce olhar que irradiava incontido jubilo, o convidara, tímida e gentilmente, para entrar.

Após trocarem os tradicionais cumprimentos, Alícia apressou-se em desculpar-se por não ter comparecido ao encontro a que se comprometera, alegando que sua mãezinha não passara bem naquele dia, necessitando de toda a sua atenção e cuidados, obrigando-a a ausentar-se do próprio trabalho, o que raríssimas vezes ocorria.

Passados aqueles primeiros momentos, não restara à jovem outra alternativa senão a de, educadamente, convidar Alejandro a encaminhar-se até o quarto onde sua mãe se encontrava acamada, para que viessem a conhecer-se.

Quando os olhos de Alba se encontraram com os do rapaz, contagiante sorriso adornara os seus lábios, exteriorizando a alegria que o seu cansado coração experimentava naqueles instantes. Ao mesmo tempo doce inspiração lhe percorrera a mente, tranquilizando-a quanto ao bom caráter do jovem pretendente, presenteando-a com inesperada paz, pois, assim aliviada, poderia, enfim, descansar, livrando-se daquele penoso fardo físico, partindo para o além, resignada, em busca de outras paragens, menos agrestes do que aquela por onde transitara nesta encarnação.

Alejandro, por sua vez, sentira irrestível simpatia pela enferma, ao mesmo tempo em que espontânea compaixão acabara por enlaçar-lhe o coração, sentindo-se inclinado a tudo fazer para minimizar as agruras daquela humilde criatura, que lhe parecera, à primeira vista, merecedora de todo o seu carinho e dedicação.

Após alguns instantes, o jovem doutor, educadamente, pedira o seu consentimento para examiná-la e, assim, poder avaliar o seu estado e, talvez, ministrar-lhe alguma medicação que viesse arrefecer os incômodos que, sem piedade, a perseguiam.

Naquele momento, com visível esforço, a enferma, lentamente, colocara entre as suas, a mão do jovem médico, enquanto lágrimas inundaram seus olhos e um doce sorriso aflorara em seus lábios, dando, silenciosamente, o seu consentimento para que Alejandro prosseguisse em seu intento.

O jovem passara a fazer-lhe superficial avaliação médica, pois não dispunha dos elementos necessários para que melhor pudesse observar o estado clínico em que Alba se encontrava.

Depois de alguns minutos de atenta observação, o médico, com palavras amenas, expusera ser irreversível o quadro que a enferma apresentava, todavia, comprometera-se a acompanhá-la clinicamente, na esperança de que pudesse proporcionar-lhe alguma melhora.

Devido à precariedade de recursos, há bom tempo Alba não recebia a devida assistência médica e medicamentosa que se fazia necessária, o que muito entristecia Alícia que se via impossibilitada de proporcionar a mãezinha, o atendimento profissional de que tanto precisava.

Em algumas ocasiões, quando percebia agravarem-se os incômodos da genitora, Alícia, como única alternativa, dirigia-se à casa da cigana Juana solicitando seus préstimos, na tentativa de aliviar os desconfortáveis sintomas que Alba apresentava, o que geralmente ocorria, por meio das preces e dos chás que lhes eram ministrados.

Quinze minutos depois, Alejandro se despedira, carinhosamente, da paciente, permanecendo por outro tanto no minúsculo e florido terraço da humilde habitação quando, ambos, acabaram por delatar os nobres sentimentos que os tornaram cativos um do outro.

Aliviado e feliz, o jovem se despedira de Alícia, marcando para o dia seguinte, no final da tarde, o próximo encontro.

Iniciava-se, assim, outra etapa na vida do casal de enamorados que, juntos, haveriam de percorrer novas veredas, mescladas de perfumosas flores e de contundentes espinhos.

Passaram-se seis meses e, desde então, Alba fora apresentando ligeira melhora, conseguindo emitir algumas poucas palavras, mais inteligíveis, fazendo-se melhor compreender, para a alegria de todos. Entretanto, seu estado geral exigia constantes atenções, pois era notório o cansaço do seu coração que, com imenso esforço, continuava sua missão, porém, deixando bem claro a todos que suas energias estavam findando e que, em breve tempo, iria desistir de bater, fazendo com que Alba se despedisse, em definitivo, da sua miserável vida.

Numa cinzenta tarde de domingo, a enferma que, desde a noite anterior, apresentava inquietante falta de ar, teve agravado o seu estado geral, preocupando, sobremaneira, o casal Alejandro e Alícia que a assistiam ao lado do leito.

Todavia, por momentos, sua respiração ofegante amainara, quando, então, os seus olhos entreabriram-se e, ao mesmo tempo que esboçava delicado sorriso, suas mãos procuraram as dos enamorados, agasalhando-as entre as suas, dando, silenciosamente, pelas vias do pensamento, o seu aval de mãe para que Alejandro e Alícia viessem a unir-se pelo matrimônio, entrelaçando, definitivamente, suas vidas.

Em seguida, Alba, lentamente, fechara os olhos, enquanto que o seu cansado coração desistia de pulsar. Enfim, a sofrida mãezinha de Alícia desencarnara e seu Espírito partira para o além, levando consigo os lauréis da resignada compreensão que, enquanto estivera viva, enfeitara-lhe a difícil existência, sem permitir que um só instante de revolta viesse em sua perseguição.

Aqueles dolorosos momentos ficaram gravados na intimidade espiritual dos enamorados, quando lágrimas, abundantes, vieram visitar-lhes as faces, denunciando a saudade que passara, desde então, a fazer-lhes companhia.

Após a realização dos funerais, cujas despesas o jovem assumira integralmente, Alejandro e Alícia, conforme já haviam, entre si, comentado, tomaram a resolução de unirem-se em matrimônio, o mais breve possível, evitando, assim, que a impiedosa solidão viesse abraçar a jovem.

Assim sendo, naquela mesma semana, resolveram comunicar a importante decisão aos pais de Alejandro que, durante todo o transcorrer do namoro, haviam sido seduzidos pela moçoila, não só pela beleza física que a caracterizava, mas, fundamentalmente, pelo amor incondicional que devotava ao filho, deixando-o transparecer por meio da doçura e da sinceridade de que se revestiam suas palavras, da delicadeza dos seus gestos, da coerência das sua atitudes e do seu olhar repleno de admiração com que presenteava o jovem doutor.

Mesmo sendo camponesa, habituada às rústicas tarefas do campo, Alícia houvera recebido da mãezinha esmerada educação, pois esta, durante muitos anos, até que a enfermidade viera em seu encalço, trabalhara como serviçal na mansão da família Quintana, ali observando e apreendendo a comportar-se, falar e agir, adquirindo conhecimentos tais que, aos poucos, foi transmitindo à filha, que os absorvia com incontestável rapidez e visível satisfação.

Na residência dos Contreras, quando as insistentes badaladas do relógio anunciavam 19 horas, Arturo, Conception e Consuelo, calorosamente, vieram recepcionar os jovens, deixando transparecer por meio dos sorrisos e das feições felizes, as expectativas dos bons momentos que haveriam de vivenciar em suas companhias.

Devidamente acomodados na sala de estar, os diálogos passaram a fluir com descontração e contagiante alegria.

Pouco antes de serem comunicados por Glória, dedicada serviçal da família Contreras, de que o jantar seria servido, Alejandro, visivelmente emocionado, dando diferente entonação à voz e maior seriedade à sua fala, irradiando incontida felicidade, comunicara aos pais o seu desejo e o de Alícia de, brevemente, virem a consorciar-se.

Não há como descrever o júbilo que viera enlaçar os Contrera que, verdadeiramente sensibilizados, não conseguiram evitar que lágrimas aflorassem dos seus olhos, umedecendo suas faces, delatando as fortes e, ao mesmo tempo, doces emoções que suas almas experimentavam.

Os sorrisos e as palavras de incentivos e bons augúrios foram a tônica daqueles instantes, preenchendo os ares com a alegria contagiante que de todos se apossara.

Após o jantar, permaneceram ainda em prazerosa conversação quando, então, as dez badaladas do relógio lhes fizeram lembrar que as horas haviam passado e que já se fazia tarde e todos necessitavam recolher-se para o devido descanso, pois as responsabilidades do dia seguinte os aguardavam.

Alejandro acompanhara Alícia até a sua residência, pois a jovem decidira que ali permaneceria até que o casamento se realizasse.

A pedido do jovem, Alícia havia deixado de exercer suas tarefas no campo, vindo a utilizar-se do tempo disponível para se fazer acompanhar por Conception, ou mesmo Consuelo, com a finalidade de agilizar as providências quanto ao enlace matrimonial, cuja data, rapidamente, se aproximava.

Dois meses após aquele jantar entre almas afins, o casamento de Alejandro e Alícia, enfim, concretizara-se, tendo como palco a majestosa basílica de San Antonio, situada em bairro nobre da dinâmica e exuberante capital espanhola.

A alta sociedade local ali se fizera representar, adornando aquele final de tarde de sábado, início de noite, com a amizade e o prestígio das suas elegantes presenças.

Após o cerimonial religioso, os convivas dirigiram-se à mansão da família Contreras para desfrutar as festividades que a ocasião ensejava, propiciando a todos os presentes melhor oportunidade para conhecer os recém-casados, com eles podendo trocar algumas impressões e, pessoalmente, desejar-lhes os melhores votos de felicidades.

Entre os convidados, prestigiando o evento, logicamente se encontravam presentes os integrantes da família Quintana.

Manolo já havia tido a oportunidade de conhecer Alícia, em uma das vezes que fora visitar Alejandro em sua residência e, desde então, fascinado pela beleza da jovem, passara a agasalhar na intimidade da alma incontidos e reprováveis sentimentos a seu respeito, compatíveis com o seu caráter egoístico, refém da ingratidão por quem lhe dificultasse o desfrute dos seus, por vezes, condenáveis desejos.

Durante o evento, seus olhos argutos, cativos da sensualidade e da volúpia, acompanhavam, incessantemente, a jovem, expondo a quem o observasse, os pensamentos vis que pairavam em sua mente.

Astuciosamente, antes que os recém-casados viessem ao seu encontro, deles se aproximara, abraçando efusivamente Alejandro, desejando-lhe votos de plena felicidade quando, na verdade, o invejava, cobiçando-lhe a esposa. Assim agindo, ingrato, jogava por terra toda a amizade que Alejandro, ao longo dos anos, incondicionalmente lhe dedicara.

A seguir, direcionando para Alícia seu olhar voluptuoso, incontinenti, pegara em sua mão, beijando-a com incontestável sensualidade, deixando bem Claro à jovem os pensamentos malsãos que o envolviam, fazendo com que suas faces se tornassem rubras, denunciando o mal-estar que, naqueles momentos, vivenciava.

A partir daquela desagradável atitude, Alícia passara a ser visitada por maus pressentimentos que somente o tempo seria capaz de desfazê-los ou, então, torná-los viva realidade.

Dois anos haviam passado, quando Dom Arturo, acometido por insidiosa tuberculose, não resistira aos seus assédios, vindo a desencarnar aos 72 anos de idade, deixando viúva a generosa Conception que, um ano depois, enredada por profunda melancolia que, dia após dia, fora depauperando sua delicada contextura física, despedira-se da Terra, indo em busca de outras plagas, onde, oportunamente, seu Espírito haveria de reencontrar o esposo, dando, assim, continuidade às suas respectivas jornadas.

Estes tristes episódios, inquestionavelmente, abalaram Alejandro e Alícia que, em tão pouco tempo, sentiram-se apartados daquelas amoráveis criaturas que, quando em vida, lhes adornaram a existência.

Assim sendo, o casal tornara-se também herdeiro do vasto patrimônio que, Arturo Contreras, ao longo dos anos, houvera construído.

Desde que conhecera Alícia, Manolo não conseguia afastá-la dos seus pensamentos, sonhando em tê-la, um dia, em seus braços, com ela vivenciando momentos de inesquecível ventura.

Assim pensando, ingrato e desleal, Manolo tornara-se prisioneiro destes pérfidos pensamentos, sentindo-se inclinado a maquinar plano sinistro, visando tirar Alejandro do seu caminho, única maneira que encontrara para satisfazer seus infames e doentios propósitos.

Indolente, vivendo parasitoriamente as expensas do pai, Manolo acabara por não completar os estudos de medicina para os quais havia se proposto.

Não se conformando com o controle que o genitor exercia quanto aos seus frequentes e absurdos gastos, sentindo-se, por conseguinte, a mercê do bom humor e da aquiescência do pai para conseguir a moeda que lhe permitiria desfrutar o luxo ao qual se afixionara, astuta e sutilmente, acabara por infiltrar-se nos meandros da Inquisição, tornando-se, aos poucos, um dos seus sagazes colaboradores.

Desta forma agindo, beneficiava-se de alguns bens alheios que o Clero lhe concedia como forma de pagamento pelos serviços prestados, delatando os hereges, o que fora se transformando em instigante e considerável fonte de renda, permitindo-lhe, assim, desonestamente, continuar usufruindo os fugazes e enganosos prazeres que o mundo da matéria é pródigo em nos presentear.

Naquela época, na Espanha, a temível Inquisição Católica ou Santo Ofício, também havia fixado suas raízes, cujas ramificações estendiam-se, insidiosamente, por inúmeras regiões, levando o temor, o sofrimento e a morte a quem ousasse desafiá-la ou, até mesmo, negligenciasse quanto aos seus postulados.

Este cruel tribunal, instituído despoticamente pela Igreja Católica Romana, tivera por objetivo investigar, perseguir, prender, interrogar, julgar, supliciar e condenar as criaturas que eram denominadas de hereges, assim chamadas por professarem princípios religiosos não compatíveis com aqueles adotados pela Igreja Católica. Por esta razão, todos os que se rebelassem contra os seus fundamentos, ou fizessem qualquer tipo de crítica à Igreja de Roma, assim passavam a ser estigmatizados.

Os inquisidores, devidamente autorizados e acobertados pelo poder irrestrito do Clero, em nome de Deus e de Jesus, o Sublime Peregrino da Paz e do Amor, promoviam a barbárie impondo suas regras absurdas, seu insano poder, levando a tristeza e a desgraça a um sem-número de famílias, estabelecendo o império do terror, do suplício e da morte, deixando inapagável rastro de sangue por onde transitassem.

As criaturas viam-se obrigadas a manter-se restritas aos conceitos injustos e tendenciosos que o poder papal, da época, estabelecera em benefício próprio, usurpando dos cidadãos a liberdade de culto, eliminando sumariamente aqueles que lhes desrespeitassem as regras, não compactuando com as suas imposições.

Os suplícios inenarráveis que os inquisidores impingiam aos infelizes prisioneiros, a fim de obter-lhes, por vezes, infundadas confissões, caso não se retratassem, eram enviados à forca, ao afogamento, à fogueira, ..., foram, muitas vezes, os responsáveis pelas mortes prematuras que sobrevinham, tal a crueldade, frequência e frieza com que eram aplicados.

Desta forma desumana, os cidadãos viam-se à mercê do despotismo clerical, que se outorgava o deplorável direito de atraiçoar, perseguir, humilhar, matar, em nome de Deus, todo bondade e amor, e de Jesus, Seu doce emissário.

Qualquer informação descaridosa, falsa até, em relação a quem quer que fosse, que viesse ao conhecimento dos inquisidores, era suficiente para que perseguissem, impiedosamente, o acusado, até que conseguissem, não importando o meio que utilizassem, subjugá-lo aos seus abomináveis propósitos.

O poder papal da época, com suas imposições tendenciosas, insuflava os seus comandados a tomarem medidas descabidas, estendendo seus tentáculos maléficos a inumeráveis regiões, aterrorizando, supliciando, matando aqueles infelizes, chamados de hereges.

Confiscavam-lhes, arbitrariamente, os bens matérias, destruindo, econômica e moralmente, suas famílias.

Assim, a Igreja Romana enriquecera, bem como seus tutelados, à custa dos bens alheios que, injusta e impiedosamente, apropriaram.

Famílias inteiras, de um dia para o outro, viam-se na mais humilhante das misérias, pois seus mantenedores, sem comiseração, levados a julgamento, eram, geralmente, sentenciados à morte e seus bens confiscados, sem que nada tivessem transgredido, simplesmente, por terem recebido a alcunha, verdadeira ou falsa, de herege, de acordo com os interesses do poder eclesiástico vigente.

Essas atitudes malsãs e despóticas, ao contrário do que o poder papal esperava, acabaram por fazer com que as criaturas, ainda ignorantes dos reais valores espirituais, fossem, pouco a pouco, se distanciando do terno aconchego de Jesus, pois, em Seu nome e do Supremo Criador, os inquisidores e seus asseclas cometiam as maiores perversidades, deixando, na esteira do tempo, rastros de crueldade e de incontestável desamor.

Enquanto as nuvens alvas voejavam, suavemente enfeitando os ares, tendo como pano de fundo o azul-celeste do firmamento, deslumbrando o mais crítico dos observadores, o solo da Espanha também encontrava-se manchado pelo sangue dos injustiçados hereges, denunciando a época hostil e apavorante que os seus cidadãos eram forçados a vivenciar.

Os inquisidores e seus cúmplices encontravam-se presentes em inumeráveis locais, dos mais pobres aos mais abastados, ávidos por colherem informações que os conduzissem para onde se encontravam os hereges, independentemente dos valores morais, culturais e sociais que estes possuíam, abraçados pela penúria ou pela riqueza; nada lhes arrefecia o cruento ânimo.

Mantinham-se dissimulados, quais víboras traiçoeiras, na espreita, aguardando tão somente um descuido de quem quer que fosse, para, oportunamente, dar o bote, inoculando o seu veneno, vitimando a criatura, tornando-a prisioneira do Santo Ofício, satisfazendo assim seus egos, desfigurados pela cobiça, pela frigidez e pela crueldade.

As paredes pareciam ter ouvidos. As delações ocorriam, incontáveis, enquanto o delator, totalmente descompromissado com o que dissera, nada deveria comprovar, bastava simplesmente denunciar.

A liberdade de pensamento encontrava-se enclausurada, pois o Clero mantinha-a sob o seu temido jugo.

Os cidadãos, bafejados pela riqueza, eram aqueles para os quais os inquisidores, principalmente, destinavam seus olhares, na expectativa de surpreendê-los em heresia, para, oportunamente, prendê-los, enviando-os para o calabouço a fim de serem julgados, enquanto confiscavam-lhes os bens, destruindo os seus futuros e os dos seus queridos.

Os suspeitos, em princípio, eram aprisionados e, posteriormente, conduzidos a julgamento e, não raro, antes supliciados ao extremo, até que viessem a confessar, na visão distorcida do Clero, sua "culpa", assumindo-se, mesmo sem sê-los, como hereges.

Caso não se retratassem, vindo professar a fé católica, eram executados sem compaixão.

Mesmo retratando-se, ficava a critério dos inquisidores o poder da vida ou da morte do prisioneiro, de acordo com os seus escusos interesses.

Seus bens materiais, de qualquer forma, eram confiscados, e seus familiares, empobrecidos. Muitos deles terminavam seus dias enfermos e, não raro, enlouquecidos.

De todos os suplícios que o Santo Ofício impunha aos seus condenados, a queima dos seus corpos, ainda vivos, na "Fogueira Santa", fora aquele que mais caracterizara a impiedade, sem limites, dos famigerados e temidos inquisidores.

Por intermédio de impressos fixados em pontos estratégicos de determinada localidade, o Santo Ofício informava o dia e a hora em que os hereges haveriam de ser queimados vivos, em praça pública, convocando seus habitantes para assistir às cenas cruéis que ali haveriam de se desenrolar e que, inescrupulosamente, denominavam de Auto de fé.

No momento anunciado, em meio a praça pública, num mastro de ferro fincado ao solo, circundado por feixes de lenho, facilmente inflamáveis, cuja altura era determinada pelos especialistas neste gênero de martírio, o herege era fortemente amarrado, à espera da horrível morte.

Antes de a fogueira ser acesa, o inquisidor, devidamente paramentado, tendo a cruz do Cristo impressa em sua vestimenta ou, tendo-a na mão, após a leitura condenatória, quando em poucas palavras expunha as razões pelas quais o condenado haveria de ser supliciado e morto, dava ordem ao carrasco para que ateasse fogo ao madeiro.

As labaredas surgiam, rápidas, incontroláveis, queimando as carnes do infeliz prisioneiro, fazendo-o experimentar dores e aflições, inimagináveis, incitando-o a desejar que a morte, o mais rapidamente possível, viesse enlaçá-lo, poupando-o daquele pungente martírio.

Inalando a fumaça tóxica e quente, resultante da combustão da madeira, o pobre coitado percebia-se envenenar, sentindo suas carnes sendo queimadas, o mesmo acontecendo com suas entranhas, fazendo-o, não raro, desfalecer, antes mesmo que a vida se esvaísse por completo, livrando-se, assim, prematuramente, do martírio que haveria de passar até que as chamas o devorassem, provocando, definitivamente, a sua morte.

Terminado o horrendo espetáculo, cabisbaixos, os ardilosos inquisidores, exibindo falsa atitude de modéstia e respeito para com o recém-desencarnado, retiravam-se, a passos lentos dos sinistros locais, procurando demonstrar à turba que assistira às tristes e descaridosas cenas, que estavam compadecidos com o suplício que houvera sido imposto ao infeliz condenado, quando, na verdade, destituídos do nobre sentimento de compaixão, regozijavam-se com a sua morte, ávidos por lhe confiscarem os bens.

Para o Clero da época, essas indescritíveis carnificinas tinham por objetivo atemorizar a população mantendo-a submissa aos seus interesses, cerceando-lhe a liberdade de culto, algemando-a aos seus preceitos, escudando-se no Pai da Vida e em Jesus, para praticar as mais abomináveis atrocidades, autoconferindo-se poderes sobre a vida e sobre a morte, que os inquisidores seguiam à risca, com a mais frígida impiedade.

Alejandro, desde menino, demonstrara ser ávido leitor, em vista disso, possuía em sua residência extensa e variada biblioteca, enriquecida que fora com os livros que o pai lhe havia deixado como herança.

Com constância, novos exemplares eram adquiridos, cuja leitura o deleitavam, ampliando os seus conhecimentos e a sua versátil cultura.

Os amigos conhecedores deste seu prazeroso hábito, sempre que surgia uma oportunidade, esmeravam-se em presenteá-lo com alguma obra de reconhecido valor, esperançosos de que viesse agradá-lo, correspondendo assim aos seus anseios.

Manolo, acossado por aqueles pensamentos doentios a respeito de Alícia, acabara por engendrar um plano macabro que, acreditava, haveria de possibilitar-lhe, finalmente, realizar os seus sonhos de conquista que, há tempos, envolvia sua mente e seu coração.

Tresloucado, não conseguindo dominar a ansiedade que corroía suas entranhas, covarde e sagaz, fora visitar Escobar, simulado delator de hereges, que também auxiliava o Clero na consecução dos seus reprováveis propósitos.

Assim mancomunados, passaram a aguardar momento oportuno para executar um plano odiento que, juntos, haveriam de por em prática.

Na última vez que haviam se encontrado, Alejandro notara o olhar sensual e cobiçoso que Manolo endereçara à esposa, fazendo-a enrubescer, incomodada por aquela sua atitude inconveniente e, até mesmo, desrespeitosa que, nem mesmo tentara dissimular, ilustrando, assim, o desequilíbrio que o abraçava, delatando o seu caráter débil e inescrupuloso.

Apesar dessa constatação, Alejandro permanecera em silêncio, apenas observando, levando esse proceder descabido e deseducado de Manolo à conta das várias taças de vinho que, na ocasião, o mesmo, irresponsavelmente, havia ingerido.

O fato não merecera comentários posteriores por parte do casal, que dera por encerrado o desagradável episódio.

Prestes a completar 30 anos de idade, Alejandro fora convencido pela esposa a comemorar a data do seu natalício, promovendo um jantar, ocasião em que convidariam parentes e amigos para, juntos, desfrutarem felizes momentos.

Assim, no dia marcado, a mansão do jovem casal estava plena de convidados, distribuídos pelas grandes salas e jardins, dialogando, bebericando, deliciando-se com as inúmeras iguarias que, cordialmente, lhes eram servidas.

Na ocasião, Manolo se fizera acompanhar por Escobar, pois tinha a certeza de que Alejandro, mesmo desconhecendo o visitante, iria recebê-lo com toda a educação e cordialidade que o caracterizavam.

Durante o evento, Manolo, certificando-se de que não estava sendo observado, dissimuladamente adentrara a biblioteca, colocando entre os livros contidos em uma das estantes uma outra obra que levara escondida no interior do seu casaco, considerada pelo Santo Ofício como sendo apócrifa, não estando, portanto, incluída nos seus rígidos cânones e, por conseguinte, passível de punição para aqueles que a possuíam.

Meia hora mais tarde, fazendo-se acompanhar por Escobar, Manolo aproximara-se do seleto grupo de convivas com os quais Alejandro alegremente conversava. Sagaz, em momento oportuno, passara a elogiar a coleção de livros que o aniversariante possuía, fazendo com que o jovem médico se sentisse motivado a convidar o grupo para conhecer o seu acervo cultural, satisfazendo-lhes a curiosidade que Manolo, astutamente, soubera provocar.

Instantes após, no interior da biblioteca, todos se encontravam extasiados com o volume e a consequente variedade das obras ali contidas.

A curiosidade fizera com que alguns dos convidados se sentissem impelidos a tomar em suas mãos um ou outro exemplar, cujo título lhes houvesse chamado a atenção quando, então, Escobar, orientado por Manolo, descontraidamente, retirara de uma das estantes o fatídico livro que, minutos atrás, Manolo, ardilosamente, ali havia colocado.

Sem se conter, passara a folheá-lo quando, então, dissera com um tom de voz, disfarçadamente surpreso, para que todos ouvissem, de que se tratava de uma obra apócrifa, provocando notória estupefação entre os presentes, cientes que estavam dos perigos que, a partir daquele momento, todos ficaram expostos, pois a Inquisição possuía inumeráveis tentáculos na forma de camuflados delatores, infiltrados nos mais variados ambientes sociais, que a colocavam a par de quaisquer ocorrência que viesse atiçar o seu voraz apetite pelo poder e pela moeda.

Alicerçado na calúnia, na desfaçatez, no cinismo, o Santo Ofício, incansavelmente, se colocava no encalço daqueles que aguçassem os seus doentios objetivos, somente arrefecendo seus ânimos quando conseguiam os seus abomináveis intentos.

Alejandro, enlaçado por repentina palidez, verdadeiramente atônito pela insólita ocorrência, de imediato procurara justificar-se, dizendo desconhecer como o referido livro viera parar em sua biblioteca, pois era católico convicto e, em hipótese alguma, iria manter em seu acervo qualquer obra que o Clero condenasse.

Porém, sua argumentação, carente de qualquer prova mais convincente, não fora suficiente para dirimir as dúvidas que passaram a pairar nas mentes dos convidados que ali se encontravam, inclusive dos mais chegados, fazendo com que um silêncio sepulcral se fizesse presente, denunciando a descrença e o temor que de todos se apossaram.

Incontinenti, um a um, fora retirando-se do local, incitados a conservarem sob o manto do silêncio e do esquecimento aquela inesperada e desagradável ocorrência.

Ao final daquele que deveria ter sido um alegre e descontraído congraçamento, após todos os convidados terem deixado o solar, Alejandro, visivelmente abalado, comunicara o fato para Alicia, que passara a dividir com o esposo o desconforto que viera perturbar-lhes a paz.

Assim sendo, não conseguiram conciliar o sono quando, então, pessimistas conjeturas vieram visitar suas mentes surpresas e, ao mesmo tempo, temerosas. Por mais que refletissem e dialogassem, não chegaram a nenhuma conclusão a respeito de como o sinistro exemplar viera parar na biblioteca e quem havia sido o autor daquele ato execrável digno do mais contundente repúdio.

Os dias foram deslizando pelas estradas do tempo, durante os quais, uma incômoda inquietação apossara-se do casal que, intuitivamente, pressentia que algo desagradável estava prestes a acontecer.

Certa manhã, quando Alejandro e Alícia estavam desfrutando o habitual desjejum, um dos serviçais da casa, educadamente, lhes entregara um envelope com o lacre do temido Santo Ofício. De imediato, as faces do jovem casal empalideceram, quando Alejandro, ansioso, com as mãos ligeiramente trêmulas, abrira a correspondência, passando a ler o seu conteúdo que, com poucas e incisivas palavras, os intimava a comparecer a determinado local, na data e hora marcadas, sem maiores explicações.

No dia e hora aprazados, Alejandro e Alícia dirigiram-se ao local indicado sendo, imediatamente, conduzidos a uma ampla e sombria sala, sendo friamente recebidos por sisudo e austero sacerdote que, demonstrando visível ansiedade, já os aguardava, indicando-lhes as cadeiras onde deveriam assentar-se.

Seu olhar penetrante, lábios finos e nariz adunco faziam-no assemelhar-se a impiedosa ave de rapina, pronta para dar o bote fatal em sua indefesa e submissa vítima.

Após quase uma hora de frios questionamentos, o inquisidor demonstrando, clara e tendenciosamente, não ter sido convencido pelos argumentos que o assustado casal lhe apresentara, pois nenhuma prova contundente lhe fora apresentada, despoticamente, decidira mantê-los presos até que, em ocasião oportuna, fossem submetidos a outro e mais detalhado julgamento.

Assim, um mês após a prisão, o casal fora julgado, sendo, inapelavelmente, condenado à morte na "Fogueira Santa", o que ocorrera uma semana após o fatal, tendencioso e despótico veredicto.

Manolo guardava a certeza de que somente Alejandro seria indiciado como herege, porém, o Clero assim não entendera, imputando a Alícia a mesma pena imposta ao esposo. Assim agindo, tomaria para si, de imediato, todos os bens do casal, protegendo-se de prováveis e futuros entraves que poderiam impedir-lhe a ganância exacerbada.

Manolo, por sua vez, desolado, vira ruírem seus sonhos de, um dia, poder aconchegar em seus braços a doce Alícia, o que jamais haveria de acontecer, pois a jovem, mesmo se viva estivesse, nunca concordaria em com ele unir-se, pois sentia verdadeira repulsa pela sua pessoa.

Logo em seguida ao infeliz acometimento, todos os bens pertencentes ao casal foram confiscados pelo Clero que, a seu critério, pequena parte os distribuira a seus cruéis asseclas, mantendo-os estimulados a continuarem exercitando-se pelos caminhos do mal e da impunidade, cúmplices da insensível Inquisição, até que a morte viesse dar-lhes o seu gélido e implacável abraço.

Assim, anos mais tarde, ocorrera também com Manolo e Escobar, que partiram para o além, lá se defrontando com os erros que, quando vivos, cometeram, sentindo em seus Espíritos os reflexos doridos dos maus atos que haviam, na Terra, sem compaixão, cometido.

Depois...

A noite se apresentava fria e nebulosa, impedindo que a lua acariciasse aquelas plagas espanholas com o seu belíssimo manto prateado que, por si só, talvez levasse aos corações das sofridas criaturas que ali residiam uma réstia de esperança que a pobreza, sem tréguas, não lhes permitia desfrutar.

Num pobre vilarejo, em humílimo casebre, um casal de idosos, Plácido e Marisol, vivia, sem o saberem, a última noite das suas jornadas neste planeta de provas e expiações que, há tempos, os acolhera em seu regaço, presenteando-os com nova oportunidade reencarnatória.

Ao vivenciarem-na, pautando suas condutas pela consciente resignação e incondicional amor, transitaram pelas sendas do perdão, usufruindo suas doces emanações, perfumando, em definitivo, a mais profunda intimidade das suas almas.

A pobreza lhes fora fiel companhia, preenchendo suas horas, seus dias, suas vidas com incansável teimosia, impedindo-os de sentir o aroma caricioso da esperança que, por certo, enfeitaria suas existências, fazendo-os vislumbrar um melhor porvir.

Naquela penumbrosa noite de dezembro, quando o mundo celebrava o nascimento de Jesus, o Sublime Emissário do amor, seus corpos cansados, prisioneiros da velhice impiedosa, tendo como séquito a enfermidade e as dores, procuraram o leito humilde e acolhedor quando, de mãos dadas, seus pensamentos, traduzidos em saudosas palavras, livremente voejaram, conduzidos e amparados pelas asas do tempo.

Recordaram-se, então, do passado longínquo, quando o Pai de Infinita Bondade os presenteara com a alegria inenarrável de tornarem-se pais, recebendo em seus braços, como filhos queridos, os gêmeos Eladio e Eliseu, que vieram iluminar as veredas das suas miseráveis vidas.

Houvera passado cerca de trinta anos desde aqueles inesquecíveis momentos, quando as alegrias envolveram os seus corações, fazendo-os desfrutar, por um curto espaço de tempo, os perfumosos vestígios do que seria a tal da felicidade que, em toda a sua plenitude, jamais os havia visitado.

Suas lembranças reportavam-se as primeiras horas de uma tépida manhã, quando Marisol começara a sentir as primeiras dores do parto. Plácido, a seu pedido, demandara em direção à humilde e próxima moradia de Alfonsina, experiente parteira, a fim de solicitar-lhe ajuda, pois a esposa, ao que tudo indicava, estava prestes a dar à luz, necessitando, urgentemente, da sua ajuda.

Sem delongas, minutos após, Plácido e Alfonsina se encontravam diante de Marisol que demonstrava pela expressão facial e o suor abundante que lhe banhava a testa, estar próximo o instante, há nove meses, tão aguardado.

O parto ocorrera sem maiores dificuldades e, meia hora após ter sido iniciado, surpreendendo a todos, os gêmeos Eladio e Eliseu se fizeram presentes para a alegria de todos que ali se encontravam.

Os meses percorreram, céleres, as estradas do tempo e os irmãos, com cerca de 10 anos de idade, a cada dia mais uniam-se nos folguedos, preferências e atitudes, denotando o quanto suas almas se assemelhavam.

Apesar do amor incondicional que os pais lhes dedicavam e das atenções com que os premiavam, Eladio e Eliseu mostravam-se arredios, insensíveis a essas demonstrações de afeto, muitas vezes, ilustrando o enfado que lhes emoldurava a fisionomia, por meio do olhar desdenhoso que aos pais dirigiam, não lhes dando nenhum valor, evidenciando o quanto suas almas se encontravam distantes da seara bendita do sentimento.

Não possuíam amizades, pois autossuficientes, bastavam-se, e todas as vezes que alguma criança, amistosamente, tentasse se aproximar deles e desfrutar-lhes a companhia, logo eram repelidas em seus intentos, pois, egoístas, não admitiam dividir com outras seus pobres brinquedos e restritas diversões.

No tocante aos estudos, eram relapsos, irresponsáveis, rebeldes, sendo inúmeras as reclamações de colegas e professores quanto aos seus censuráveis procedimentos, para tristeza e desilusão dos seus genitores que, apesar de todo o empenho, sentiam-se incapazes de motivar os filhos a seguirem pelas estradas do bem, pautando suas vidas pelo respeito e responsabilidade.

Assim, pouco a pouco, Eladio e Eliseu foram arquitetando os seus futuros, que prenunciavam sofrimento, tristeza e solidão, implacavelmente, vindo em seus encalços, na tentativa de despertar suas almas, avivando-lhes a consciência, aprimorando-lhes a existência, até então, egoísta e inconsequente.

Desobedientes, tinham ojeriza pela higiene corporal e, apesar das insistentes recomendações da zelosa genitora, faziam ouvidos moucos, utilizando-se de todo tipo de artimanha para adiarem, o quanto fosse possível, o banho que o corpo, a educação e os bons costumes exigiam.

Raríssimas vezes debruçavam-se sobre os livros a fim de estudar e, quando assim se encontravam, seus olhos percorriam as palavras e os números, porém, seus pensamentos viajavam, distraídos, antegozando as brincadeiras e as traquinices que, logo mais, haveriam de praticar.

Nas tardes quentes, sem que Marisol soubesse, irresponsáveis, dirigiam-se, com rapidez, à pequena e poluída lagoa, situada a considerável distância do vilarejo, a fim de refrescarem-se, sem se darem conta do perigo que os espreitava.

Certa manhã, quando os gêmeos completavam 15 anos de idade, Marisol adentrara o quarto onde os adolescentes dormiam, acordando-os, delicadamente, para, em seguida, cumprimentá-los pelos seus aniversários. Desnudos, devido ao forte calor que fizera durante toda a noite, Marisol, ao abraçá-los, notara, em ambos, manchas avermelhadas espalhadas pelos seus corpos, delatando que algo de anormal estava ocorrendo com os seus queridos.

Preocupada, porém desconhecendo a gravidade da ocorrência, pedira aos filhos para banharem-se e, em seguida, retornarem ao leito, pois iria colocar em seus corpos toalhas embebidas em um caldo de ervas, esperançosa de que as manchas, aos poucos, fossem eliminadas, ao mesmo tempo que lhes daria uma beberagem que, acreditava, iria ajudar no processo de melhora.

Marisol, durante todo o dia, permanecera cuidando dos filhos, dando-lhes, pacientemente, a beberagem e colocando sobre as incômodas manchas as tais toalhas úmidas e frias.

Até a metade da noite, auxiliada pelo esposo, continuara, incansavelmente, presenteando os filhos com a mais carinhosa das atenções. Todavia, o cansaço viera-lhes ao encontro, convidando-os ao sono reparador, preparando-os para enfrentar a dura jornada que, no dia seguinte, os aguardava.

Na manhã seguinte, Marisol e Placido, assustados, notaram que o quadro se agravara, pois as manchas haviam piorado em seu aspecto, expondo um quadro, para eles, desconhecido e, veramente, preocupante.

Sem perda de tempo, o casal levara os filhos para a Santa Casa, não muito distante do vilarejo, na expectativa de que, ali, bem assistidos, Eladio e Eliseu viessem a recobrar a saúde.

Após acurados exames, os médicos concluíram que os jovens haviam contraído terrível enfermidade, cientificamente catalogada como "Pênfigo Foliáceo", vulgarmente conhecida como "Fogo Selvagem", devendo, imediatamente, ali, serem internados a fim de receberem o tratamento que se fazia necessário e urgente.

Gradativamente, bolhas de aspecto desagradável foram surgindo, rompendo-se com certa facilidade, deixando a pele exposta, em carne viva, provocando inenarráveis ardência e queimação nos irmãos que, a partir de então, iniciaram suas respectivas caminhadas pelas estradas da dor que, irresponsáveis e ignorantes, para si mesmos projetaram.

Em sequência, as partes afetadas foram sendo recobertas por escamas e crostas de asqueroso aspecto, exalando odor nauseante que causava náusea àqueles que, dos gêmeos, caridosamente, se aproximassem, exceção feita aos seus pais que, diária e amorosamente, os visitavam, pesarosos quanto aos atrozes sofrimentos que os filhos vivenciavam.

Apesar de toda a assistência médica recebida, a enfermidade não dava mostras de retrocesso, recrudescendo, de tempos em tempos, seus ataques, causando sofrimento inimaginável àqueles pobres adolescentes.

Aos poucos, os jovens foram tendo comprometidas suas mucosas orais, fazendo com que sentissem dores lancinantes ao ingerirem os alimentos o que, gradativamente, fora minando-lhes a resistência, enfraquecendo-os sobremaneira, delineando um próximo e doloroso final de jornada.

Em seus respectivos leitos de sofrimento, os gêmeos, colocados um ao lado do outro, ao olharem-se viam diante de si seus próprios retratos, que ilustravam o depauperamento físico que, sem piedade, os castigava, fazendo-os perceber que a vida estava prestes a dizer-lhes adeus.

Durante o tempo em que permaneciam ao lado dos filhos, Plácido e Marisol com eles dialogavam, procurando fortalecer seus ânimos, estimulando-os a continuar enfrentando a enfermidade sem revolta, cientes de que o Pai da Vida os haveria de recompensar pela resignação com que estavam aceitando o calvário pelo qual transitavam.

Enfim, transcorridos longos meses de supremos martírios, Eladio e, dias após, Eliseu, que em encarnação anterior foram, respectivamente, Manolo e Escobar, os dissimulados, ardilosos e insensíveis colaboradores do Clero, no tenebroso e inominável período da Inquisição, partiram para o mundo espiritual, levando imantadas em suas intimidades as duras lições que a vida lhes facultara, na tentativa de lapidarem seus Espíritos, preparando-os para um novo amanhã.

Por sua vez, Plácido e Marisol, que em anterior experiência encarnatória formavam o casal Alejandro e Alícia, tendo suas vidas injustamente ceifadas pela calúnia contra eles tramada pelos seus infames delatores, Manolo e Escobar, resignadamente aceitaram o desencarne dos seus filhos, reconhecendo-o como desígnio de Deus, colocando um ponto final no martírio que seus queridos vivenciaram e que eles, como pais zelosos, acompanharam, cumprindo assim suas nobres missões.

Caro leitor:

Na esteira incansável do tempo, o Pai de infinita Misericórdia em momento algum nos deixa órfãos da Sua presença, permanecendo, constantemente, ao nosso lado, seguindo conosco pelas mesmas calçadas, amenizando nossas dores, tornando menos áspero o chão dos nossos caminhos.

Amorosa e incondicionalmente, perdoa-nos pelos erros cometidos ao longo do percurso existencial, oferecendo-nos, sempre, nova oportunidade encarnatória para que, vivenciando diferentes e profícuas experiências, venhamos, resolutos, a evoluir, transitando pelas sendas perfumosas do verdadeiro amor.

Esta narrativa que seus olhos, atentos, acabaram de percorrer, presenteia-nos com ensinamentos de reconhecido valor, incitando-nos a refletir sobre o nosso ontem e o nosso hoje que, por si sós, acabarão por dar os contornos iluminados ou escurecidos das veredas pelas quais, amanhã, haveremos de caminhar.

Enlaçados pelos liames pegajosos da matéria, assediados pelo egoísmo contumaz que residia nas entranhas das suas almas insensíveis, prisioneiras do desamor, Manolo e Escobar, mancomunados com uma falange de Espíritos rústicos e ignorantes, que, também, colaboravam com a Inquisição, regozijando-se com os desatinos dos seus asseclas encarnados e com os sofrimentos que eram impingidos aos seres humanos que caíam nas suas mãos, acabaram por conceber plano macabro que culminara por ceifar a vida do jovem casal Alejandro e Alícia, interrompendo, abruptamente, suas respectivas jornadas.

Apesar de Manolo e Escobar terem sido artífices deste crime execrável, Deus Pai novamente lhes concedera nova oportunidade de reencarnar, desta feita como Eladio e Eliseu, cujos pais, Plácido e Marisol, em anterior encarnação, Alejandro e Alicia, os receberiam como filhos, ofertando-lhes o perdão incondicional que adornavam seus Espíritos.

Após reencarnarem, como ainda permaneciam recalcitrantes nos erros, que, teimosamente, continuavam a deslustrar suas almas, sofrimento indizível, na forma de "Fogo Selvagem", viera-lhes ao encalço, visando reconstruir-lhes as entranhas das suas almas, restituindo-lhes a essência do amor que, sem exceção, encontra-se latente na intimidade do todos nós que militamos neste bendito planeta azul.

Assim, Eladio e Eliseu continuaram suas respectivas jornadas no plano maior, esforçando-se, a cada momento, para renunciar as suas más tendências para, num futuro próximo ou distante, deles dependendo, desfrutar, enfim, da harmonia e da paz verdadeira.

4

Covarde desertora

"Aceitemos, resignadamente, a visita da dor, porém, saibamos, no momento oportuno, dela nos despedir."

Antes...

A tarde estava bem fria e a neve, há horas, começara a cair, pintando de branco a extensa paisagem do campo que, através da vidraça, os olhos da jovem Alika, com cerca de 17 primaveras, percorriam, delatando a imensa tristeza que envolvia a sua alma solitária, desiludida, revoltada com os infortúnios que a vida, sem piedade, lhe houvera destinado.

Parada diante da janela, como que anestesiada, deixara seus pensamentos viajarem, percorrendo as estradas da saudade, recordando-se dos dias felizes que, tempos atrás, vivenciara com intensidade e muito amor, ao lado do jovem Eric, pelo qual se apaixonara.

Quando ainda se dedicava aos estudos, exteriorizando o otimismo próprio da juventude, plena de expectativas e sonhos, conhecera Eric que, de imediato, lhe despertara emoções que jamais havia sentido.

Era uma daquelas poucas tardes ensolaradas que visitava aquelas plagas alemãs, restituindo as criaturas que lá viviam as alegrias que os dias enregelados da época lhes haviam furtado.

Ao proteger o seu rosto delicado da neve que, como flocos de algodão, voejava, forrando de branco o chão da calçada por onde caminhava, Alika deixara cair pequena bolsa na qual levava seus pertences e, antes que a apanhasse, o jovem se antecipara e, gentilmente, a entregara em suas mãos, externando, por meio do olhar emocionado e do sorriso cheio de alegria e espontaneidade, o impacto que o rosto belíssimo da jovem lhe houvera causado.

Semelhante emoção também se apoderara de Alika que, apesar dos esforços para tentar dissimulá-la, não conseguira, acabando por denunciá-la por meio dos olhos amendoados, cor de avelã, que adornavam suas feições, da palidez repentina que visitara suas faces e do indisfarçável tremor que, momentaneamente, percorrera todo o seu corpo, inclusive suas mãos, e que o jovem acabara por notar.

Após agradecer, timidamente, a atitude do rapaz, mutuamente se apresentaram, despedindo-se, em seguida, sem trocarem mais uma só palavra, levando, porém, em seus corações, o suave perfume do amor que, desde aquele encontro, ambos passaram a exalar.

A partir de então, um evidente conluio de sentimentos floresceu entre os jovens estudantes e que, por si sós, haveriam de traçar os caminhos, pelos quais, suas vidas haveriam de percorrer.

Alika pertencia a tradicional família alemã, cujos princípios rígidos, austeros até, fizeram com que se tornasse uma jovem indecisa, dependente, necessitando, na maioria das vezes, do parecer dos pais para tomar decisões, as quais, ela própria, poderia fazê-lo.

O receio de errar a deixava angustiada, pois sabia que qualquer deslize cometido seria motivo suficiente para que seus genitores a repreendessem, a criticassem, por vezes, humilhando-a, a ponto de fazê-la sentir-se abatida, incapaz de, por si só, delinear o seu futuro.

Pressionada, não recebendo dos pais a atenção e o carinho que deles esperava, Alika tornara-se uma jovem melancólica, decepcionada com a vida e com o futuro, distanciando-se das alegrias próprias da juventude sadia e educada.

Gustav, seu irmão mais novo, com cerca de 15 anos de idade, tinha a preferência dos pais e deles recebia todo o carinho e atenção que, para Alika, eram comumente negados.

Os dois irmãos, apesar das diferenças de tratamento que recebiam por parte dos genitores, eram profundamente ligados por nobres sentimentos, acumpliciando-se no cumprimento das responsabilidades que lhes cabiam, ajudando-se mutuamente, tornando-se, entre si, pacientes e amoráveis confidentes.

A jovem, tão logo adentrou a residência, procurou pelo irmão, ansiosa por colocá-lo a par do inusitado episódio que, com ela, ocorrera, naquele final de tarde.

Antes que pudesse extravasar com o irmão as emoções que envolviam o seu coração inocente e puro, seu pai, Gunter, chamou-os para o jantar que, como de costume, Berta, sua esposa, preparara.

Ao assentarem-se ao redor da mesa para desfrutar o saboroso repasto, era notório que algo insólito havia ocorrido com Alika, pois seus olhos ilustravam vivacidade e brilho incomuns, ao mesmo tempo que os seus lábios deixavam transparecer suave sorriso que a jovem esforçava-se por disfarçar, entretanto, sem sucesso.

Durante o jantar, Alika, por várias vezes, direcionara o olhar para o irmão que, de imediato, percebera a ansiedade que a fustigava aguçando a sua curiosidade quanto à novidade que, por certo, logo mais iria tomar conhecimento.

Após a refeição, os irmãos se encaminharam para o aconchegante terraço que se situava diante da sala de estar, iniciando, como habitualmente faziam, agradável conversação.

Assim, em breves minutos, a jovem fizera conciso relato do que com ela ocorrera naquele inesquecível final de tarde, denunciando por meio do olhar e das palavras emocionadas, o que o seu coração experimentava ao trafegar, pela primeira vez, pelos campos floridos e perfumosos do sentimento.

Gustav, por instantes, sentiu as garras do instintivo ciúme de irmão ferir-lhe as entranhas, pois, de pronto, deduzira que num futuro próximo haveria de sentir-se privado da companhia de Alika, pela qual nutria fraternal afeição.

Amenizado o primeiro impacto que a notícia lhe causara, o adolescente caíra em si, repudiando o pensamento instintivo e egoísta que viera envolver sua mente, passando, então, a dividir com a irmã as alegrias que ela vivenciava.

As horas haviam passado quando seus pais vieram dar-lhes boa noite, lembrando-lhes de que já era tarde e as responsabilidades do amanhã já estavam mais próximas.

No dia seguinte, para surpresa dos seus genitores, Alika despertara irradiando alegria, deixando extravasar por meio de singelo cantarolar, as emoções de que seu inocente coração estava repleto.

Finda a refeição matinal, logo após a jovem ter saído, dirigindo-se aos estudos, pois tinha importante trabalho em grupo para colaborar, Berta aproximara-se do filho, perguntando-lhe, curiosa, qual seria o motivo de tanta felicidade que a irmã externava.

Decepcionada, nenhuma resposta convincente e esclarecedora recebera de Gustav, que mantivera guardado para si o segredo que a irmã, na noite anterior, lhe confiara, deixando Berta, porém, desconfiada.

Enquanto isto, quando Alika se encontrava bem próxima aos portões que davam acesso ao estabelecimento de ensino, seus olhos inquietos, de relance, percorreram todos os locais exteriores da edificação, esperançosa de que, em algum deles, viesse a visualizar o jovem que lhe roubara o sono na madrugada anterior.

Seu coração batia acelerado, pois receava que ao reencontrar-se com o rapaz, viesse a delatar os sentimentos indomáveis que fizeram morada em sua alma carente e pura.

Durante todo o tempo em que se mantivera no colégio, ansiosamente procurara pelo jovem, todavia, sem sucesso, o que a deixara triste e pessimista, imaginando que, enquanto para ela aquele encontro fora de indisfarçáveis emoções, para o rapaz, talvez, tivesse sido tão somente um simples momento, sem maiores repercussões ou importância.

Ao final da tarde, ao terminar o período de estudos, quando estava melancólica, a caminho da sua residência, seus olhos voltaram a brilhar, no mesmo instante em que um sorriso franco de pura alegria viera adornar o seu rosto, pois, bem à sua frente, notara o jovem, sorrindo também, vindo ao seu encontro, delatando a alegria incontida que dele também se apossara.

Não nos é possível, por meio de palavras, por mais que nos empenhemos em escolhê-las, ilustrar esta cena de sensibilidade e emoção que aqueles dois jovens experimentaram ao se reencontrarem na esteira do tempo.

Quando seus Espíritos ainda se encontravam estagiando no além, preparando-se para na Terra reencarnar, comprometeram-se, mutuamente, a perseverar nos caminhos do bem, vivenciando, enquanto juntos estivessem, cada momento das suas existências, como se fosse o último, esforçando-se para não desertar, fosse qual fosse a natureza da prova que a vida viesse a lhes destinar.

Naquele inolvidável instante, suas almas sensíveis experimentaram uma insólita sensação de que já se conheciam, mas como isto seria possível, súbita e instantaneamente, indagaram a si mesmos, se até então haviam trocado apenas algumas poucas palavras?

Na verdade, um diálogo silencioso ocorria entre aquelas almas, que se comunicavam tão só pelas vias do sentimento, tentando descerrar o véu de um passado longínquo e pleno de emoções que vivenciaram no caminho bendito das encarnações.

Refeitos do impacto que o reencontro lhes causara, passaram a entabular alegre diálogo, deixando aflorar por meio das palavras, do olhar e das feições, as agradáveis sensações que, indomáveis, transitavam na intimidade dos seus seres.

Distraídos, desfrutando cada instante das suas mútuas companhias, sem que se apercebessem, tal o enlevo que deles se apoderara, pararam diante da residência de Alika, continuando ali, por poucos minutos, a descontraída conversação.

Sem que notassem, Berta, postada diante de uma das janelas da mansão, a tudo observava, argumentando, intimamente, ser ainda muito cedo para namoricos, pois a jovem deveria antes terminar os estudos para, somente depois, escutar a voz do coração.

Terminado o colóquio, os jovens se despediram, ficando implícito o reencontro que, no dia seguinte, haveriam de concretizar.

Tão logo Alika adentrara a residência, trazendo em seu coração a euforia da juventude, Berta viera-lhe ao encontro. Antes mesmo de cumprimentá-la, rispidamente, perguntara-lhe quem seria aquele rapazote com o qual estava conversando, demonstrando, literalmente, o seu desagrado para com a atitude da filha.

A jovem, surpreendida pelo inesperado e áspero questionamento, característica inconfundível da austera genitora, empalidecera, ao mesmo tempo que o seu coração passara a bater aceleradamente, como se estivesse a segredar-lhe as dificuldades que haveria de enfrentar para dar continuidade àquela amizade juvenil que estava, apenas, começando.

De personalidade frágil, insegura, sentindo-se acuada, como se tivesse cometido um lamentável erro, Alika passara a narrar os fatos, enquanto Berta, com os ouvidos atentos, olhar inquisidor e o semblante exibindo desagradável serenidade e altivez, acompanhava o relato.

À medida que discorria sobre o assunto, a jovem fora deixando fluir nos lábios, suave sorriso que denunciava as alegrias que adornavam o seu coração, fazendo com que, aos poucos, passasse a exteriorizar uma coragem que até ela mesma desconhecia, conscientizando-se, afinal, de que nada havia feito de censurável.

Ao término da narrativa, a expressão facial de Alika ilustrava contentamento ímpar, próprio das almas transbordantes de nobres sentimentos, surpreendendo a severa matrona, que acabara por certificar-se de que a filha começava a ser envolvida pelas teias perfumadas do amor, dela exigindo toda a precaução possível para evitar que a jovem, no futuro, viesse a sofrer durante a batalha de sentimentos que, deduzira, estava apenas iniciando.

Sem externar qualquer parecer a respeito do que acabara de ouvir, esforçando-se, sem consegui-lo, para não demonstrar o impacto que a narração lhe provocara, preocupando o seu coração de mãe autoritário, porém, zeloso, Berta virara sobre os saltos e, silenciosamente, se afastara, deixando a filha frustrada, fazendo-a crer que a mãe não aprovara, de imediato, o que acabara de expor-lhe.

A partir de então, tanto Berta como Gunter que, por meio da esposa tomara conhecimento do que ocorrera com a filha, passaram a observar mais atentamente o comportamento de Alika, receosos de que viesse a enamorar-se, deixando os estudos de lado e as responsabilidades que lhe cabiam.

Os dias foram passando e, com eles, recrudesciam os mútuos sentimentos dos recém-enamorados que passaram a vivenciar os irresponsáveis sonhos da juventude, encontrando-se, amiúde, fora das dependências da faculdade, negligenciando suas responsabilidades para com os estudos e com os afazeres que lhes competiam.

Enfim, as preocupações dos pais de Alika tornaram-se incontestável realidade.

Berta, perspicaz, passara a notar que a filha, há tempos, bem falante, aos poucos, fora mudando de comportamento, pouco conversando com os pais, tornando-se, porém, a cada dia, mais próxima do irmão, fazendo-a suspeitar de que Gustav passara a ser seu fiel confidente e ardiloso cúmplice.

Assim sendo, em todas as oportunidades que surgiam, Berta tentava obter da filha alguma informação, algum detalhe do que com ela ocorria para que pudesse, de alguma forma, ajudá-la e aconselhá-la, se assim julgasse oportuno e necessário.

Numa das tardes em que dialogava com Gunter e Gustav, na varanda da elegante residência, apreciando a neve suavemente cair, espargindo-se sobre a relva, até momentos atrás verdejante e viçosa, indagara, de repente, ao filho, a respeito do atual e intrigante procedimento da irmã, na expectativa de surpreendê-lo, conseguindo, assim, astutamente, alguma informação que, pelo menos, lhe possibilitasse deduzir o que, na verdade, estaria ocorrendo com Alika que se mostrava, a cada dia, mais silenciosa e introspectiva.

Surpreendido pelo repentino questionamento, Gustav não conseguira impedir que um leve rubor tramitasse pelas suas faces, delatando ter conhecimento do que ocorria com a irmã.

Mesmo assim, fiel ao segredo que prometera, nada dissera que a comprometesse.

Para Berta, porém, devido à reação do jovem face a sua pergunta, ficara evidente que Gustav sabia bem mais do que dissera, deixando-a, realmente, preocupada, sentindo-se impelida a deduzir que Alika, possivelmente, estaria enamorada, talvez daquele mesmo jovem que, tempos atrás, vira dialogando com a filha.

Envolvida pela suspeita, decidira inteirar-se mais profundamente a respeito do assunto, para que pudesse vir a orientar, a prevenir ou mesmo a intervir, caso assim julgasse.

A partir daquele momento, acossada pela inquietação e pelo ciúme de mãe, após, particularmente, conversar com Gunter a respeito do incômodo procedimento de Alika, expressara sua vontade de, dissimuladamente, espreitar a filha ao sair do colégio para, desta forma, fundamentar ou não, suas suspeitas. Persuasiva, obtivera do esposo imediata concordância.

Decidida, Berta assim o fizera, constatando, oportunamente, o que até então era apenas uma suspeita. Vira, com seus próprios olhos, quando Alika e Eric, após, delicadamente, beijarem-se no rosto, abraçados, caminharem em direção a amplo e florido bosque situado nas imediações do estabelecimento de ensino, permanecendo ali por longo tempo, denunciando pelas atitudes que tomavam, o grau de intimidade de que desfrutavam.

Estiletada pelo impacto da cena que acabara de presenciar, implacavelmente atingida pela decepção, irritadíssima, retornara a passos rápidos para a sua residência, afim de tentar refazer-se e expor o ocorrido ao esposo para que, juntos, viessem a definir quanto às atitudes que haveriam de tomar a respeito do fato.

Tão logo Alika adentrara a residência, seus pais vieram-lhe ao encontro, delatando pelas suas fisionomias austeras e impacientes, o nervosismo que lhes percorria as entranhas, causando forte e inesperado impacto à jovem que, de imediato, sentira-se embaraçada, perplexa, deduzindo ter sido descoberta no tocante ao seu, sabidamente, censurável e inconsequente comportamento dos últimos tempos.

Após, rispidamente, ter sido intimada pela mãe para se dirigir à sala de estar, esta fechara as portas do local, passando a esbravejar, destilando toda a cólera que a visitava, ao mesmo tempo que Gunter, de instante a instante, adentrava o áspero monólogo, injetando ainda mais fel no cálice das aflições que Alika estava sendo impelida a sorver.

Atônita, amedrontada, sem emitir uma só sílaba em sua defesa, tal a evidência dos fatos, palidez inabitual tingira-lhe as faces, ao mesmo tempo que um torpor, incontrolável, como que a abraçara, fazendo-a desfalecer, ferida que estava pelas severas palavras dos genitores que, como flechas envenenadas, penetraram, sem piedade, sua alma carente, delicada e sonhadora.

Gustav que, com os ouvidos colados a porta, acompanhava, condoído, o insólito julgamento, ao escutar um baque que, deduzira, ser o corpo da irmã caindo ao chão, indômito, sem perda de tempo, abrira a porta da sala, nela adentrando, dirigindo-se, rapidamente, ao encontro da irmã que estava estirada no chão, juntando-se aos pais, no socorro que passaram a prestar à jovem.

Instantes após, Alika readquirira a consciência, para o alívio de todos, refazendo-se, pouco a pouco, do duro golpe moral de que fora alvo.

Em seguida, mudez absoluta de todos se apossara, quando, então, Gustav, quebrando aquele desagradável silêncio, carinhosamente abraçara a irmã pela cintura, conduzindo-a em direção ao quarto, a fim de que Alika pudesse ir refazendo-se da impactante e inesperada ocorrência, ao mesmo tempo que a presenteava com palavras de conforto, incitando-a a procurar compreender a atitude intempestiva e severa dos pais, porém, correta no seu conteúdo moral.

Os dias foram deslizando nas estradas do tempo, enquanto que Gunter e Berta trocavam com a filha apenas monossílabos, demonstrando todo o ressentimento que agasalhavam em suas almas ainda pouco afeitas à compreensão e ao incondicional perdão.

Somente o irmão a compreendia e com ela dialogava, procurando amainar-lhe o constrangimento e a tristeza que foram fazendo morada em seu jovem coração.

A partir daquela rude conversação que mantiveram com a filha, Gunter passara a acompanhá-la até o colégio, indo buscá-la ao final das aulas, impedindo-a de encontrar-se com o jovem fora das dependências do estabelecimento de ensino.

Durante os intervalos das aulas, os enamorados se encontravam, podendo, assim, trocar palavras e atitudes de carinho e afeto, exteriorizando o amor juvenil que lhes percorria as almas e que estavam impedidos de vivenciá-lo com a inconsequente e condenável intensidade de antes.

Como que aprisionados, não conseguindo dar vazão a este sentimento que os acompanhava, dia após dia, roubando-lhes a alegria, passaram a desenhar em suas mentes um plano de fuga para, enfim, poderem seguir juntos pela vida afora, transformando em realidade os sonhos que, até então, apenas acalentavam.

Porém, inesperada e avassaladora notícia viera por meio dos veículos de comunicação, convocando os jovens alemães a se alistarem no exército, pois a Segunda Guerra Mundial acabava de ser deflagrada.

Eric fora então obrigado a apresentar-se ao serviço militar, fazendo ruir os sonhos de felicidade dos jovens enamorados.

De um momento para o outro, Eric e Alika conscientizaram-se de que estavam irremediavelmente impossibilitados de se verem e de se comunicarem, restando-lhes somente, guardar em suas mentes as lembranças dos momentos que juntos passaram e que haviam marcado as suas vidas.

Os dias, as semanas, os meses transcorriam morosos, enquanto que Alika se fazia acompanhar por profunda melancolia, mal alimentando-se, para inquietação dos seus pais que, com ela, voltaram a normalmente dialogar, esperançosos de fazê-la esquecer a saudade que, acreditavam, sentia pelo jovem e que estava sendo a causa do seu silêncio, inapetência e do seu desânimo.

Gunter diariamente adquiria um exemplar do principal jornal da região e, após lê-lo, acompanhando, atento e preocupado, o desenrolar da Guerra, Alika, dissimuladamente, passava a folhear suas páginas, apreensiva, na tentativa de obter alguma informação que dissesse respeito ao jovem e inexperiente recruta.

Foi assim que, numa fatídica manhã, no rodapé de uma das páginas do periódico, seus olhos arregalados, não querendo acreditar no que viam, constataram o nome de Eric relacionado na lista daqueles que haviam perdido suas vidas, lutando pela pátria.

Um grito estentórico, incontrolável, emitido pelos lábios de Alika, expressando toda a dor que, naqueles momentos, vivenciava, ecoara por todos os cômodos da casa, causando forte apreensão junto àqueles que ali habitavam, incitando-os a dirigirem-se, o mais rapidamente possível, até onde se encontrava a jovem, no sentido de acudi-la, pois deduziram que algo extremamente grave e doloroso havia ocorrido com ela.

Quando de Alika se aproximaram, atônitos, viram-na estendida sobre o tapete da sala, tendo em sua mão o jornal aberto na página sinistra e que, há pouco, acabara de ler.

Os olhos esbugalhados e fixos, como se estivessem entrevendo cena apavorante, ao mesmo tempo que entre seus lábios uma desagradável espuma esbranquiçada vertia, escorrendo pelo seu rosto, Alika ilustrava um quadro insólito, preocupante, de imprevisíveis proporções, que a todos abalara, fazendo com que, rapidamente, com os recursos de que dispunham no momento, intentassem fazer com que a jovem recobrasse os sentidos.

Gunter, imediatamente, telefonara para o médico da família, solicitando sua presença urgente à sua residência, pois algo de muito grave havia ocorrido com sua filha.

Tão logo chegara, o doutor Boris fora encaminhado até a paciente, medicando-a, incontinenti.

Após alguns poucos instantes, dopada, Alika entrara em sono profundo, quando, então, o médico pôde com todos dialogar, expondo o seu parecer sobre o caso.

A jovem iria permanecer em observação, porém, mantida sob forte medicação, até que o médico pudesse, mais profundamente, avaliar o que de fato estava ocorrendo com a jovem, para assim definir um tratamento, se necessário, mais específico.

Berta, zelosa e preocupada, permanecera ao lado da filha durante todo o dia e toda a noite, observando-a, atentamente.

Nas primeiras horas do dia seguinte, Alika despertara, apresentando um certo torpor que Berta levara à conta da forte medicação que a filha estava tomando.

A partir dos dolorosos momentos por que passara, a jovem nunca mais fora a mesma. Mutismo preocupante, aliado a uma melancolia sem precedentes, passaram a ser suas incômodas e persistentes companhias, gradativamente, debilitando o seu veículo físico, fazendo-a perder as esperanças de um novo porvir e consequentemente, a vontade de viver.

Somente quando estava com o irmão é que se esforçava para, com ele, trocar algumas poucas palavras, expondo assim as dolorosas sensações que fustigavam a intimidade da sua alma, inconformada com o destino que a vida lhe reservara.

Por mais que os seus pais se empenhassem na tentativa de persuadi-la a mudar o seu atual comportamento, valorizando a família, a juventude, enfim, a vida, decepcionados, sentiam ser repelidos pelo silêncio de Alika, seus amorosos apelos, vendo a filha, a cada novo dia, enveredar pelos caminhos gélidos do desânimo, tornando-se dele, pouco a pouco, infeliz prisioneira.

Muitas vezes, seu olhar perdido transpondo a vidraça, apreciando impassível a neve, suavemente, beijar o chão, Alika ilustrava inenarrável tristeza, ilustrando para a família contundente desalento que lhes furtava as esperanças, não mais sabendo o que deveriam fazer para tirá-la daquele torpor persistente que dificultava o seu falar, interagir, viver, depauperando-a, minuto a minuto.

Solitária, cativa dos pensamentos pessimistas que, aos poucos, foram se cristalizando em sua mente fragilizada, Alika acabara sendo acompanhada por Espíritos ignorantes, desafetos insensíveis de anteriores encarnações, tornando-se deles joguete sendo, gradativamente, por eles dominada, perdendo a própria identidade, passando a agir automatizada, escrava dos desatinos e inconsequentes desejos daquela malta de Espíritos perseverantes na maldade.

Tendo, definitivamente, enraizado os seus pensamentos nas sendas do desencanto e da tristeza que transfiguraram as suas feições e o seu próprio caráter, tornara-se arredia a qualquer tipo de aconselhamento ou mesmo conversação, dando, assim novos contornos ao seu destino, vivendo seu solitário mundo particular que, com as tintas da melancolia, ela acabara por ilustrar.

Nas raras vezes que seus familiares conseguiam arrancar dos seus lábios algumas poucas palavras, estas denunciavam a desarmonia que tramitava pela sua mente, pois as frases por ela emitidas, via de regra, não tinham coerência, para angústia dos seus pais e do irmão que, lentamente, foram perdendo as esperanças de que uma melhora significativa pudesse ocorrer com Alika, apesar de todo o empenho do doutor Boris que se esmerava no atendimento médico que lhe prestava, acabando por sentir-se impotente para solucionar o caso.

Com o tempo, passara a ser comum vê-la caminhando pelo jardim da casa, falando, gesticulando, como se estivesse dialogando com alguém invisível, expondo-se, assim, ao ridículo, fazendo com que os seus familiares vivenciassem momentos de inquestionável compaixão, sentindo-se incapazes para concretamente ajudá-la, fazendo-a retornar à vida que, aos poucos, dela fora desertando.

Alika, todavia, por momentos, apresentava total lucidez, porém, assediada pela turba de Espíritos ignorantes que acompanhavam os seus passos, sem se esforçar para resistir aos seus insistentes e incoerentes apelos, via-se, novamente, a mercê das garras da tristeza, dela tornando-se, frágil refém.

Apartando-se do mundo que a circundava, a jovem fora sentindo-se impotente, desesperançada, sem forças para reagir, trazendo tão só amarguras aos seus familiares que iam apresentando em suas fisionomias e condutas os reflexos dos dias tormentosos que estavam sendo impelidos a vivenciar, minando, ainda mais, as poucas energias de Alika que a tudo percebia sem conseguir reverter esta situação que ela mesma, devido à sua profunda tristeza e alienação, provocara.

Inverno rigoroso açoitava, sem piedade, aquela região da Alemanha, estimulando as criaturas que ali residiam a permanecerem em seus lares, protegendo-se do frio, desfrutando o calor provindo das chamas da lareira, enquanto dialogavam.

Observando o bailado das chamas, tristeza extrema viera abraçar a alma de Alika, quando, então, choro compulsivo, incontrolável, se fizera presente, carreando novas preocupações aos seus familiares.

Tão logo Gustav dela se aproximou, envolvendo-a em um terno abraço, sentiu-a desfalecer, amparando-a com presteza.

Atônitos, todos se viram impelidos a conduzirem-na até o hospital mais próximo a fim de receber o atendimento de que necessitava.

Ali permanecera por cerca de uma semana quando, então, os médicos liderados pelo doutor Boris conseguiram apenas diagnosticar a anemia que castigava a doce Alika, furtando-lhe as energias que, o mais rapidamente possível, deveriam ser-lhe devolvidas, exigindo todo o empenho da equipe médica que a assistia.

Após este episódio, visivelmente recuperada, a jovem recebera alta do hospital, estando liberada para retornar à sua residência e ali complementar o seu restabelecimento.

A partir de então, envolvida cada vez mais pelos Espíritos ignorantes e vingativos que a acompanhavam, Alika passara a agasalhar o desejo abominável de suicidar-se, acreditando, assim, equivocadamente, conseguir livrar-se definitivamente da infinda tristeza que lhe minava a alma combalida, impedindo-a de reagir, interagir e de retornar a vida.

O tempo fora passando e, a cada dia, a jovem sentia-se mais inclinada a colocar em prática o ato insano que sua mente enferma, infelizmente, vinha configurando.

Assim, expondo suave, porém, ardiloso sorriso que há tempos não exteriorizava, Alika dissera à mãe ter vontade de sair, para desfrutar a tarde tépida que a convidava a espairecer.

Berta, julgando que talvez iniciava-se a tão esperada recuperação da filha, feliz a incentivara a atender sua vontade.

Irradiando enganosa alegria, acabando por convencer a mãe de que começava a reagir, vencendo o desânimo que há tempos se aninhara em sua alma, a passos lentos, porém, decididos, a jovem encaminhara-se em direção à verdejante e florida campina relativamente distante da sua moradia e que terminava em perigoso precipício que, porém, presenteava o observador cauteloso com uma visão deslumbrante do verde-mar a perder-se no horizonte longínquo.

Apreciando a beleza ímpar da paisagem que lhe enfeitava a visão, visitada pela brisa suave que lhe acarinhava o rosto, Alika libertara-se, momentaneamente, da angústia que lhe atiçava a alma, sentindo-se impelida a desistir da infeliz ideia de tirar a própria vida que, aos poucos, fora agigantando-se em sua mente.

Era justamente a presença paciente e generosa do seu guia espiritual que dava sua derradeira cartada para tentar dissuadir a sua tutelada de concretizar seu macabro intento.

Porém, insistentemente, acossada por Espíritos impiedosos e inconsequentes, Alika a eles voltara a render-se, sentindo-se, outra vez, a mais infeliz das criaturas, propondo-se decididamente a suicidar-se.

Assim, impulsionada por uma vontade férrea, incontrolável, dirigiu-se para a borda do precipício, dele atirando-se, desertando definitivamente da vida.

Desta forma agindo, destruíra, esfacelara o seu arcabouço físico, atitude esta que iria, por conta da lei de Ação e Reação, trazer-lhe sofrimentos inimagináveis que, aos poucos e pouco, a fariam conscientizar-se da falta lamentável que cometera ao suicidar-se, pensando que, com a morte do corpo carnal, a vida também se extinguisse, o que, na verdade, não ocorrera.

Haveria de, gradativamente, adquirir a certeza de que estava viva, sofrendo, interagindo, sentindo-se impelida, pelas vias do arrependimento e do remorso, a implorar ao Pai de amor infinito que lhe concedesse uma outra oportunidade reencarnatória para, assim, poder reparar o abominável delito que cometera contra si própria, assim como os transtornos e as tristezas que havia causado a todos aqueles que, quando encarnada, a premiaram com suas companhias.

Alguns anos após o lamentável episódio, triste e combalida, trazendo na alma as dores do remorso, por achar-se de alguma forma culpada pelo suicídio da filha, Berta desencarnara, o mesmo acontecendo com Gunter, anos depois.

Gustav continuara sua jornada terrena, guardando na alma a saudade dos seus entes queridos, assim como as cicatrizes causadas pelos tormentosos momentos que, com eles, vivenciara.

Depois...

Em pequena, porém acolhedora cidade do interior de Santa Catarina, assentada sobre um dos degraus da igreja matriz, Joana, com 40 anos de idade, sustentando em seu colo a filha Célia, denunciando no rosto cansado e castigado todo o seu desencanto para com a vida, ali se encontrava, à espera do óbolo caridoso que viesse amenizar as agruras que, resignadamente, enfrentava.

Célia, com cerca de 20 anos de idade, era uma jovem excepcional.

Seu corpo mirrado, tal qual o de uma criança, seus membros, disformes, retorcidos, dificultavam-lhe, insofismavelmente, os movimentos, fazendo-a, assim, prisioneira de si mesma, impedida que estava de caminhar, interagir, dependendo da incansável ajuda de sua dedicada mãezinha para que pudesse satisfazer suas mais simples necessidades.

Sua tez clara adornava seu rosto delicado enquanto os seus olhos negros, lúcidos, vivazes, a tudo observavam, todavia, sem conseguirem disfarçar a debilidade mental que a mantinha cativa.

Por vezes, emitia alguns monossílabos ininteligíveis que somente a dedicada Joana era capaz de decifrar e compreender os seus significados.

Mãe e filha compunham um quadro triste e constrangedor, comovendo os seres humanos que por ali circulavam, fazendo-os sentir-se incitados a ajudar, de alguma forma, aquelas sofridas criaturas, deserdadas pela felicidade, à mercê da caridade alheia.

Todas as vezes que as mãos calosas de Joana acarinhavam as faces da filha, seus olhos fechavam-se para o mundo, deleitando-se com aquele gesto de extremado amor que somente o coração de mãe é capaz de assim se expressar.

Para a pobre Célia, órfã de pai desde os cinco anos, estes afagos, como se fossem suave cascata de bênçãos, envolviam sua alma, presenteando-a com a paz que, por instantes, o seu semblante delatava.

Certa manhã de domingo, amparando em seu colo o pequeno, frágil, disforme e quase inerte corpo de Célia, humildemente assentada bem ao fundo da igreja, esforçando-se para não se fazer notar, expondo os andrajos que cobriam seus veículos físicos, Joana orava.

Naqueles momentos, no silêncio da sua alma sofrida, pedia ao Pai de todos os pais que lhe desse forças para continuar em sua árdua missão, forrando o chão dos seus caminhos com as flores perfumosas da resignação.

Terminada a prece, ao abrir seus olhos chorosos e emocionados, notara, um tanto quanto surpresa e acanhada, a presença de um simpático rapaz, bem próximo dela, destinando-lhe o olhar cheio de compaixão, acompanhado de um sorriso afável que, de imediato, cativara-lhe a atenção, conquistando-lhe a confiança e simpatia.

No domingo seguinte, ao terminar a missa, durante a qual mãe e filha estiveram presentes, ocupando o mesmo lugar, novamente o jovem ali estava, endereçando-lhes o olhar, desta vez vindo ao seu encontro como se pretendesse dirigir-lhe a palavra.

Envergonhada, Joana baixara a cabeça, olhando tão somente para o chão. Em seguida, sustentando a filha em seus braços, pôs-se lentamente a caminhar em direção à saída daquela casa de oração.

Sem que se apercebesse, o jovem Carlos acompanhou-lhe os passos, aguardando momento oportuno para com ela iniciar o que imaginara rápido diálogo, a fim de não constranger aquela sofrida mulher ainda mais do que aparentava estar.

Célia, com os olhos fechados, dormia o sono solto, indiferente ao que ocorria naqueles momentos.

Segundos depois, o jovem, em silêncio, se colocara ao lado de Joana, dirigindo-lhe educadamente a palavra, dizendo-lhe:

— Desculpe-me, senhora, abordá-la assim sem mesmo conhecê-la. É que me senti impelido a dirigir-lhe a palavra, na tentativa de amenizar, naquilo que me for possível e a senhora permitir, as dificuldades que, sem dúvidas e corajosamente enfrenta.

Impactada e comovida pela inesperada abordagem, Joana não emitira uma só palavra, deixando tão só que o seu acanhado semblante expressasse o agradecimento que sua alma endereçava ao bondoso jovem.

Naquele exato instante, Célia despertara. Surpreendida pela presença do rapaz, ali, bem próximo, não conseguira evitar que os seus olhos vivazes, desmensuradamente abertos, denunciassem a momentânea lucidez e a incontrolável emoção que, destemida, se apoderara do seu ser.

Por sua vez, Joana, nas entranhas da sua alma, como que escutara uma voz, inexplicavelmente silenciosa a segredar-lhe, aliviando-lhe por instantes as agruras, assim se expressando: "enfim suas almas reencontraram-se para, juntas, prosseguirem viagem, exercitando-se, evoluindo pelos caminhos da renúncia e da consciente e doce resignação."

Aquele inenarrável monólogo espiritual a deixara perplexa, aguçando-lhe o desejo de encontrar respostas que lhe satisfizessem a curiosidade, porém, sem consegui-lo.

Carlos, por sua vez, percebera o seu coração pulsar mais acelerado, enquanto que um sentimento mesclado de ternura e de compaixão, até então por ele desconhecido, envolvera sua alma, ao mesmo tempo que seus olhos encheram-se de lágrimas, expondo as emoções inusitadas que naqueles momentos experimentava, permanecendo, indelevelmente, gravadas no íntimo do seu ser.

Em seguida, notando a timidez que caracterizava a sofrida mãe, educadamente, pedira-lhe permissão para visitá-las em sua residência, pois estimaria muito poder ajudá-las, colaborando, de alguma forma, para minimizar as dificuldades que as perseguiam.

Surpreendida pelo que lhe parecera ser sincero pedido daquele simpático jovem, que apenas, acabara de conhecer, Joana, como que anestesiada, concordara, de pronto, com a bondosa solicitação.

Após a troca, entre ambos, de mais algumas poucas palavras, ficara combinado que, no dia seguinte, Carlos, pela manhã, iria visitá-las no endereço que a humilde e surpresa senhora timidamente lhe fornecera.

Após aquele rápido diálogo, sem conseguir evitar que fortes sensações o abraçassem, o jovem, espontaneamente, tomara uma das mãos disformes de Célia, acarinhando-a, ao mesmo tempo que seu olhar pleno de piedade recaíra sobre os seus olhos que, naqueles momentos, expressavam inquestionável brilho e lucidez.

Em seguida, fraternalmente se despedira, emocionado.

Naquela noite, Carlos mal dormira, refletindo sobre aquele encontro que tão fortemente o impactara.

Por sua vez, Célia manteve-se desperta por toda a madrugada, balbuciando monossílabos ininteligíveis que, na verdade, expressavam os resquícios das emoções que, naquela manhã de domingo, havia, docemente vivenciado.

Tão logo o astro-rei surgira no firmamento longínquo, acariciando com seus raios tépidos e luminosos aqueles plagas, Carlos, feliz, partira em direção à moradia daquela pobre e reduzida família, conforme havia se comprometido.

Depois de enfrentar algum contratempo para localizar, nos arrabaldes da cidade, o endereço que lhe fora indicado, o jovem, finalmente, estacionara seu veículo diante de pequenino casebre, situado à beira de estreito e poeirento caminho de terra.

Antes que se fizesse anunciar, a porta fora aberta quando, então, Joana surgira, ficando evidente que já estava à sua espera.

De pronto, não conseguindo disfarçar a timidez, o convidara para entrar, ao mesmo tempo que um sorriso franco e acanhado viera enfeitar-lhe o semblante, castigado pelo sofrimento e pela desesperança, espelhando, porém, o seu contentamento pela presença do simpático visitante.

Logo ao adentrar a paupérrima habitação, Carlos notara Célia, já desperta, sentada em uma tosca cadeira, protegida por uma surrada tira de couro, amarrada à sua frágil cintura, mais parecendo uma boneca de pano, sem movimento, dependendo tão somente dos seus olhos e dos seus grunhidos para interagir, expressando suas necessidades, seus desejos, suas dores e suas raríssimas alegrias que somente Joana era capaz de entender, pelas vias do coração.

Célia quando vira o jovem dela se aproximar para cumprimentá-la, evidenciando lucidez incomum, destinara expressivo olhar em sua direção, tentando, silenciosamente, exprimir a satisfação que sentia ao vê-lo outra vez.

Carlos, pelas veredas da alma sensível e caridosa, captara a alegria que a visitava, fazendo-a esquecer-se, por momentos, o triste destino que a vida lhe reservara.

Impactado por este sentimento, o jovem não conseguira evitar que lágrimas mescladas de carinho, compaixão e contentamento deslizassem pelas suas faces, denunciando as indomáveis emoções que transitavam pela sua alma generosa.

Instintiva e fraternalmente, acarinhara seu rosto, sentindo, naquele inolvidável instante, uma agradável e inexplicável intuição de que já se conheciam e que estavam apenas reencontrando-se na longa estrada do tempo.

Os dedicados guias espirituais daqueles três seres humanos que, há tempos, se empenhavam para que este reencontro se realizasse, regozijavam-se por verem cumprida mais uma etapa das suas pacientes e amorosas missões junto aquelas criaturas.

Próspero senhor de terras, há anos órfão de pais, cuja fortuna deles herdara, Carlos, com pouco mais de 25 anos de idade, era um jovem solitário, acossado por incansável e teimosa melancolia, tornando-se dele incômoda companhia.

Dedicava a maior parte do seu tempo ao trabalho, aumentando a sua já considerada fortuna.

Enquanto desempenhava as responsabilidades que lhe cabiam na condução dos seus negócios, Carlos livrava-se da desagradável presença da solidão que somente a noite vinha em seu encalço, com ele permanecendo até que o sono viesse abraçá-lo.

Assim, o jovem passava seus dias, meses e anos, sem que o seu coração fosse despertado pelos suaves acordes do amor.

Desde que conhecera Joana e Célia, dia sim, dia não, Carlos as visitava, passando a auxiliá-las no tocante a alimentação e vestuário.

Com o passar das semanas, o rapaz fora percebendo recrudescer o carinho e a compaixão que por elas nutria, mormente por Célia que o acarinhava com os olhos, expondo a alegria contagiante que a vinha visitar, toda vez que o jovem se encontrava presente.

Aos poucos, Carlos fora agasalhando em sua alma solitária o desejo de trazê-las para bem próximas de si, a fim de dar-lhes a atenção e a assistência de que careciam.

Assim pensando, decidira-se a construir, próxima à sua elegante moradia, singela e confortável edificação, atendendo assim o que o seu coração vinha segredando-lhe, ficando em paz com a sua consciência.

Foi assim que, numa ensolarada manhã de domingo, logo após terem assistido à missa na igreja matriz, Carlos as convidara para virem conhecer sua propriedade, recebendo de Joana sua tímida, porém, alegre aquiescência.

Quinze minutos depois, o veículo conduzido pelo jovem adentrara os portões da sua extensa propriedade, indo estacionar diante de acolhedora construção que, esperava, fosse agradá-las e que, se assim o quisessem, se transformaria em futuro lar.

Minutos após, todos se encontravam no interior da casa quando o jovem, irradiando felicidade, fora mostrando para ambas as suas acomodações.

Tão logo terminara a exposição, Carlos direcionara o olhar pleno de ternura para Joana e Célia, dizendo-lhes, emocionado:

— Vocês me dariam o maior dos presentes, se aceitassem meu convite para virem morar nesta casa que, com todo o meu carinho, construí para vocês.

— Desde que as conheci, minha vida transformou-se. A implacável tristeza que me acompanhava os passos, fora, pouco a pouco, de mim se distanciando, sendo substituída pela alegria das suas companhias.

A voz do jovem tornara-se embargada e as lágrimas acabaram por sufocar suas palavras, fazendo com que as emoções falassem por si.

Visivelmente emocionada, face o inesperado e fraternal convite, Joana também não conseguiu conter as lágrimas que umedeceram seu rosto castigado pela penúria, traduzindo, assim, o sentimento da mais profunda gratidão que emergia feliz do recôndito do seu coração e que, por si só, espelhava sua concordância para com o pedido do jovem.

Célia, que a tudo escutava, sentira uma alegria incontrolável percorrer o seu ser, quando então seus olhos, expressivos, inundados de lágrimas, acabaram por desnudar os seus mais puros sentimentos.

Atrás da aparência física de Célia, escondia-se um coração sensível e amoroso, impedido que estava de interagir com o mundo, pois o seu veículo carnal deficiente não lhe possibilitava, nem mesmo, atender aos seus mais íntimos apelos.

Sua alma raciocinava, sonhava, porém percebia-se incapaz de externar os seus sentimentos, enclausurada que estava naquela carcaça disforme, quase inerte, que lhe servia de abrigo, forçando-a a percorrer, resignadamente, os caminhos doridos da reparação, sorvendo o cálice de amargor que, em anterior encarnação, para ela própria preparara.

Cinco anos haviam transcorrido, durante os quais, as alegrias preenchiam os espaços da extensa e acolhedora propriedade do jovem, possibilitando a todos desfrutar inesquecíveis momentos de harmonioso e apaziguante convívio.

Certo dia, Célia amanhecera febril, apresentando incômoda dificuldade para respirar, causando preocupação para Joana que, prontamente, colocara Carlos a par da situação.

Naquela manhã, o jovem solicitara a presença do dr. Fernando, médico que a todos assistia, a fim de diagnosticar o que ocorria.

Após alguns momentos de detalhada observação, concluíra que Célia fora acometida de contundente e preocupante pneumonia.

Assim, enferma, o tempo fora passando, moroso e, apesar de toda a dedicação e conhecimento do doutor, este não conseguia debelar a doença que recrudescia, delineando os contornos dos dias tristes e sombrios que todos haveriam de vivenciar.

Célia passara a ser perseguida por inenarráveis aflições que não lhe davam tréguas, obrigando-a a buscar com intenso esforço e sofrimento o ar de que os seus pulmões necessitavam, para facultar-lhe a vida.

Desta forma, seguia o calvário de Célia, que, aos poucos, fora demonstrando que sua angustiosa existência estava esvaindo-se, traduzida pela debilidade que dela se apossara completamente, prenunciando que o seu desenlace físico estava próximo.

No final de uma calorosa tarde, acomodada em seu leito, tendo ao lado sua dedicada mãezinha e o generoso Carlos, a jovem dava mostras incontestes de que estava prestes a partir para o outro lado da vida, levando em sua alma a doce resignação e, ao mesmo tempo, a certeza de que, enquanto viva estivera, fora cercada de todo o carinho e de todo o amor que Joana e Carlos, incondicionalmente, lhe dedicaram.

Por instantes, os olhos da enferma adquiriram inesperado brilho e lucidez, ao mesmo tempo em que as dificuldades respiratórias dela se despediram.

Um sorriso brando, mesclado de resignação, alívio e gratidão aflorou dos lábios ressequidos de Célia, ilustrando os poucos instantes de vida que ainda lhe restavam.

Joana e Carlos colocando entre as suas as mãos disformes da jovem, afagando-as, beijaram-nas com indescritível ternura, quando então os seus olhos, suavemente, fecharam-se, colocando um ponto final nos sofrimentos que a vida lhe reservara e que, ela própria, em anterior experiência encarnatória para si mesma havia projetado.

Em verdade, reunidos em torno do leito de Célia, que em anterior encarnação fora Alika, a jovem suicida; Joana, ex-Berta, sua austera mãe; e Carlos, outrora Eric, seu namorado, cuja vida fora ceifada durante a Segunda Guerra Mundial, todos vivenciavam doridos momentos, porém, ao mesmo tempo, orvalhados pelo bálsamo bendito da paz.

A jovem enferma, finalmente, partira para o mundo dos espíritos, levando em sua alma a doce resignação e o incondicional amor daqueles que a brindaram com suas amoráveis companhias, fazendo-a, definitivamente, valorizar o dom maravilhoso que é a vida.

Apesar da dolorosa separação, Joana e Carlos tinham a consciência tranquila por tudo haverem feito em prol da pobre enferma, enquanto viva estivera, rodeando-a de carinhosas atenções, despretensiosas renúncias e abnegado amor, amainando, assim, o calvário por onde tivera de transitar.

Naqueles momentos cruciais, Espíritos amigos ali se encontravam presentes, amparando Célia, abrandando-lhe os sofrimentos, fazendo com que, amorosamente acompanhada, pudesse seguir em paz, rumo pátria espiritual, pois havia cumprido, resignadamente, sua difícil missão terrena, resgatando assim a falta gravíssima que cometera em encarnação anterior, ao desertar da própria vida.

Após o triste episódio, Joana perdera o encanto de viver e, mal alimentando-se, enfraquecera, abrindo as portas para que a mesma doença que acabara por minar as resistências de Célia, fizesse morada em seu corpo, roubando-lhe também a existência, poucos meses depois.

Carlos, abalado com as duas ocorrências, se vira envolvido por profunda saudade e solidão que, teimosamente, passaram a acompanhar-lhe os passos.

Felizmente, as responsabilidades que o cercavam na condução dos seus negócios acabaram por se constituir em seu único lenitivo, abrandando a saudade que sentia pela ausência de Célia e Joana.

Mantendo em sua retina espiritual, suas imagens e, na sua alma, o exemplo vivo da resignação de Célia e da incondicional dedicação de Joana, Carlos continuara, solitário, sua romagem terrena, até que a vida, bem mais tarde, dele se despedisse, deixando-o partir para o além, para, enfim, com elas reencontrar-se, eliminando a saudade que lhe fora fiel companheira.

Caro leitor:

Na profícua esteira das encarnações, o Pai de infinito perdão vai nos presenteando com as bênçãos de novas oportunidades existenciais, aguardando que, por meio delas, venhamos a encontrar o caminho seguro da nossa redenção para, enfim, podermos desfrutar da Sua doce e incomparável paz.

Porém, por vezes, desagradavelmente surpreendidos pelos impactos da vida, em vez de nos esforçarmos para compreender o que ela está querendo nos dizer, é comum nos revoltarmos, perdendo a proveitosa chance para burilar nossas almas, transitando, em definitivo, pelas estradas da compreensão, do perdão e do amor.

Ao refletirmos sobre o conteúdo desta narrativa, fica-nos evidente as dolorosas repercussões que o suicídio causa ao corpo espiritual do infrator, obrigando-o, por força da lei de Ação e Reação, a reparar, numa outra encarnação, a falta gravíssima cometida contra a vida, impelindo seu Espírito a se ocupar de um novo corpo carnal que, inquestionavelmente, retratará os desajustes provocados pelo ato tresloucado efetuado na anterior existência.

Assim sendo, Célia, outrora Alika, viera ao mundo, trazendo em seu veículo físico as marcas da sua desvairada imprudência, sentindo-se persuadida a percorrer, com a devida resignação, as estradas pedregosas que, para si mesma, havia traçado, a fim de reparar o seu erro, redimindo-se. Assim o fizera.

Joana, ex-Berta, sua severa genitora, novamente assumira a sublime missão da maternidade, recebendo em seu regaço a desafortunada Célia, comprometendo-se a ampará-la e assisti-la, incondicionalmente, durante sua curta e sofrida existência, esculpindo em seu Espírito, com o cinzel da resignação, as letras que compõem a palavra amor.

Carlos, ex-Eric, desde que conhecera Célia e Joana, percebera seu coração palpitar de emoção, comprometendo-se, intimamente, a amenizar-lhes o calvário, acompanhando-as em parte das suas doridas jornadas, o que cumprira com extremada compaixão e desvelo.

Enfim, no mundo dos espíritos haveriam de encontrar-se para, juntos, oportunamente reencarnarem, iniciando uma nova caminhada terrena, aprimorando seus sentimentos e perfumando suas almas.

5

Vingador implacável

"Esqueçamos todos aqueles que nos tenham ferido, lembrando-nos de compreendê-los e perdoá-los, fazendo como Jesus que, esquecendo-se de Si próprio, lembrou-se, amorosamente, de toda a humanidade."

Antes...

O mar se encontrava sereno e, sobre suas águas tépidas, a lua desfilava sua beleza, deslumbrando os olhos de quem soubesse apreciar aquela cena encantadora, privilégio das almas sensíveis capazes de desfrutá-la em toda a sua plenitude e esplendor.

Naquela noite, quando as nuvens desertaram de percorrer os espaços, jovens enamorados, entre 15 e 20 anos de idade, faziam juras de amor, embalados que estavam pelo doce luar que os abraçava, estimulando suas almas a sonhar com um venturoso porvir, onde, acreditavam, a felicidade os viria visitar, fazendo-lhes fiel companhia.

Isabel e Ramon, ela filha de Dom Alfonso e Mercedes de Aragón, ricos e influentes fidalgos espanhóis, e ele, órfão de pais e simples empregado do abastado casal, concentrados em apaixonado colóquio, envolvidos que estavam pelos mais puros sentimentos que seus semblantes, felizes deixavam transparecer, não se aperceberam de que, sorrateiramente, um outro jovem, com cerca de 20 anos de idade, cautelosa e silenciosamente, deles se aproximara, puxando pelas rédeas sua dócil montaria.

De repente, como se fora um ágil felino, postara-se soberbo à frente dos jovens enamorados, assustando-os, deixando-os sem ação, enlaçados que foram por repentino temor, como se tivessem sido descobertos em grave delito.

Aziz, o musculoso cavaleiro, com os olhos agressivos, acompanhado por um sorriso triunfante e desdenhoso, disseralhes com insofismável arrogância, demonstrando uma mescla de satisfação e ódio que emergiam, incontidos, da intimidade da sua alma, prisioneira dos instintos que não lhe davam descanso:

— Finalmente, após malogradas tentativas, consegui flagrá-los nestes momentos de íntimo diálogo que, logo mais, transmitirei a Dom Alfonso que, por certo, tomará as medidas justas e cabíveis a respeito.

Lívidos, estarrecidos, sem ação, Isabel e Ramon entreolharam-se, abraçando-se atemorizados, como se mutuamente quisessem proteger-se, dividindo as dificuldades que, por certo, em breve tempo, haveriam de enfrentar.

Vitorioso e decidido, Aziz subira em sua montaria e partira a galope, rumando, célere, em direção à mansão dos Aragón, ansioso por comunicar a Dom Alfonso o que acabara de constatar. Como Aziz estava só e o casal de enamorados estava a pé e a distância que os separava da moradia dos fidalgos era, relativamente curta, o delator não atinara para a possibilidade de Isabel e Ramon intentarem fugir, mesmo porque acreditava que a noite também lhes constituiria incontestável obstáculo.

Chegando ao seu destino, de imediato, adentrara a propriedade e, a passos rápidos, encaminhara-se em direção às dependências particulares de Dom Alfonso e de sua esposa para relatar-lhes os fatos há pouco ocorridos. Aziz era um dos guardas da propriedade dos Aragón, desfrutando de todo o prestígio e confiança do casal de fidalgos, a ponto de ser incumbido de acompanhar a jovem Isabel a todos os locais e eventos que comparecia, protegendo-a, sem restrições.

Pouco a pouco, Aziz passara a nutrir uma oculta afeição pela donzela que, ingênua, não percebia os olhares e atenções por vezes desmedidos que o jovem lhe endereçava e que, por si sós, denunciavam os sentimentos que o perseguiam.

Após ser anunciado por um dos serviçais da família, Aziz adentrara a biblioteca onde Dom Alfonso, absorto, folheava um dos seus livros, deleitando-se com o seu conteúdo, ampliando, ainda mais, a sua já considerável cultura.

Em seguida as costumeiras reverências, o jovem delator, demonstrando no semblante e no olhar uma falsa preocupação, dissimulando a ansiedade que o enlaçava para conhecer as rígidas atitudes que Dom Alfonso haveria de tomar com respeito ao ocorrido, com a voz grave, aparentemente pesarosa, passara-lhe a narrar os fatos.

Enquanto fazia seu breve relato, acrescentando dados mais picantes e que, de fato, não haviam ocorrido, intimamente regozijando-se com a sua descoberta, as feições de Dom Alfonso foram adquirindo um ar de incontestável surpresa e gravidade, ilustrando o ódio que assomara as entranhas da sua alma orgulhosa, arrogante e sagaz que o acompanhavam na longa esteira das encarnações.

Terminada a concisa exposição, uma lividez incontrolável se fizera presente nas faces do fidalgo, quando, então, acometido por um indescritível acesso de fúria, aos brados, gesticulando desmesuradamente, intimara Aziz a dirigir-se, imediatamente, em busca dos jovens, trazendo-os à sua presença para que pudesse dar-lhes o devido corretivo. Aziz, sem perda de tempo, pusera em prática as ordens recebidas.

Os enamorados, irremediavelmente descobertos em seus mais íntimos sentimentos, desnorteados e temerosos, pois conheciam o caráter intempestivo e agressivo de Dom Alfonso, sabedores do que seria capaz quando ludibriado ou mesmo não atendido em seus mínimos desejos, sentiram-se, ingenuamente, impelidos a fugir, na vã esperança de que não viessem a ser encontrados e assim pudessem desfrutar dos sonhos que, há tempos, seus corações acalentavam.

Tão logo se perceberam sós, sem que nenhuma palavra viesse visitar-lhes os lábios, acumpliciados, de mãos unidas, céleres, dirigiram-se para uma pequena gruta, de difícil e perigoso acesso, cravada em plena rocha, camuflada por densa e espinhosa vegetação onde, desde criança, Ramon ali se escondia, sem nunca ter sido descoberto, livrando-se, desta forma, dos castigos que suas traquinices infantis o tornavam merecedor.

Naquele local, passaram o resto da noite, toda madrugada e o dia seguinte, não sendo descobertos.

Tão logo os raios solares mansamente se esconderam no horizonte longínquo, cedendo lugar ao negror da noite que, dos jovens enamorados, tornara-se cúmplice, Ramon e Isabel partiram em direção a pequeno e pobre povoado que, dali, distava alguns poucos quilômetros.

A jornada, que perdurara toda a noite, fora exaustiva, plena de dificuldades e permanentes receios, exigindo dos enamorados precauções e esforços inauditos para chegarem ao destino a que se haviam proposto, o que ocorrera quando as primeiras claridades do dia surgiram radiosas, enfeitando o céu e aquelas plagas.

Ali chegando, com as roupas sujas e em frangalhos, com os corpos visivelmente cansados, açoitados pela fome que os perseguira por todo o percurso, os jovens dirigiram-se a uma humilde mas bem cuidada moradia, batendo à porta, na expectativa de encontrarem um coração bondoso que os acolhesse, dando-lhes guarida e o alimento de que, naqueles momentos, tanto necessitavam.

Instantes após, que lhes pareceram uma eternidade, a porta, lentamente, se abrira, quando simpática senhora viera atendê-los, delatando, por meio do semblante e do olhar, a bondade de que se revestia a sua alma.

Educada e fraternalmente, Madalena, sem nada lhes indagar, os convidara para adentrarar sua modesta residência, deduzindo as prementes necessidades do casal, propondo-se, intimamente, a ajudá-lo naquilo que lhe fosse possível.

A caridosa senhora, calmamente, os induzira a sentar e, prestimosa, sem emitir uma só pergunta, ofereceu-lhes leite, pão, queijo e maçãs para que, assim, pudessem saciar a fome que, imaginara, os assediava.

Após a ligeira refeição, incitara-os a banharem-se, enquanto providenciava algumas peças de roupa, pertencentes ao seu casal de filhos que, no momento, estavam trabalhando no olival pertencente a família Aragón.

Em seguida, tranquilos, tendo satisfeitas suas físicas necessidades, Ramon, Isabel e Madalena passaram a entretecer amistosa e descontraida conversação.

Os jovens, sentindo-se bem acolhidos e amparados pela simpática senhora, confiantes na sua discrição, passaram a narrar-lhe, detalhadamente, o ocorrido.

Depois da exposição dos fatos e dos rápidos diálogos subsequentes, Madalena, percebendo o extremo cansaço que enlaçava Ramon e Isabel, propusera-lhes dormir um pouco, utilizando-se dos leitos pertencentes a Rodrigo e Anita, seus filhos, que, por certo, concordariam com sua atitude, levando-se em conta a bondade que fazia morada em seus corações.

Quando o sol deitara-se no horizonte e a lua, a rainha da noite, passara a desfilar pelo espaço sideral, enfeitando-o, o casal de filhos de Madalena adentrara a habitação, visivelmente fatigados, ilustrando, porém, em seus semblantes, a alegria avalizada pelo sorriso que lhes brotara dos lábios pela agradável surpresa da presença de Ramon e Isabel, que lhes foram apresentados por Madalena, já despertos e descansados.

Após o jantar, todos passaram a desenvolver agradável colóquio, durante a qual, os jovens fugitivos distraíram-se, esquecendo-se, por momentos, do drama que estavam vivendo, cujos desdobramentos nem imaginavam.

Ali pernoitaram e, a convite de toda a modesta família, permaneceriam até que o destino lhes delineasse os caminhos que, no futuro, haveriam de trilhar.

No dia seguinte, como se fora um rastilho de pólvora, correra no povoado a notícia de que a filha do poderoso Dom Alfonso de Aragón havia sido raptada por um jovem, seu empregado, e que uma alta recompensa estava sendo oferecida a quem desse notícias sobre o paradeiro da jovem e de seu raptor ou os trouxesse à presença do austero fidalgo.

Atiçado pela perspectiva de ganho fácil, Raul, homem extremamente sagaz, passara a ficar mais atento quanto a movimentação das pessoas dentro e nos arredores do povoado, onde fixara moradia há apenas algumas semanas.

Com o passar dos dias, notara que algo estranho ocorria na residência de Madalena, pois seus moradores, ao saírem, antes olhavam detalhada e dissimuladamente os arredores da casa, como se estivessem verificando se não estavam sendo observados, fazendo-o, então, suspeitar de que Madalena e seus filhos tentavam esconder algo, quiçá o próprio casal procurado.

Motivado por esta possibilidade, Raul passara a vigiar a moradia com mais atenção.

Numa dessas oportunidades, ao notar que seus moradores haviam saído para o cumprimento das suas respectivas responsabilidades, disfarçadamente, aproximara-se do local e, astuto, ouvira vozes em seu interior e, em seguida, através da fresta de uma das janelas constatara que um casal de jovens, em voz baixa, dialogava, delatando em seus semblantes as apreensões e temores que os enlaçavam.

Pelo pouco que pôde captar do diálogo que mantinham, não tivera dúvidas de que se tratava dos procurados e que a moçoila não havia sido raptada e, sim, fugira em companhia do jovem, do qual se enamorara.

Certificando-se do fato, radiante, Raul decidira, na manhã seguinte, dirigir-se à mansão dos Aragón e comunicar-lhes a descoberta, fazendo jus ao prêmio que receberia pelas precisas informações a respeito do paradeiro dos fugitivos.

Homem do mundo, enredado pelas teias pegajosas dos instintos, escravo dos vícios e das más condutas, quando a noite chegara, encaminhara-se para rústica bodega, situada nas proximidades da aldeia, a fim de extravasar a sua alegria, tendo em vista a perspectiva de, oportunamente, encher seus bolsos com a moeda proveniente da sua delação.

Assim, após a ingestão de alguns tragos, entontecido, vangloriando-se pela descoberta do casal procurado, sem dar porém nenhum detalhe a respeito, não se apercebera de que, sentado diante do balcão, bebericando, Diego, troncudo e desconhecido forasteiro, ali se encontrava e, atento, a tudo ouvira.

Sentindo aguçado o seu desejo malsão de conquistar para si a recompensa que estava sendo oferecida pela captura do casal, sua mente inescrupulosa e frígida, de imediato, passara a engendrar plano sinistro para, oportunamente, tirar a vida de Raul.

Assim pensando, dissimuladamente, aproximara-se da mesa onde este se encontrava e, levantando uma taça de vinho, brindara-o pela descoberta, estimulando a todos os frequentadores do recinto a fazerem o mesmo, conquistando, de pronto, a simpatia do insensível delator, visando com esta hábil e astuta atitude, eximir-se de qualquer possível culpa quanto ao ato desumano que estava planejando cometer.

Quando a madrugada se fazia presente, Raul, alcoolizado, cambaleante, trôpego, acompanhado por Diego que o amparava, evitando assim que caísse por terra, deixaram a taberna, dirigindo-se ao local onde Raul residia, nos arredores do povoado, não muito distante da bodega que os havia acolhido.

Diego, sagaz, propositadamente acompanhara-o para conhecer-lhe a morada, a fim de passar a espreitá-lo, para que, quando partisse em busca da recompensa, pudesse segui-lo, constatando a veracidade ou não do relato que, horas atrás, havia tomado conhecimento.

Por volta das 8 horas da manhã, denunciando no rosto macilento os reflexos dos alcoólicos e da noite mal dormida, Raul atiçara sua montaria, partindo, célere, em direção aos seus objetivos.

Ansioso, distraído, não notara que Diego, a razoável distância, atentamente o acompanhava, pois, desde os primeiros raios de sol, o espreitava para, em momento propício, surrupiar-lhe o prêmio cobiçado.

O forasteiro, perspicaz, notara que o alforje que Raul portava encontrava-se praticamente vazio, porém, após o recebimento da polpuda recompensa, certamente, se apresentaria mais volumoso, delatando a presença da moeda farta em seu interior.

Após meia hora de cavalgada, enfim, Raul aportara, radiante, em frente a majestosa mansão dos Aragón.

Aziz, rapidamente, com ar matreiro, desconfiado, viera ao seu encontro, com o propósito de saber qual o motivo da inesperada visita.

Após conhecer-lhe o intento, Aziz, ansioso, de pronto o conduzira até a presença do altivo fidalgo que, a princípio, com o olhar desdenhoso, passara a escutar, atento, o relato do visitante.

À medida que tomava conhecimento dos fatos, Dom Alfonso esboçou um sorriso dúbil, mesclado de satisfação e de ódio, exteriorizando os sentimentos que sua alma, naqueles instantes, experimentava.

Em seguida, ordenou ao seu subordinado que fosse, imediatamente, ao encalço dos jovens, levando consigo a recompensa prometida para que, tão logo comprovasse a veracidade do relato, a entregasse ao delator.

Aziz, tendo atrelados em sua montaria dois cavalos selados, fazendo-se acompanhar por Victor, empregado de Dom Alfonso, e por Raul, partira, sem delongas, em direção ao povoado.

Diego, astuto, constatara, visualmente, que o alforje de Raul se apresentava inalterado quanto ao volume, dando-lhe a certeza de que a recompensa ainda não lhe havia sido entregue, o que, fatalmente, ocorreria quando os fugitivos fossem, de fato, encontrados.

Cerca de 45 minutos depois, os três cavaleiros se encontravam diante da moradia de Madalena. Abrupta e desrespeitosamente, nela adentraram, constatando a presença dos jovens que, surpreendidos, exteriorizando em suas feições o pavor que, de imediato, os envolvera, sem esboçar nenhum gesto de defesa ou emitir uma só palavra, entregaram-se, vencidos, aos seus perseguidores.

A seguir, Aziz entregara a recompensa para Raul, partindo, juntamente com Victor e o jovem casal, em direção à propriedade de Dom Alfonso e Dona Mercedes de Aragón.

O delator, eufórico, tendo recebido a polpuda recompensa, colocara-a no interior do seu alforje, rumando para sua rústica moradia, para ali mantê-la protegida de mãos alheias.

A intenção de Diego era eliminá-lo o quanto antes e, assim, apoderar-se, indevidamente, do prêmio; porém, durante todo o trajeto não havia surgido nenhuma oportunidade para concretizar o ato malsão que a sua mente, assassina, lhe houvera sugerido.

Enquanto isto, na mansão dos Aragón, os jovens enamorados, temerosos e constrangidos pela presença austera e inquisidora de Dom Alfonso, passaram a escutar rudes admoestações do áspero fidalgo, cujas palavras ácidas penetravam a intimidade das suas almas arrependidas e carentes de perdão, agredindo suas mais profundas entranhas, ferindo-as brutalmente e que, mesmo com o passar do tempo, dificilmente haveriam de cicatrizar.

Num determinado instante da ríspida e frígida preleção, Dom Alfonso, não conseguindo dominar o ódio avassalador que lhe carcomia a intimidade, bramindo, como se fosse fera ferida, assim se expressara:

— Você, jovem ingrato, irresponsavelmente ousado, petulante, que usufruiu da minha magnânima confiança, dela não fazendo jus, como castigo pela sua inconsequente e desastrosa atitude, será conduzido à masmorra para ali curtir a solidão, o desprezo, o esquecimento e a dor para que, assim, venha a penitenciar-se do ato insano que praticou, roubando-nos a paz.

Indescritivelmente irado, denunciando no olhar, nos gestos e no tom de voz o ódio que o enlaçava, Dom Alfonso ordenara a Aziz que retirasse o jovem da sua presença, encaminhando-o, imediatamente, em direção ao calabouço.

Dona Mercedes, com o coração amargurado, apiedara-se de Ramon e, quando intentara intervir em defesa do pobre rapaz, o olhar agressivo e soberbo que Dom Alfonso lhe endereçara fora suficiente para fazê-la perder toda a coragem de argumentação que, por instantes, a envolvera, fazendo-a silenciar, aceitando, contrariada, a dura atitude que o esposo intransigente há pouco houvera tomado, aguardando, quiçá, uma oportunidade para tentar defender o jovem, aliviando-lhe as agruras que, por certo, iria passar.

Isabel, demonstrando por meio da lividez do seu rostinho juvenil e das lágrimas que banhavam, incontidas, suas faces, o doloroso impacto que sua alma, naqueles momentos, experimentava, inapelável e surpreendentemente perdera os sentidos, desfalecendo, amparada pelos braços maternos, plenos de piedade, perdão e amor.

Assustados, Dom Alfonso e Mercedes se apressaram em socorrer Isabel, colocando-a, de imediato, acomodada no sofá, quando então, para tranquilidade de todos, a jovem abrira os olhos que expressavam os íntimos e inenarráveis sofrimentos que, a partir de momentos atrás, passara a vivenciar e que, repentinamente, lhe haviam furtado a vontade de viver.

Meia hora mais tarde, dr. Agustin, competente médico da família, ali se encontrava, tomando as providências que a ocorrência exigia.

Após alguns momentos de detalhada observação, com o semblante veramente preocupado, pedira ao casal de fidalgos que o acompanhasse até a sala anexa àquela em que se encontravam, para transmitir-lhes o seu diagnóstico, assim dizendo:

— A menina Isabel, infelizmente, fora acometida de um forte ataque cardíaco que abalara o pleno funcionamento do seu coraçãozinho. Por ora, provavelmente, terá algumas dificuldades para locomover-se e talvez falar, exigindo, de minha parte, constante acompanhamento e, de todos, muita resignação, paciência e irrestrita abnegação para, de certa forma, amenizar os incômodos que nossa querida jovenzinha, por tempo que não posso prever, haverá de enfrentar.

Um grito angustiante, emitido pelos lábios de Dona Mercedes, percorrera os cômodos da rica residência, demonstrando a dor suprema que enredara seu coração de mãe prestimosa, fazendo-a antever as estradas íngremes e pedregosas que sua única filha, inapelavelmente, teria de percorrer.

O inesperado diagnóstico médico abalara profundamente Dom Alfonso, fazendo com que emergisse, repentinamente, do imo da sua alma frígida um sentimento de inusitada compaixão pela filha, ao mesmo tempo que um ódio mortal por Ramon, naquele momento, também se fizera presente, culpando o jovem, injustamente, pela infeliz ocorrência que a todos atingira, intentando, desta forma, eximir-se da culpa que, sutilmente, a sua própria consciência o acusava, devido às palavras e atitudes maldosas e intempestivas que, há pouco, havia proferido e tomado.

No dia seguinte ao triste acontecimento, confirmara-se, integralmente, o diagnóstico médico. A jovem, acomodada em seu leito, não esboçava nenhum movimento corporal mais significativo, necessitando da ajuda alheia para desincumbir-se das suas necessidades.

Nem mesmo conseguia articular uma só palavra inteligível, somente seus expressivos olhos negros conseguiam mover-se, denunciando a inenarrável angústia que da jovem enferma se apoderara, entristecendo todos aqueles que habitavam a mansão dos Aragón.

Dias após, quando Aziz fora ao pequeno povoado para adquirir medicamentos para a pobre Isabel e alguns gêneros para a fidalga família, tomara conhecimento de que Raul, a quem havia entregue a polpuda recompensa, entrara em contenda física com um forasteiro de nome Diego, tendo, ambos, na desastrosa ocasião, perdido a bênção da vida.

Os meses arrastavam-se, pesarosos, cobrindo com o manto negregoso da tristeza a mansão dos fidalgos espanhóis que, visivelmente amargurados, acompanhavam, instante a instante, o infortúnio de Isabel, tornando-se reféns do desalento e da desesperança que açoitavam, sem piedade, suas almas combalidas.

Enquanto Dona Mercedes esmerava-se no atendimento da filha, que definhava a olhos vistos, Dom Alfonso, revoltara-se contra Deus e contra o mundo, tornando-se cativo da impiedade que passara, literalmente, a comandar-lhe as palavras, atitudes e ações.

Assim, envolvido por intenso e inconsequente ódio, fora, gradativamente, impondo dolorosos castigos ao jovem Ramon, tentando, desta forma cruel e desarrazoada, minimizar suas dores de pai, vingando-se daquele que, na sua ótica egoísta e injusta, fora o causador da atroz infelicidade que envolvera sua família, sendo que, no íntimo da sua alma, a consciência o acusava como sendo o único culpado pelas amarguras que a filha querida, inexoravelmente, enfrentava.

Conduzido pelo ódio que lhe corroía as entranhas, Dom Alfonso fora esmerando-se nos castigos que, sem compaixão, passara a impor ao desafortunado Ramon, regozijando-se com seus sofrimentos, saciando-se com o sabor da sua cruel e descabida vingança.

Prisioneiro do mal que enlaçava a sua alma, após sair do quarto onde Isabel se encontrava, combalida e pálida, Dom Alfonso, acometido por um incontrolável acesso de fúria, aos gritos, chamara Aziz, ordenando-lhe, sem piedade, que amputasse as mãos do infeliz prisioneiro, que, ao seu egoístico parecer, lhe houvera furtado a paz e a dos seus entes queridos.

Não saciado o seu descabido desejo de vingança, tempos depois, mandara que lhe cortassem a língua e, semanas mais tarde, que lhe tirassem também a visão, furando-lhe os olhos.

Vítima de martírios inenarráveis, fraco, depauperado, espelhando por meio do corpo mutilado o calvário por onde transitara, o jovem Ramon despedira-se da vida, desvencilhando-se, finalmente, dos sofrimentos que, injustamente, o fizeram passar.

Dom Alfonso, envolvido pela frigidez e pela soberba que lhe eram cúmplices, ficara feliz com o desenlace, dissipando-se assim a oportunidade que tivera para perdoar o jovem inexperiente e intempestivo, prisioneiro das emoções próprias da juventude, carente de compreensão, esclarecimento e indulto pelos deslizes cometidos.

Sem que tivesse tomado conhecimento da morte de Ramon, a jovem enferma passara a recusar o alimento, enfraquecendo, dia a dia, quando então seus olhos não mais se abriram, delatando que estava, pouco a pouco, dando adeus à vida, um basta aos sofrimentos que, desde cedo, lhe foram destinados.

Num radioso final de tarde, Isabel, ilustrando um semblante suave, calmo, abrira os olhos negros pela última vez e, num esforço supremo, apertara a mão de Mercedes que, naquele momento, a acarinhava, dela despedindo-se, intimamente agradecida por toda a abnegação e pelo imenso amor que durante a sua breve vida, incondicionalmente, lhe dedicara.

Ao fechar os olhos, um sutil sorriso viera visitar-lhe os lábios e, em seguida, despojara-se, enfim, do fardo pesado das vicissitudes que, com resoluta resignação, soubera carregar e conviver, sem que sua alma guardasse qualquer revolta pelo pai, que lhe fora artífice da desventura, perdoando-o, incondicionalmente.

No além, Ramon e Isabel oportunamente se reencontraram e, após cumprirem o devido estágio na erraticidade, retornariam à Terra, a fim de, novamente, se exercitarem nas estradas do amor e da evolução.

Quinze anos após a morte de Isabel, Mercedes de Aragón, delatando no semblante a tristeza que, desde que a filha partira para o além, lhe fora constante companhia, viera a desencarnar, motivada pela falência total dos órgãos, herança da velhice que, pouco a pouco, fora dela se aproximando, até tornar-se sua fiel e inseparável companhia.

Dois anos depois, Dom Alfonso, solitário, ainda guardando na alma a soberba e o egoísmo que o ilustravam e que os duros impactos e ensinamentos da vida não foram capazes dele extirpar, falecera de um inesperado e fulminante ataque cardíaco, pondo um ponto final na sua egoísta e cruel existência.

Depois...

O vilarejo, situado bem distante da cidade grande, albergava em suas dependências considerável número de famílias que, em sua grande maioria, obtinham seu sustento trabalhando no cultivo de uvas da região.

As habitações eram pobres, desconfortáveis, ilustrando a miséria em que viviam seus ocupantes.

As dificuldades que as criaturas ali sediadas enfrentavam eram enumeráveis, não só devido à precariedade dos meios de que dispunham para sobreviver, como também pelo clima instável da região, constituindo-se em veículo eficaz para a proliferação de várias doenças, que traziam em seu bojo preocupações, sofrimentos e, por vezes, perdas humanas irreparáveis.

Ao final de uma tarde fria e chuvosa, os habitantes do vilarejo foram informados de que, na manhã seguinte, o proprietário das vinhas, acompanhado dos seus assessores, ali se faria presente para estabelecer novas regras para o plantio e colheita das uvas, pois a produção e a qualidade do fruto, há já algum tempo, estavam deixando a desejar, repercutindo desfavoravelmente no tocante a sua comercialização.

Nas primeiras horas do dia, conforme fora anunciado, Dom Fernando Monserrat e seus colaboradores ali se fizeram presentes, convocando os trabalhadores para se dirigir à pequena praça central, quando, então, faria a explanação dos motivos que para ali o levaram.

Dom Fernando, homem de caráter íntegro, afeito aos bons princípios, há tempos vinha sentindo-se incomodado com a precariedade dos recursos de que dispunham os habitantes daquele vilarejo que, em suma, se constituíam nos principais responsáveis pela manutenção e prosperidade dos seus negócios.

Quando todos os trabalhadores da vinha estavam presentes, Dom Fernando, calmamente, iniciara sua preleção, discorrendo a respeito das novas regras que, a partir daquela data, iriam vigorar.

Atentos às explicações, os trabalhadores mostraram-se vivamente concordes quanto aos métodos que seriam implantados, para satisfação de Dom Fernando que se sentira motivado pela boa recepção que suas explanações tiveram, a fazer algo em benefício daquelas criaturas, melhorando-lhes a qualidade de vida, até então, dignas de compaixão.

Seu filho Andrés, com aproximadamente 20 anos de idade, a pedido do pai, também estava presente, pois Dom Fernando objetivava que o jovem, gradativamente, fosse inteirando-se das diversas nuanças do plantio e colheita da uva para que, aos poucos, fosse substituindo-o na condução dos negócios.

Andrés, ansioso, intempestivo, pouco responsável quanto às suas obrigações, exteriorizava uma soberba que muito desagradava o pai, que, há tempos, intentava, sem sucesso, arrefecê-la.

No fundo da sua alma paciente e bondosa, Dom Fernando guardava uma réstia de esperança de que o trabalho e o contato mais frequente com os pobres empregados da vinha viessem a fazer com que Andrés desse maior valor à vida de que desfrutava e, consequentemente, aos poucos, fosse colocando-se no lugar daqueles seres humanos, compreendendo suas agruras, amenizando-lhes a jornada.

Atendendo aos ditames do seu coração, o senhor das terras convidara o filho para que o acompanhasse na visita que se propusera realizar ao vilarejo, com o propósito de fazer com que viesse a inteirar-se das reais dificuldades que ali imperavam e, assim, o fizesse condoer-se das precárias situações em que viviam seus moradores, incitando-o a ajudá-los naquilo que fosse possível e necessário.

Ao caminharem pelas vielas estreitas e insalubres, os olhos perspicazes de Dom Fernando acompanhavam as reações do filho quando cenas incomuns, por vezes constrangedoras, diante deles desfilavam, na tentativa de conhecer-lhe a intimidade dos pensamentos e aquilatar os sentimentos que enlaçavam, naqueles momentos, o seu jovem coração.

Durante a caminhada, reparara que as feições de Andrés se alteravam, denotando um certo asco, toda vez que uma ou outra cena o chocava, evidenciando um certo desdém pelos habitantes do local e, consequentemente, pela pobreza que desagradavelmente os perseguiam.

Cerca de vinte minutos após terem iniciado a caminhada, Andrés, enfadado, dissera ao pai que estava satisfeito com o que havia visto, manifestando o desejo de retirar-se do local, retornando à sua confortável residência, pois a hora do almoço se aproximava e Dona Esperanza, sua mãe, por certo, já os aguardava.

Na realidade, o jovem sentia nojo do local e das criaturas que ali viviam e que seu orgulho as classificava como gentalha, desprezíveis seres humanos, deserdados pela sorte, fadados ao esquecimento e à miséria.

Em nenhum instante, sua mente, constantemente enlaçada pela soberba, se dera conta de que aquelas humildes criaturas eram as responsáveis pela manutenção e o sucesso dos negócios da família e pela confortável qualidade de vida que ele, sua irmã Pilar e seus pais desfrutavam.

Sem emitir uma só palavra, intimamente decepcionado com as frias atitudes do filho, Dom Fernando sentira arrefecer suas melhores expectativas de que Andrés viesse a compadecerse daquelas sofridas criaturas e lhe propusesse alguma ideia que, de alguma forma, lhes amenizasse as agruras.

Entristecido, atendera, de imediato, o desejo do filho e, minutos após, acompanhado pelo grupo de colaboradores, destinou-se à sua mansão, distante a uns poucos quilômetros dali.

Chegando ao solar, pai e filho foram, alegremente, recebidos por Esperanza e Pilar que os aguardavam no jardim da residência para, em seguida, desfrutarem a refeição que, pontualmente, era servida quando os ponteiros juntavam-se, apontando que a metade do dia já havia sido transcorrida.

Durante o saboroso repasto, Dom Fernando indagara a Andrés quais haviam sido suas impressões a respeito da visita que havia feito ao lugarejo, esperançoso, ainda, de que o filho viesse a demonstrar pelo menos uma réstia de compaixão por aqueles miseráveis seres humanos que lá viviam.

Todavia, com insofismável arrogância, demonstrando o orgulho frívolo da própria ignorância, acompanhado pela frieza de sentimentos que o caracterizavam, dissera, com desdém:

— Ralé, sem educação, sem higiene, sem futuro, destituída de esperança, vivendo num mundo sub-humano que me causara nojo. Vivem como verdadeiros animais, só lhes restando servir para sobreviverem, pois, de nada mais são capazes.

Desagradavelmente impactados pelos comentários impiedosos emitidos por Andrés, envolvidos por um silêncio sepulcral, seus familiares nada disseram, denunciando a decepção e a tristeza que atingiram o íntimo de suas almas bondosas, fazendo-as com que, num átimo, previssem futuros dissabores que o tempo, por certo, haveria de evidenciar.

Finda a refeição, todos se dirigiram à sala de estar e, após breves colóquios, Dom Fernando despedira-se, encaminhando-se para os seus íntimos aposentos, alegando muito cansaço, necessitando assim de alguns momentos de descanso para refazer-se, pois logo mais, importantes compromissos o aguardavam.

Esperanza e os filhos continuaram a dialogar quando, então, Andrés delatara seu vivo interesse em viajar pela a Europa, alegando a importância de conhecer outros lugares, outras civilizações e, assim, poder enriquecer-se com as inúmeras experiências que iria vivenciar e que, certamente, mais o capacitariam para exercer as responsabilidades que a vida, no futuro, lhe destinaria quanto a condução dos negócios da família Monserrat.

Veramente surpreendida pela convicção com que o filho expusera o seu desejo até então por ela desconhecido, Esperanza não conseguira esconder a preocupação que, subitamente, viera furtar-lhe a paz. Assim, com a voz vacilante, dissera a Andrés que, oportunamente, falaria com o esposo e que, por certo, daria o seu consciencioso parecer a respeito do assunto abordado.

Minutos após, terminada a conversação, todos se retiraram, indo ao encontro dos seus afazeres.

Cerca de 45 minutos depois, quando Dom Fernando se encontrava prestes a sair, Esperanza, demonstrando no semblante certa apreensão, colocara o esposo a par do desejo que, há pouco, o filho manifestara, preparando-o para que, assim, pudesse refletir a respeito e, consequentemente, opinar, logo mais à noite.

Após o jantar, quando todos estavam acomodados na sala de estar, Dom Fernando, ilustrando por meio das feições, uma certa alegria, dera seu consentimento ao pedido de Andrés, esperançoso de que, lá fora, o filho viesse a amadurecer em todos os sentidos e, como consequência, responsabilizar-se, enfim, pelos negócios da família que, até então, fora pelo jovem inquestionavelmente negligenciados.

Mais tarde, quando Dom Fernando e Esperanza já se encontravam acomodados no leito, esta demonstrava certa preocupação com a viagem do filho, pois, no fundo, algo lhe dizia que na verdade o objetivo real do filho era o de desfrutar uma maior liberdade que a proximidade e a convivência familiar, até então, não o permitiam. No íntimo de sua alma sensível, Esperanza acreditava que o motivo explicitado por Andrés para que melhor pudesse preparar-se para, no futuro, assumir as rédeas dos negócios da família, fora tão somente um pretexto para que, verdadeiramente, pudesse vir a concretizar seus escusos interesses.

Todavia, o esposo conseguira convencê-la de que seria importante para o futuro do filho, esperançoso de que este retornasse da viagem mais amadurecido e, consequentemente, responsável.

Na véspera da viagem que o jovem iria empreender, Dom Fernando, experiente e precavido, fizera a Andrés inúmeras e importantes recomendações, inclusive, incumbindo-o de ser o portador de uma carta dirigida a Dom Felipe Barraza, seu grande amigo, radicado na França, *expert* no comércio de importação e exportação de bebidas, por meio da qual solicitava-lhe o obséquio de assessorar o filho durante sua estada na capital francesa.

Assim agindo, Dom Fernando conseguira amenizar as preocupações que enlaçavam a esposa, dando-lhe um certo alívio, pois Dona Esperanza conhecia Dom Felipe e sua consorte, Dona Paloma, confiando, plenamente, no caráter íntegro que norteava a vida do casal de amigos, ao qual, de certa forma, estava confiando o filho.

Dom Fernando estava esperançoso de que Andrés, nos contatos que iria manter com Dom Felipe, viesse, de alguma maneira, a interessar-se pelo comércio de vinhos e, por consequência, quando do seu retorno às terras espanholas assumisse as responsabilidades que o aguardavam no tocante às atividades da família Monserrat, iniciando, assim, a concretização do sonho que, há tempo, acalentava, de entregar nas mãos do filho a condução gradativa dos seus negócios, o que, até então, o jovem não dera mostras de querer realizá-lo.

Poucos dias depois, Andrés se encontrava em terras francesas, especificamente, na reluzente Paris, distante da família, como planejara, livre para viver à mercê dos instintos que o atiçavam e que, até aqueles momentos, se achavam enclausurados pela presença constante e responsável dos pais e da sua jovem irmã, orientando-lhe a conduta.

Durante sua estada na cidade luz, a princípio prevista para três meses e que se prolongara para mais outro tanto, Andrés raras vezes desfrutara a companhia do casal de amigos da família, desvencilhando-se, habilmente, dos convites que os anfitriões, por várias vezes, lhe destinaram, até que, desestimulados, deixaram de fazê-los, pois, enfim, compreenderam que o jovem tinha outros interesses e que, suas companhias, certamente, lhe eram enfadonhas.

Os dias corriam céleres e, durante as noites, Andrés extravasava seus instintos, visitando casas noturnas onde o tabaco, o álcool e a sensualidade imperavam, tornando-o refém dos prazeres humanos com os quais sua alma, indolente e frágil, se comprazia.

Enfim, passados seis meses, desolado, Andrés iniciara a viagem de retorno ao lar, portando no bojo das suas malfadadas experiências tão somente as recordações dos efêmeros e irresponsáveis prazeres humanos que, intensamente, vivenciara na luminosa e aconchegante Paris, e que acabaram por aprisioná-lo em suas teias pegajosas, influenciando e comprometendo o seu amanhã.

À sua chegada, logo após os efusivos cumprimentos, abraços e beijos, acompanhados por palavras que demonstravam as saudades e as alegrias do reencontro, os componentes da família Monserrat dirigiram-se à residência para, juntos, desfrutarem o fausto jantar que com esmero lhes fora preparado.

Durante a refeição, as novidades, de ambos os lados, foram a tônica da alegre conversação que acabara por preencher os espaços daquele lar, até então, poupado dos dissabores que a vida costuma destinar.

No dia seguinte, reflexo do cansaço da longa viagem empreendida, Andrés, exceção feita aos momentos das refeições quando se juntava aos seus, passara todo o tempo em seu quarto, prisioneiro das lembranças que as noitadas, febrilmente vivenciadas na luminosa Paris, esculpiram em sua alma.

Nos dias subsequentes, cativo da indolência e do desânimo que não lhe davam tréguas, fora chamado à atenção pelo pai que, desesperançado, notara não existir por parte de Andrés qualquer interesse pelo trabalho, assistindo assim desmoronarem os seus sonhos de que, um dia, o filho viesse substituí-lo na condução dos prósperos negócios da família que, ele, Dom Fernando, tanto prezava.

Mesmo assim, incentivado pela esposa e pela filha, Dom Fernando continuava tentando estimular Andrés a assumir responsabilidades, entretanto, o tempo acabara por conscientizá-lo de que seus sonhos, definitivamente, ruíram.

Os anos foram passando e o comportamento de Andrés nada mudara, sentindo-se feliz apenas quando desfrutava as noitadas de prazeres que seu instinto clamava, desgastando profundamente seus familiares que de tudo sabiam, pois o tempo, novamente, acabara por lhes delatar.

Prisioneiro do orgulho frívolo que o caracterizava, Andrés tratava seus empregados com incontestável arrogância, desprezo e desconsideração, alheio às suas inúmeras dificuldades, regozijando-se com a subserviência que demonstravam, satisfazendo, assim, o seu ego insensível, deserdado pelo menor resquício de fraternidade e compaixão.

Desiludido com o filho, Dom Fernando passara a dirigir suas atenções para o jovem colaborador Esteban que, ao longo do tempo, fora-lhe demonstrando fidelidade absoluta, aliada a um discernimento, aptidão e interesse incomuns para com os negócios da família, passando aos poucos a gerenciá-los com extremosa competência e honestidade.

Assim agindo, tornara-se, gradativamente, o braço direito de Dom Fernando que, pouco a pouco, fora se desvencilhando das responsabilidades que, há muito tempo, lhes pesavam nos ombros, agora cansados pela labuta incessante que empreendera durante tantos anos.

Numa certa manhã, Andrés, ao despertar, surpreso, notara em suas mãos manchas avermelhadas, insensíveis ao tato, de aspecto desagradável e preocupante.

No dia seguinte, seus pés amanheceram inchados, apresentando manchas semelhantes às das suas mãos, ao mesmo tempo que incômoda febre e desagradável mal-estar passaram a visitá-lo.

Até então, Andrés tentara camuflar o que com ele acontecia, porém, extremamente preocupado, acabara por mostrar à genitora o justo motivo das suas apreensões.

Desagradavelmente impactada pelo que acabara de ver, imediatamente, comunicara o fato a Dom Fernando que, por sua vez, apressara-se em apelar para o dr. Santiago, médico da família, para que, urgentemente, viesse à sua residência constatar o que de fato acontecia com Andrés para que, em seguida, pudesse dar seu experiente, confiável e sempre consciencioso diagnóstico.

Chegando à mansão dos Monserrat, o profissional fora, imediatamente, conduzido por um serviçal à presença do casal que, em seguida, o encaminhara até onde o enfermo se encontrava a fim de examiná-lo.

Após alguns minutos de meticulosa avaliação, visivelmente consternado, delatando por meio do olhar e das feições alteradas a viva preocupação que o enlaçara, com a voz embargada, dissera, sem delongas:

— Infelizmente, meu caro Andrés, você é portador de Hanseníase, doença que, até o momento, a medicina não dispõe de meios para curá-la e que, vulgar e descaridosamente, é conhecida por lepra.

O impactante diagnóstico, como dardo afiado, rasgara sem piedade as entranhas daquelas criaturas, quando então, inenarravelmente abalada, Dona Esperanza perdera os sentidos, necessitando dos imediatos préstimos do dr. Santiago para que, instantes após, voltasse à normalidade, passando, a partir daqueles tormentosos momentos, a acompanhar o filho pelas ruelas da dor e da resignação, comungando com ele o calvário que, para si próprio, engendrara.

Arrefecido o choque inicial da infausta notícia, o experiente doutor passara a conscientizar a família quanto às providências urgentes que, a partir daquele momento, deveriam ser tomadas a respeito de Andrés, deixando bem claro que o caráter infeccioso e transmissível da doença poderia afetar as demais pessoas que com ele mantivessem contato, contaminando-as, tornando-se imperativo o imediato isolamento do enfermo para que o mal não viesse a se alastrar, não só junto aos mais próximos, como também às demais pessoas que com ele mantinham contato.

Palidez cadavérica assomara as faces de Andrés que, de imediato, passara a antever o martírio que o haveria de acompanhar pelo resto dos seus dias, com ele transitando pelas estradas tortuosas e sombrias da dor.

Nos instantes seguintes, como que, anestesiado, o enfermo, resignadamente, aceitara o cadafalso que a vida lhe impusera, colocando-se docilmente à mercê das providências que seus pais haveriam de tomar, dali em diante, a seu respeito.

A partir de então, cobrira-se com o manto negro da tristeza, todos os integrantes da família Monserrat, fazendo-os vislumbrar as veredas pedregosas que, irremediavelmente, haveriam de percorrer.

A mansão ocupava extensa e relativamente isolada área rural, distando consideráveis quilômetros do febril burburinho da capital espanhola.

Assim, Dom Fernando não teve maiores dificuldades para seguir o aconselhamento médico que recebera, instalando o infeliz enfermo, no final da tarde daquele fatídico dia, em pequena, mas aconchegante habitação, razoavelmente isolada do resto da propriedade, há pouco desocupada e que servira de moradia para um casal de empregados que prestara serviços nas dependências da elegante mansão.

Naquela mesma noite, Andrés sentira, pela primeira vez, a dor avassaladora da solidão que, irreverente, penetrara no íntimo de sua alma, materializando-se em lágrimas sentidas que deslizaram, incontidas, pelas suas faces, como que pedindo o socorro da caridade alheia que, a partir de então, se transformaria em seu único lenitivo.

Isolado do mundo, passara a curtir as angústias que a enfermidade, para ele, reservara, fazendo-o vislumbrar o triste amanhã que, certamente, haveria de vivenciar.

A doce Pilar, incondicionalmente, passara a ser o seu anjo da guarda, levando-lhe alimento, livros e tudo aquilo de que necessitasse, mantendo, a relativa distância, diária e carinhosa conversação, procurando incutir no irmão o necessário bom ânimo para que pudesse enfrentar o martírio que a vida lhe destinara.

Seus pais, por sua vez, com amorosa constância iam visitá-lo, intentando aliviar-lhe as agruras da solidão e do crudelíssimo isolamento.

Assim, para o pobre Andrés, os meses arrastavam-se, morosos, pela esteira do tempo.

Aos poucos, fora percebendo a doença alastrar-se por todo o corpo, deformando suas mãos, seus pés, partes do seu rosto, atrofiando seus músculos, prejudicando inclusive sua visão, ao mesmo tempo que feridas de aspecto desagradável e disformes surgiam, traçando um quadro de horrores que o espelho, sem compaixão, expunha.

Os anos foram passando quando, num final de tarde, Andrés, silenciosa e resignadamente, dissera adeus à vida, deixando no chão da Terra seu corpo ferido e deformado, retrato fiel do calvário pelo qual transitara.

Enfim, seu Espírito se desvencilhara daquela carcaça apodrecida que lhe servira de redentor veículo, enquanto vivo permanecera.

Assim, o Espírito Andrés partira para o além, levando consigo as lições dolorosas que a vida lhe impusera e que, por certo, acabaram por burilar sua intimidade, predispondo-o, num futuro, a seguir novos rumos, vivenciando novas e profícuas encarnações.

Após o seu desenlace, Dom Fernando, outrora Ramon, o injusto supliciado, Dona Esperanza, anteriormente a jovem e enamorada Isabel, e Pilar, ex-Dona Mercedes, puderam, enfim, sentir como que suave brisa acarinhasse suas almas sofridas, fazendo-as desfrutar o merecido alívio por terem cumprido, amorosa e abnegadamente, suas missões junto a Andrés, outrora o insensível e cruel Dom Alfonso de Aragón.

Assim agindo, os integrantes da família Monserrat o ajudaram a enfrentar os difíceis obstáculos da vida, incitando-o a sobre eles refletir, procurando entender-lhes a mensagem para, assim, poder evoluir, caminhando pelas sendas perfumosas do verdadeiro amor.

Caro leitor:

Ao longo das nossas jornadas encarnatórias, a justiça divina, infalivelmente, nos oferece inúmeras oportunidades para que possamos fazer luzir as nossas almas, ainda tão distantes da luz incomparável emanada pelo Cristo Jesus, a fim de que, Dele, aos poucos, venhamos a nos aproximar.

Ao navegarmos por sobre as linhas e parágrafos que compõem este conto, podemos aquilatar as dolorosas provas que Andrés tivera de enfrentar para que sua alma, até então prisioneira do desamor, tivesse significativo ensejo para intentar resgatar os lamentáveis erros que, cruelmente, cometera com o próximo, em anterior encarnação.

Naquela existência, ostentando o pomposo título de Dom Alfonso, exibindo, orgulhoso, o respeitado e temido brasão da linhagem dos Aragón, amparado pela fortuna e pelo poder, exorbitara em suas palavras, atitudes e ações, deserdadas que foram, pelos mínimos resquícios de humanidade, delineando, assim, os contornos das áridas e obscuras estradas por onde, em posterior oportunidade, haveria de transitar.

Enlaçado pelo ódio visceral que percorria, incontido, a intimidade de sua alma, impingira, sem piedade, injusto martírio ao jovem Ramon, mantendo-o aprisionado em minúsculo e fétido calabouço, impondo-lhe inenarrável sofrimento, incontestável solidão e o mais absoluto desprezo.

Todavia, o Pai da Vida concedera-lhe nova oportunidade reencarnatória para que, como Andrés, fazendo-se acompanhar pela cruel hanseníase, pudesse reparar os graves erros que houvera cometido, sentindo-se impelido a percorrer, sem apelação, as mesmas veredas da dor, da solidão e do desprezo a que obrigara, cruel e injustamente, o jovem Ramon por elas seguir.

Protegido e amado por Dom Fernando, ex-Ramon, Dona Esperanza, ex- Isabel, e Pilar, ex-Mercedes, que o receberam como filho e irmão querido, perdoando-o, incondicionalmente, pelos sofrimentos que, outrora, os fizeram passar, Andrés, ex-Dom Alfonso de Aragón, haveria de enfrentar pungentes desafios que, se valente e resignadamente vencidos, o haveriam de libertar das pegajosas amarras do seu instinto asselvajado, fazendo-o sentir o perfume inebriante da presença de Jesus, acompanhando-lhe os passos.

6

Senhora da vida e da morte

"Ao deixarmo-nos conduzir pelas mãos descaridosas da inconsequência e da irresponsabilidade com respeito aos direitos alheios, haveremos de cometer para com o próximo inumeráveis faltas, que somente as dores do remorso e a consequente reparação serão capazes de amenizar as nossas culpas."

Antes...

As nuvens escuras que encobriam a exuberante capital francesa, prenunciando chuva abundante, como por encanto, se dissiparam, fazendo com que um azul-celeste, lindíssimo, se descortinasse, enfeitando o céu, enaltecendo a vida.

Naquela tarde de domingo, na luxuosa residência do casal Vincent e Claire, sua jovem filha, Marie, grávida de quase nove meses, juntamente com o esposo Antoine, ali se encontravam, desfrutando agradável conversação, enquanto saboreavam deliciosos biscoitos, acompanhados por reconfortante chávena de chá.

Antoine cercava a jovem gestante de todas as atenções e carinhos, fazendo-a sentir-se verdadeiramente amada, encorajando-a a aguardar, feliz, o momento em que se tornaria mãe.

Os pais de Marie, ansiosos, porém, radiantes, anteviam a filha espargindo felicidade, aconchegar em seu doce regaço o bebê que, esperavam, lhes haveria de preencher os dias com a contagiante ingenuidade infantil, devolvendo-lhes a alegria que, desde a morte dos pais de Antoine, de certa forma, parecia haver deles se distanciado.

Enquanto o diálogo prosseguia prazeroso, Marie sentira suave contração vindo visitá-la, induzindo-a a ficar mais atenta a respeito, pois, se voltasse a ocorrer, ficaria evidente que o momento do parto se avizinhava, solicitando as devidas providências.

No mesmo instante, a futura mamãe dirigira o olhar mesclado de felicidade e apreensão para Claire que, de imediato, percebera o apelo silencioso que a filha lhe endereçara.

Comovida, aproximara-se de Marie, abraçando-a com indescritível ternura, colocando, em seguida, delicadamente, a mão sobre o seu ventre, quando então sentira-o movimentar-se, como que sinalizando a ambas que o momento tão aguardado estava cada vez mais próximo.

Após trocarem entre si algumas poucas e quase inaudíveis palavras, Marie, esforçando-se para manter a calma, comunicara o ocorrido para Antoine e Vincent que, de pronto, passaram a tomar as providências que se faziam necessárias para encaminhá-la ao hospital para, ali, receber os cuidados que, ao que tudo indicava, se faziam iminentes.

Lá chegando, a gestante fora rapidamente encaminhada para a sala de partos, enquanto que os demais membros da reduzida família passaram, apreensivos, a aguardar notícias na sala de espera.

Após cerca de 45 minutos de ansiosa expectativa, simpático doutor adentrara o recinto, trazendo nos lábios confiante sorriso que, por si só, a todos tranquilizara, dizendo-lhes:

— O parto transcorrera com naturalidade, sem surpresas. A jovem mamãe passa bem, o mesmo ocorrendo com a sua saudável filhinha.

Lágrimas abundantes passaram a deslizar pelas faces de Antoine, Vincent e Claire, exteriorizando as fortes emoções que, naqueles inesquecíveis instantes, percorriam a intimidade das suas almas, cativas do amor.

Quinze minutos depois, todos, radiantes, através do vidro que protegia o berçário, foram apresentados à pequenina Charlotte que, nos braços de delicada enfermeira, viera-lhes ao encontro.

Após três dias de permanência no hospital, Marie recebera alta quando, então, acompanhada pela recém-nascida e por Antoine, dirigira-se para a casa dos pais, atendendo-lhes o convite para ali permanecerem até que Marie viesse sentir-se confiante para, sozinha, cuidar da filha.

O tempo fora passando, enquanto que Charlotte atraía para si todas as atenções da família que, desde o seu nascimento, se sentira enlaçada pelas alegrias que passaram a adornar-lhes as horas, os dias, os meses.

Cerca de três meses haviam transcorrido quando, durante um almoço dominical, Marie, de comum acordo com o esposo, manifestara aos pais o desejo de retornar para a sua residência, pois se sentia devidamente preparada para enfrentar as responsabilidades que a doce maternidade lhe haveria de destinar.

Após ter se expressado, silêncio absoluto se fizera presente, quando visível palidez tingira os rostos dos avós, ao mesmo tempo que disfarçadas lágrimas vieram visitar os seus olhos, denunciando o impacto que a inesperada notícia lhes havia causado.

Abalada, não conseguindo controlar as emoções que a envolveram, com a voz embargada, evidenciando todo o seu momentâneo desencanto, Claire dissera:

— Meus queridos, eu e Vincent, há tempos, vimos dialogando a esse respeito e, acredito, é chegado o momento de externar-lhes o nosso pensamento. Para tal, peço ao meu esposo que exponha o nosso mais sincero desejo.

Vincent, esforçando-se para, emocionalmente, recompor-se, intentando aparentar relativa calma, lhes dissera:

— Estes meses que desfrutamos das suas companhias, com toda a sinceridade, foram os mais felizes das nossas vidas.

— A pequenina Charlotte, a cada momento, nos presenteia com sua ingênua e amorável presença, enfeitando os nossos dias, ensejando-nos mais motivação para que continuemos exercitando-nos pelas estradas da vida, levando em nossas almas a imensa alegria de termo-nos tornado avós.

— Desde que Marie se casara consigo, meu caro Antoine, deixando esta casa, a saudade da sua presença nunca mais se apartara de nós, tornando-nos, eu e Claire, cativos da melancolia e da solidão.

— Porém, com a vinda de vocês para junto de nós, trazendo em seus braços a pequenina Charlotte, a felicidade voltara a enfeitar as nossas existências, presenteando-nos com novo alento e novas expectativas.

— Felizmente, com a devida modéstia, habitamos confortável e ampla propriedade, com espaço suficiente para, dignamente, acolhê-los como definitivos moradores e assim podermos viver em harmonia e paz, usufruindo, eu e Claire, da companhia de todos vocês.

— Porém, por agora, lhes pedimos para não nos darem nenhum parecer a respeito, apenas reflitam e, tão logo cheguem a uma conclusão, nos comuniquem.

— Eu e Claire, confessamos-lhes que ficaríamos imensamente felizes se vocês viessem a aceitar o nosso convite. Entretanto, mesmo que, por alguma razão, isto não venha a ocorrer, tenham a certeza de que a decisão que tomarem será por nós respeitosa e resignadamente acatada.

O jovem casal entreolhara-se, acumpliciando-se, silenciosamente, no desejo de aquiescerem ao sincero convite que os avós acabaram de lhes endereçar. Assim sendo, Antoine, convicto de que receberia o devido consentimento por parte da esposa, a respeito do parecer que iria dar, externando um leve sorriso, dissera:

— Nestes poucos meses que aqui permanecemos, eu, particularmente, tive a oportunidade de melhor conhecê-los, meus sogros, quando, então, pude aquilatar a bondade que envolve as suas almas, bem como o amor imensurável que demonstram, a cada instante, pela nossa Charlotte.

— Meu coração fora sendo cativado pelas suas sinceras e amoráveis companhias, fazendo-me sentir à vontade para responder, de pronto, o convite que acabaram de nos fazer, tendo a certeza de que contarei com o aval da minha esposa.

— Assim, eu, Marie e Charlotte, felizes, aceitamos a irrecusável proposta, comprometendo-nos a honrá-la, esforçando-nos para que as alegrias continuem a imperar neste lar que, generosamente, nos acolhe.

Emoções, lágrimas e abraços, incontidos mesclaram-se, como que celebrando aqueles inesquecíveis momentos, adornados que foram pela doce fraternidade e incondicional amor.

O tempo fora passando, enriquecendo com novas experiências aquela família, inquestionavelmente focada na delicada Charlotte, cobrindo-a de incessantes mimos e, por vezes, de exageradas preocupações.

Dez anos haviam transcorrido, desde o nascimento de Charlotte, quando iremos encontrar a unida família desfrutando saboroso e variado desjejum.

A conversação, despretensiosa e alegre, singrava os espaços, quando Vincent, rico e experiente comerciante do ramo de tecidos, dirigindo a palavra para o genro, assim se manifestara:

— Antoine. É notório que os anos já se fazem sentir sobre o meu corpo físico, limitando o seu desempenho.

— Em vista disso, de comum acordo com Claire, estou, agora, fazendo-lhe um pedido em forma de proposta. Ficaríamos felizes se você aceitasse o nosso convite para vir trabalhar em nosso comércio, assumindo, gradativamente, as responsabilidades que, até então, venho exercendo para, oportunamente, assumir em definitivo a condução total dos negócios. Se você concordar, me sentirei liberto das obrigações que me aprisionam, podendo, enfim, usufruir do meu tempo para dedicar-me, integralmente, a esta família que tanto amo.

Antoine que, há anos, militava como gerente em uma das principais lojas de importante rede de magazines, agradavelmente surpreendido pelo convite, imediatamente se sentira visitado por emocionada expressão facial que, por si só, evidenciava sua total aceitação quanto à proposta que Vincent acabara de lhe destinar.

Em seguida, irradiando alegria, instintivamente se levantou, indo ao encontro do sogro, abraçando-o, agradecido pela confiança e consideração nele depositadas.

A partir de então, Antoine fora, paulatinamente, assumindo o controle da empresa. Com o passar do tempo, começara a sentir-se sobrecarregado de responsabilidades que, impassíveis, vinham ao seu encontro, exigindo-lhe soluções, forçando-o a empreender frequentes viagens para manter a prosperidade dos negócios, vendo-se, assim, impossibilitado de desfrutar, mais amiúde, o doce convívio familiar que tanto prezava.

Filha única, Charlotte era cercada de todas as atenções, principalmente pelo pai que, sentindo-se culpado pelas suas constantes ausências junto a família, procurava compensar esta lacuna, atendendo, incondicionalmente, todas as vontades da filha que, aos poucos, fora tornando-se uma criança irreverente, voluntariosa e insaciável em seus desejos, como se todos os seus familiares estivessem à mercê dos seus infantis caprichos.

Essa maneira de ser a acompanhava por todas as partes, fazendo com que fosse vista pelos outros como uma criança arredia, desagradável, indelicada até, não conseguindo fazer e muito menos manter amizades.

Os anos foram passando e, com eles, recrudesceram essas suas desagradáveis tendências, para frustração e tristeza de todos os seus familiares, mormente da amorável Marie que, incansavelmente, desdobrava-se em atitudes e conselhos, intentando modificar o gênio impulsivo e prepotente que a filha deixara enraizar-se no interior da sua alma.

Sem consegui-lo, realmente insatisfeita com a conduta de Charlotte que contava 15 primaveras, Marie sentira-se impelida a tomar importante decisão que, acreditava, haveria de fazer bem à filha, estimulando-a a seguir por outras estradas, mudando seu comportamento e atitudes, acabando por tornar-se uma jovem mais responsável, valorizando os seres humanos que estavam à sua volta, enaltecendo, enfim, a vida.

Terminado um dos jantares dominicais, quando toda a família se encontrava reunida na sala de estar, exceto Charlotte que já havia se dirigido para o quarto, Marie, visivelmente preocupada, passara a expor o que seu coração de mãe, há tempos, vinha sentindo a respeito da filha, assim dizendo:

— Todos nós, não tenho dúvidas, estamos de certa forma descontentes com o comportamento arredio, arrogante e voluntarioso que Charlotte vem apresentando, não só junto as pessoas, em geral, como também, junto a nós mesmos, seus familiares, que a presenteamos com toda a nossa atenção, carinho e amor.

— O orgulho frívolo que a acompanha acabara por torná-la uma jovem de difícil convívio, induzindo as pessoas a dela se afastarem, incomodadas com suas palavras e atitudes, deixando-a só, à mercê dos seus inexperientes pensamentos e dos seus próprios sonhos, alicerçados que estão nas futilidades que o mundo é pródigo em oferecer, acabando por comprometer o seu hoje e também o seu amanhã.

— Sem querer alongar-me, pois tenho a certeza de que tudo o que dissera vocês compartilham comigo, penso que uma das maneiras para tentarmos corrigir esta conduta equivocada que Charlotte vem apresentando, sem que consigamos, apesar de todos os nossos esforços, modificá-la, é colocando-a em um internato, na esperança de que ali venha a valorizar as responsabilidades, construindo para si mesma um novo porvir.

Vincent, Claire e mesmo Antoine, surpreendidos pelos conscienciosos argumentos que Marie acabara de lhes expor e que espelhavam a incômoda realidade, não disseram nenhuma palavra, demonstrando pelo silêncio, suas respectivas concordâncias para com o que lhes fora apresentado.

Na noite seguinte, logo após a refeição, Vincent e Marie convidaram Charlotte para fazer-lhes companhia na sala de estar, pois tinham importante assunto para com ela tratar.

Devidamente acomodados, os pais da jovenzinha foram, gradualmente, colocando-a a par das suas intenções, ressaltando a importância que tal experiência iria proporcionar à filha, preparando-a para melhor enfrentar o futuro que, aos poucos, se avizinhava.

Finda a explanação, os pais ficaram surpresos com a imediata concordância de Charlotte para com a proposta, pois não esperavam esta sua pacífica atitude.

Todavia, não imaginavam que a jovenzinha sentia-se feliz com a notícia, acreditando, assim, poder libertar-se da presença constante da genitora que, quando necessário, colocava limites em sua conduta, estimulando-a a refletir sobre o seu comportamento, na tentativa de que viesse valorizar tudo aquilo com que a vida lhe presenteava.

Devidamente motivada pelos egoísticos interesses que enlaçavam a sua alma, passara a cobrar dos pais as providências necessárias para que sua transferência para o internato se concretizasse o mais rapidamente possível.

Sonhava em poder livrar-se da opressão que, equivocadamente, julgava que os pais sobre ela exerciam, quando, na realidade, procuravam apenas orientá-la a seguir pelas estradas da responsabilidade, do respeito ao próximo e do amor, na esperança de poder poupá-la das difíceis, porém, esclarecedoras lições que a vida por vezes nos direciona, tentando reconduzir-nos para as veredas do bem que o Cristo Jesus para nós traçara quando aqui, neste redentor planeta de provas e expiações, estivera.

Finalmente, após tomadas as providências necessárias para a transferência de Charlotte, acompanhada pelos pais, a jovem é acolhida pelo Liceu Saint Michel para, ali, dar continuidade aos seus estudos.

A diretora, sóror Isabelle, demonstrando indisfarçável altivez, educadamente recepcionara os visitantes, acompanhando-os, sem perda de tempo, ao seu escritório, cujo mobiliário antigo e escuro dava ao local um aspecto austero, sombrio até, sem dúvida desagradável a qualquer pessoa que ali adentrasse.

Devidamente acomodados, sem rodeios, madre Isabelle dirigira a palavra para os pais de Charlotte, sem destinar, uma só vez, o olhar para a adolescente, dela não fazendo caso, como se ali não estivesse presente.

Com inquestionável soberba, passara a discorrer sobre as regras que norteavam aquele estabelecimento de ensino, o qual dirigia com severidade, assim como as responsabilidades que caberiam à jovem estudante enquanto ali permanecesse, quando, então, pela primeira vez, encaminhara o olhar para Charlotte, colocando-a a par das admoestações e corrigendas que haveriam de ser-lhe impostas, caso viesse a infringir as normas estabelecidas.

Antoine e Claire, cientes de que a filha naquele difícil momento da adolescência necessitava que pulsos fortes a conduzissem pelas estradas da vida, conformaram-se com a autoritária atitude da madre, aguardando que o tempo passasse, confirmando ou não suas expectativas.

Charlotte, tendo o orgulho ferido pelo tratamento desdenhoso que recebera por parte da diretora da instituição, a partir daqueles instantes criara verdadeira antipatia pela sua pessoa, aguardando um momento oportuno para, de alguma maneira, vingar-se do desprezo de que fora alvo, satisfazendo então o seu egocentrismo caprichoso e inconsequente.

Com o passar dos dias, Charlotte fora conhecendo as características da instituição e das irmãs de caridade que ali militavam, utilizando-se ardilosamente de espertezas, por vezes acompanhadas de mentiras, para conseguir os seus intentos, ludibriando em seu próprio benefício aquelas bondosas religiosas que, em princípio, nela confiavam.

Neste tempo, fizera amizade com Marguerite, jovem estudante também ali sediada, cujo caráter ao dela muito se assemelhava, compartilhando escusas confidências, durante as quais seus íntimos e irresponsáveis pensamentos vinham à tona, desnudando suas almas ainda cativas do instinto e do desamor.

Fúteis, inconsequentes, bem distantes das sendas da fraternidade e do respeito ao próximo, foram, pouco a pouco, enveredando por caminhos obscuros e tortuosos que lhes haveriam de trazer, no futuro, tristes e dolorosas consequências.

As duas amigas, formando um condenável conluio, esmeravam-se na criação de planos que visavam, unicamente, colocar outras colegas e mesmo os mestres em situações delicadas, comprometedoras até, para depois rirem a valer, vendo realizadas as suas irresponsáveis e maliciosas intenções.

Todos os sábados, padre David ali pernoitava para, no dia seguinte, presidir a missa dominical, ocasião em que todas as alunas eram convocadas a comparecer, prestigiando o evento.

Sóror Isabelle, quando se encontrava na presença do religioso, deixava de lado toda a sua altivez, substituindo-a por desmesuradas atenções para com ele, apesar de destituídas de quaisquer outras intenções, a não ser o respeito incondicional que ao sacerdote devotava, por vezes, deixando-o mal a vontade, até mesmo constrangido com tais excessos.

Num desses domingos, ao término de mais um ofício religioso, quando o padre David já se encontrava na sacristia retirando os paramentos que utilizara durante a celebração, fora, educadamente, abordado pela madre que, naquele momento, o convidara, excepcionalmente, para celebrar a missa na próxima quinta-feira, ocasião em que a instituição educacional iria comemorar 50 anos de relevantes serviços à sociedade.

O sacerdote, lisonjeado de imediato, aceitara o honroso convite, colocando-se à disposição de sóror Isabelle para a realização do evento.

Agradecida, a madre superior, espontaneamente, pegara uma das suas mãos osculando-a, respeitosamente, ilustrando a alegria que desfrutava pela aceitação do convite que, há pouco, destinara ao religioso.

Sem que notasse, Charlotte e Marguerite, ardilosas, pelo vão da porta entreaberta, acompanharam as cenas que, despretensiosamente, na sacristia se desenrolaram.

Suas mentes irresponsáveis, ainda descompromissadas para com as inumeráveis nuanças da vida, acabaram por convertê-las em motivo de falsos e insinuosos comentários, colocando em risco a integridade moral, inatacável, dos religiosos.

Assim, como um rastilho de pólvora, a simples e natural ocorrência se transformara no assunto principal das conversas entre as estudantes que, a partir de então, passaram a destinar olhares matreiros para sóror Isabelle, acompanhados por sorrisos maliciosos que delatavam os pensamentos malsãos que pairavam em suas mentes, ainda distantes das responsabilidades que somente o tempo haveria de lhes presentear.

A mentirosa notícia acabara por chegar aos ouvidos de alguns pais que, sem maiores averiguações, aceitaram o que era apenas maldoso boato, como se fosse cristalina verdade, sentindo-se impelidos a se reunirem a fim de tomarem as medidas que achavam cabíveis ao caso.

Após as devidas avaliações, chegaram à conclusão de que um representante do grupo deveria procurar o monsenhor Delfim, autoridade máxima que regia os destinos daquela conceituada casa de ensino, a fim de colocá-lo a par dos acontecimentos, na expectativa de que viesse tomar as providências necessárias para solucionar o desagradável impasse.

Por ironia, Antoine, o pai da principal fomentadora do boato, fora o escolhido para desempenhar a referida missão.

Dias após, eis que Antoine encontrava-se na presença do monsenhor, passando a relatar-lhe o fato ocorrido que, a princípio, levantava sérias suspeitas quanto ao procedimento, no mínimo, leviano da madre Isabelle que, devido ao importante cargo que ocupava na conceituada instituição, deveria ser exemplar, sem qualquer possibilidade de suspeição, digno de todo respeito e confiabilidade.

À medida em que o religioso inteirava-se do assunto, suas faces iam empalidecendo, deixando transparecer o desconforto que o relato lhe causava, incitando-o, depois das devidas reflexões, a tomar as providências que o caso exigia.

Terminada a exposição, o simpático monsenhor, visivelmente abalado com o que acabara de ouvir, tentando, sem todavia conseguir disfarçar o impacto de que fora alvo, esboçara leve sorriso, agradecendo a informação recebida, deixando bem claro ao seu interlocutor que haveria de averiguar, com mais profundidade, o assunto e que, oportunamente, o colocaria a par da sua resolução.

Em seguida despediram-se, ficando o religioso prisioneiro dos pensamentos que acabaram por roubar-lhe a paz.

No dia seguinte àquela que fora desagradável reunião, monsenhor convocara a madre superiora para vir à sua presença, fazendo-se acompanhar pelo padre David, pois tinha importante assunto para com eles esclarecer.

O monsenhor, experiente, possuidor de aguçada e fraternal inteligência, sempre acompanhada por intocável senso de justiça, à medida que tomava conhecimento das explicações que iam sendo dadas pelos implicados e que lhe pareceram espontâneas, sinceras e convincentes, fora se apercebendo das lacunas que a acusação apresentava, deduzindo, acertadamente, que os religiosos, por motivos desconhecidos, haviam sido alvos de abominável calúnia, isentando-os de qualquer possibilidade de culpa.

Concluídas as explicações, amena conversação se fizera presente entre eles, delatando o alívio que de todos se apossara.

Acalmados os ânimos, passaram a delinear a conduta que haveriam de adotar com respeito ao caso.

Dias após, convidado pelo monsenhor, Antoine comparecera à sala da diretoria do estabelecimento de ensino, sendo, cordialmente, recebido pelo religioso.

Instantes depois, sóror Isabelle e padre David deram entrada ao local, ilustrando em suas fisionomias a tranquilidade característica das criaturas que nada têm a dever, cujas consciências estão em absoluta paz.

Após os recíprocos cumprimentos, monsenhor Delfim, calmamente, com objetivas palavras, passara a reportar-se sobre a desagradável ocorrência de dias atrás que, analisada superficialmente, a princípio, abalara a integridade moral dos implicados que, naquele momento, ali se encontravam presentes, dispondo da justa oportunidade de exporem suas respectivas versões sobre o caso em questão.

Em seguida, sóror Isabelle, com visível tranquilidade, iniciara sua fala que, quando se fazia oportuno, era enriquecida pelas justas e inteligentes intervenções que o padre David fazia, ambos delatando por meio dos olhos, da expressão facial e da tonalidade da voz, a serenidade dos inocentes que nada devem ao mundo.

Terminada a explanação pelos acusados, Antoine estava convencido da inocência de ambos e que tudo não passara de inconsequente boato que alguma mente maliciosa engendrara.

Satisfeito com as explicações que recebera, Antoine, em nome de todos os pais que representava, pedira desculpas aos religiosos pelos transtornos causados.

A seguir, saboreando delicioso chá, todos, conjuntamente, colocaram um ponto final naquele que fora constrangedor episódio.

Com a resolução pacífica do problema criado pela descompromissada e irresponsável atitude de Charlotte e Marguerite, o colégio voltara a sua normalidade, cumprindo com o papel que lhe era destinado.

Charlotte, principalmente, ficara um tanto quanto decepcionada com o desfecho dado à ocorrência, pois sua alma ainda aprisionada pelo desamor esperava que sóror Isabelle viesse a sofrer punições por parte dos seus superiores, o que não correra, fazendo malograr o seu plano de desforra para com a religiosa, só porque a considerava prepotente, autoritária, não tendo, na realidade, nenhum outro motivo que pudesse deslustrar a sua conduta irrepreensível, sempre pautada pela moral cristã e pela disciplina.

A jovem instável nos seus pensamentos, sentimentos, palavras e ações, com a mesma rapidez com que se empolgava por alguma coisa ou pelas pessoas, delas desistia, enfadada, sentindo-se estimulada a vivenciar outras experiências que pudessem lhe oferecer novas alegrias e prazeres.

Após cinco anos de permanência naquela instituição de ensino, Charlotte, com 20 anos de idade, concluirá sua formação cultural, predispondo-se a dar continuidade aos seus estudos, dedicando-se à pintura, pela qual demonstrava certa vocação.

Assim, acabara por convencer os pais a matricularem-na em renomada escola de artes, onde poderia desenvolver todo o potencial que estava latente em sua alma volúvel e sonhadora.

Marguerite, por sua vez, não demonstrava a mínima inclinação pelas artes, porém, deixando-se convencer por Charlotte, matriculara-se também na referida escola, motivada pelo fato de poder continuar desfrutando a amizade que, entre elas, florescera durante o período escolar.

Enquanto Charlotte assimilava, com facilidade, as orientações e as técnicas que lhe eram ministradas pelos mestres,

Marguerite tentava superar suas limitações, com persistente dedicação, intentando acompanhar o progresso que, sem esforço, Charlotte demonstrava.

Durante este tempo, vieram a conhecer Gilbert, jovem e talentoso pintor, de beleza máscula, porte esguio e elegante, linguajar gentil e sensual, que acabara por seduzi-las, despertando-lhes sentimentos, envolvendo os seus corações.

Iniciava-se, assim, uma desagradável competição entre as jovens, esfriando a amizade que tempos atrás as unia, fazendo-as tornarem-se, aos poucos, adversárias, verdadeiras inimigas, pois acalentavam o mesmo e indivisível sonho de conquista.

Gilbert, apercebendo-se dos sentimentos que as jovens lhe dedicavam, vaidoso e inconsequente, passara sutilmente a provocá-las, acirrando a disputa entre ambas, envolvendo-as nas teias das emoções.

As ex-amigas passaram a não mais se falar e, quando por força das circunstâncias se viam obrigadas a fazê-lo, o tom e a rispidez das palavras empregadas denotavam o desprazer que lhes fazia companhia, ao mesmo tempo que chispas odientas eram lançadas por meio dos seus olhos, deixando extravasar o ciúme que fustigava suas almas, conduzidas pela inconsciência que delas não se apartava.

Assediada por Espíritos ainda ignorantes, destituídos de qualquer resquício de fraternidade, Charlotte passara a agasalhar em sua mente pensamentos malsãos que, aos poucos, foram induzindo-a a cometer desatinos que acabariam por mudar o rumo da sua vida, comprometendo o seu futuro.

Mentalmente passara a traçar plano infeliz que, acreditava, iria permitir-lhe em definitivo dispor da companhia exclusiva do jovem ao seu lado para, juntos, poderem usufruir a tão decantada felicidade.

Decidira-se, por fim, seduzi-lo a qualquer custo, mesmo que para tanto viesse a perder o respeito para consigo mesma, sacrificando até sua própria dignidade.

Assim, todas as vezes em que se encontrava na presença do jovem pintor, Charlotte esmerava-se nas provocações, insinuando-se maliciosamente, não lhe deixando dúvidas quanto às suas levianas pretensões.

Com o passar do tempo, Gilbert fora sendo indisfarçadamente assediado pelas incursões da moçoila, despreocupada com o que as pessoas poderiam pensar a seu respeito, tal o obstinado desejo de conquista que sua mente, em desarmonia, fazia questão de manter.

Ardilosa, sem que seus familiares soubessem, Charlotte passara a encontrar-se com o jovem, desfrutando, juntos, momentos de relativa intimidade que, gradualmente, foram se tornando mais ousados e inconsequentes.

Marguerite, certificando-se de que Gilbert e Charlotte estavam mantendo um romance, passara a empregar as mesmas armas de sedução que a adversária se utilizava, objetivando, assim agindo, trazer o jovem para junto de si, conquistando-o.

Charlotte, sentindo-se ameaçada em seus propósitos, temerosa quanto as atitudes que Marguerite poderia vir a tomar para alcançar os seus objetivos, corroída pelo ciúme avassalador que passara a não lhe dar tréguas e, ao mesmo tempo, inspirada pelos Espíritos malsãos que a acompanhavam, dia e noite decidira-se inapelavelmente a entregar-se de corpo e alma para o pintor, confiante de que viesse, desta forma agindo, enlaçá-lo, comprometendo o amante, induzindo-o a assumir as responsabilidades que, para ele, estava projetando.

Quando se encontrava na escola de artes, era toda atenciosa e gentil para com os frequentadores, todavia, quando estava na presença dos seus pais e avós, mostrava-se arredia, impaciente, desdenhosa até, raras vezes predispondo-se ao diálogo, deles distanciando-se cada vez mais, ilustrando o egoísmo que norteava a sua conduta, sempre pautada pela frieza e ingratidão.

Julgando-se autossuficiente para decidir o próprio destino, não dando ouvidos a qualquer tipo de aconselhamento, caminhava pelas estradas da vida como se delas conhecesse todos os atalhos, quando, na verdade, seduzida pelos efêmeros e enganosos apelos do mundo, equivocava-se, traçando, aos poucos, suas próprias e tortuosas veredas que, no amanhã, seus pés, cansados, haveriam de trilhar.

Cativa dos maus pensamentos que Espíritos inescrupulosos lhe endereçavam, sentia-se cada vez mais propensa a dar-lhes guarida, colocando-os em prática.

No início de uma cálida noite de segunda-feira, alegando aos pais ter sido convidada para uma vernissage no atelier do seu professor de pintura, Charlotte deixara sua residência, partindo, resoluta, em busca dos seus sonhos.

Sem refletir a respeito da insânia que estava prestes a cometer, deixando-se em tão pouco tempo conduzir pela paixão intempestiva, Charlotte era a imagem fiel da ansiedade e do desequilíbrio.

Com os cabelos negros soltos, caídos delicadamente sobre os ombros nus, as faces rosadas, os lábios e os olhos caprichosamente maquiados e o corpo adornado pelo traje vistoso, provocante e sensual que ressaltava os seus exuberantes contornos, no clamor da juventude, Charlotte demandara-se para o atelier de Gilbert, com o firme propósito de seduzi-lo, fasciná-lo, esperançosa de que, assim agindo, talvez viesse a engravidar, enlaçando definitivamente o amante.

Desta forma ardilosa, esperava comprometer moralmente o jovem, tornando-o cúmplice do seus condenáveis anseios, fazendo-o crer-se culpado por não ter conseguido resistir aos seus próprios instintos, arrojando-se, irresponsavelmente, na busca do tresloucado prazer carnal, alheio às possíveis consequências que tal atitude poderia vir a provocar na sua vida e na da moçoila.

Ali chegando, fizera-se anunciar. Momentos depois, Gilbert, tentando recompor-se, portando em uma das mãos uma taça de alcoólico, evidenciando estar levemente entontecido, viera atender à porta.

Surpreendido pela inesperada visita, não conseguira evitar, apesar de ter tentado, que Charlotte, intempestiva e ousada, adentrasse o local.

A jovem, em momento algum, imaginara a cena desagradável que diante dos seus olhos estarrecidos se desenrolara, causando-lhe inenarrável dor e decepção. Sentira como se um punhal invisível em sua alma penetrasse, rasgando-lhe as entranhas, fazendo ruir, inapelavelmente, os seus nefastos sonhos.

Bem à sua frente, provocantemente deitada em confortável divã, quase desnuda, Marguerite ali se encontrava, demonstrando por meio de irônico e vitorioso sorriso, a cruel satisfação que experimentava, vendo o sofrimento atroz que, naqueles momentos, a amiga de outrora, ora adversária, vivenciava.

Profundamente ferida em seus brios de mulher, considerando-se vilmente traída, quase a desfalecer, antes de deixar o local, Charlotte, num esforço supremo, conseguira reunir todas as suas débeis forças e, sem emitir uma só sílaba, destinara seu olhar odiento em direção a Gilbert, delatando toda a dor que, indomável, percorria as entranhas da sua alma.

A partir daqueles sofridos momentos, Charlotte haveria de modificar sua conduta, pois, descrendo dos seres humanos, do mundo e da vida, acabaria delineando, para si própria, um triste e comprometedor amanhã.

Desde então, irremediavelmente desiludida para com tudo e com todos, Charlotte deixara-se envolver pelas teias escravizantes do ressentimento e do pessimismo que, aos poucos, fora enregelando o seu coração, tornando-o refém da desconfiança, da indiferença e do desamor para com todos aqueles que viessem a cruzar os seus caminhos.

Arredia, constantemente mal-humorada, distanciando-se da alegria e do convívio amoroso com seus familiares, sentindo-se enganada e preterida, Charlotte começara a desenhar em sua mente enferma um plano de vingança, com o propósito de infernizar a vida de Gilbert e Marguerite, infiltrando-se, astuciosamente, nos meandros do que considerava fugaz relacionamento, procurando criar-lhes obstáculos de difícil transposição, impedindo-os de serem felizes.

Assim, após o impactante episódio, procurando dar sequência ao plano velhaco que desenhara e que visava prejudicar os traidores, com o coração em chagas, não exigira de Gilbert qualquer explicação a respeito do ocorrido, satisfazendo-se apenas em manter-se em absoluto silêncio, desprezando-o, não lhe dando a mínima oportunidade para que pudesse defender-se, se assim o quisesse.

Apesar da insólita realidade dos fatos, Charlotte não se afastara da escola de artes, ali permanecendo, dando continuidade ao seu aprendizado.

Gilbert, demonstrando certo constrangimento, continuava a ministrar-lhe as aulas, orientando-a, fazendo dela emergir todo o seu potencial artístico.

Às vezes, via-se impelido a tomar uma das mãos de Charlotte para auxiliá-la a colocar sobre a tela os traços que a ilustração exigia, quando, então, sentia seu coração pulsar aceleradamente, prisioneiro das sensações da carne que não o deixavam um só instante.

A jovem, percebendo que Gilbert perturbava-se quando se encontrava em sua presença, esforçando-se para resistir-lhe aos encantos, astuta, começara a permitir-lhe uma maior aproximação e, com o olhar sensual e atitudes faceiras, passara a provocá-lo, na expectativa de seduzi-lo, outra vez, encorajando-o a tentar, junto a ela, uma nova investida amorosa.

Com o passar dos dias, a jovem recrudescera as insinuações endereçadas ao pintor, fazendo com que Marguerite as notasse, pois, Charlotte, propositadamente, nada fazia para disfarçá-las, regozijando-se com o ciúme que, a cada nova oportunidade, promovia junto a rival.

Desde então, preocupada com o desenrolar dos acontecimentos, Marguerite passara a melhor observar as atitudes de Gilbert quando se encontrava na presença de Charlotte, percebendo, aos poucos, o descontrole emocional que o jovem apresentava nessas ocasiões, ficando bem claro, aos seus olhos enciumados, que a presença da adversária, inquestionavelmente, o desestabilizava.

Estiletada pelo ciúme doentio que dela se apropriara, passara a não deixar o namorado um só instante a sós com a rival, temerosa de que Gilbert, não conseguindo resistir aos encantos e aos constantes assédios que recebia por parte de Charlotte, viesse a fraquejar, rompendo com o namoro.

À conta dessas atitudes, discussões acaloradas passaram a ser frequentes entre o casal, desgastando o relacionamento, fazendo com que, gradativamente, fosse perdendo o encanto de outrora, sendo substituído pelo desalento e pela melancolia, principalmente por parte de Marguerite, evidenciando estar bem próximo o fim do namoro, o que de fato ocorrera, para alegria de Charlotte que se sentira vitoriosa e, ao mesmo tempo vingada, derrotando, inapelavelmente, a rival que seguira sua jornada terrena, vivenciando outras tantas experiências.

Como Marguerite deixara de ser empecilho para a concretização dos seus objetivos, a volúvel Charlotte se envolvera febrilmente com o jovem, a ele entregando-se, esperançosa de que, assim agindo, o teria para sempre ao seu lado.

Três meses de íntimo e caloroso relacionamento foram suficientes para que Charlotte engravidasse, deixando Gilbert atônito, perdido, sem saber o que dizer e como agir.

Aos poucos, relativamente refeito do forte impacto que a notícia lhe causara, conquanto, perfeitamente previsível, dada a facilidade com que se entregara ao desfrute das efêmeras sensações da carne, desconfiado, sentindo-se coagido, alegando estar assoberbado de tarefas, procurava de todas maneiras esquivar-se da presença de Charlotte.

Desta forma arredia e covarde, tentava fugir das responsabilidades que lhe cabiam, intimamente culpando a jovem pelo ocorrido quando, na verdade, havia sido inconsequente coadjuvante.

Surpresa e inconformada pela atitude arisca e infantil de Gilbert para com a realidade dos fatos, não conseguindo conter o incômodo mal-estar que passara a percorrer-lhe as entranhas, certa manhã, Charlotte, decidida, dirigira-se à sala de artes plásticas onde o jovem se encontrava para com ele dialogar, na tentativa de colocarem-se de acordo quanto às atitudes que, juntos, haveriam de tomar no tocante a sua gravidez.

Quando Charlotte adentrara o local, Gilbert estava atentamente debruçado sobre uma tela, dando os últimos retoques no trabalho que um dos seus alunos lhe apresentara para apreciação.

De relance, percebera que Charlotte ali se encontrava e, por certo, queria conversar sobre o assunto que lhe roubara a paz, preocupando-o sobremaneira.

Não estando disposto para, naquele momento e naquele local, tratar do delicado impasse, fingira não tê-la visto, na expectativa de que a jovem, vendo-o completamente absorto em seu trabalho, se retirasse, deixando o incômodo diálogo para outra oportunidade, quando, então, após ter tido mais tempo para refletir sobre o fato, se encontrasse melhor preparado para posicionar-se a respeito.

Ledo engano, pois Charlotte, demonstrando por meio do semblante congesto e do olhar questionador, toda a sua indignação pela atitude irresponsável que Gilbert vinha tomando, perguntara-lhe, de repente:

— Por que você está me evitando? Temos assunto muito importante para, juntos, tratar e solucionar, e você me parece estar fugindo, deixando-me só, preocupada, à mercê dos meus pensamentos, quando, na verdade, tornamo-nos cúmplices nos atos que geraram esta situação e que, conjuntamente, deveremos solucionar.

Temeroso, irresponsável e volúvel, irritado pelo questionamento a que fora submetido, rispidamente respondera:

— Algo me diz que foi você quem, premeditadamente, provocou esta situação, para mim, incomoda e indesejada, na tentativa de me obrigar a, oficialmente, assumir esta criança e o nosso relacionamento. Por isto me nego a tomar, por agora, qualquer iniciativa a respeito, pois foi você quem criou este problema e você é quem terá de resolvê-lo.

Perplexa, abalada pela resposta frígida e inesperada que recebera por parte de Gilbert, Charlotte perdera os sentidos, desmaiando, arrojando-se ao chão, antes mesmo que o jovem pudesse tomar qualquer iniciativa para ampará-la, evitando a queda.

Com o choque, a jovem ferira levemente a cabeça, que passara a sangrar, exigindo do atônito Gilbert rápidas providências a respeito, fazendo com que, aos gritos, pedisse ajuda.

Instantes depois, funcionários que ali militavam, acorreram ao local, prestando à jovem os primeiros socorros.

Gradualmente, o filete de sangue fora sendo estancado, ao mesmo tempo que Charlotte ia recobrando os sentidos e a lucidez.

Temeroso e inquestionavelmente preocupado, Gilbert sentira-se impelido a levar a jovem para casa a fim de que, na companhia dos seus parentes, viesse a acalmar-se, harmonizando-se, ficando combinado que, na noite seguinte, iriam reencontrar-se em seu atelier para, enfim, dialogarem sobre o assunto.

Ao adentrar a residência, Charlotte fora indagada pelos pais a respeito do que com ela havia acontecido, quando, então, a jovem lhes dissera que havia escorregado e caído, ferindo-se, sem dar-lhes maiores explicações.

Todos acreditaram nas palavras mentirosas de Charlotte que, sem o saberem, delineavam o seu caráter, pleno de falsidade e egoísmo.

Na noite seguinte, vamos encontrar o casal de irresponsáveis namorados a dialogar, procurando a melhor solução para o que Gilbert considerava um desagradável e inoportuno problema, ao contrário do que, até então, Charlotte pensava.

Medindo as palavras, para não ferir a suscetibilidade da jovem, como o fizera desastradamente no dia anterior, provocando o desagradável episódio, Gilbert passara a expor pausadamente a sua opinião a respeito do assunto que lhes dizia respeito.

Assim, sagazmente, o jovem passara a discorrer sobre os inconvenientes que, a seu ver, a gravidez de Charlotte iria trazer a vida de ambos, exigindo-lhes renúncias que, ele próprio, sentia não estar preparado para assumi-las, ressaltando que talvez o mesmo pudesse estar ocorrendo com Charlotte, razão pela qual pedia-lhe mais profundas reflexões sobre o fato.

Conhecedor da vaidade e das excessivas preocupações de Charlotte para com o seu corpo físico, que lhe servira de modelo por algumas vezes, sendo capaz dos maiores sacrifícios para mantê-lo dentro dos padrões que julgava ideais, Gilbert, matreiro, procurava induzi-la a antever as transformações que a gravidez iria provocar na sua silhueta, até então, esguia, pautada pela beleza e elegância, aconselhando-a a bem meditar sobre o exposto, preparando-se para enfrentar e conviver com este novo desafio.

Convocada pela primeira vez a pensar sobre o tema que, até então, passara por ela despercebido, envolvida que estava pelos febris pensamentos de conquista, a qualquer custo, fora fortemente impactada pelo inesperado e malicioso alerta que recebera. Ao ser atingida no cerne do seu egocentrismo e da sua vaidade, sentira-se impelida a rever os seus planos que, até aqueles instantes, lhe pareciam irrevogáveis.

Após alguns momentos de impaciente silêncio, durante os quais Gilbert certificara-se, por meio do semblante de Charlotte, de que conseguira desestruturá-la, exteriorizando enganadora consternação, assim se expressara:

— Minha querida Charlotte. Após muito meditar sobre este aspecto e outros mais que envolvem o processo da maternidade e que, sem dúvida, irão afetar as nossas vidas, sinto-me impelido a propor-lhe que aborte esta criança, enquanto ainda há tempo.

A jovem gestante, sem emitir uma só palavra, confusa e preocupada, retirara-se do local, levando consigo a responsabilidade de decidir o futuro daquela criança que o seu ventre aconchegava.

Ao chegar em casa, prisioneira dos pensamentos que envolviam a sua mente desassossegada, nem mesmo cumprimentara seus pais e avós, dirigindo-se, como que alienada, para o seu quarto, a fim de alinhar os pensamentos e tomar uma definitiva resolução a respeito do impasse que ela própria havia criado.

Sem chegar a qualquer conclusão, mentalmente exaurida, Charlotte fora abraçada pelo sono quando, então, seu Espírito desprendera-se do arcabouço físico, vendo-se imediatamente acompanhado por Espíritos irresponsáveis que continuavam a insuflar-lhe pensamentos descaridosos, induzindo-a a praticar o abominável aborto.

Essas entidades ainda acumpliciadas ao mal, pretendiam impedir que o Espírito, ora albergado no ventre de Charlotte, viesse a ter uma nova oportunidade reencarnatória, almejando mantê-lo sob o seu jugo insano e tirânico, aliciando-o, impedindo-o de evoluir pelas estradas da vida, pois ainda o consideravam como inimigo de um passado remoto que já deveria ter sido por eles esquecido, na longa esteira do tempo.

Na manhã seguinte, ao despertar, trazia como que impressa na mente convicta decisão. Optara pelo nefando e desumano aborto, pensando assim livrar-se das responsabilidades que a maternidade haveria de trazer-lhe, mantendo-se livre para continuar fazendo da sua vida o que bem desejasse.

Sem mesmo desfrutar do desjejum que sempre o fazia em companhia dos pais e dos avós, estes já cativos da implacável velhice que lhes restringia os passos, toldando-lhes as mentes já cansadas das inumeráveis experiências vividas, célere, destinara-se à escola de artes para encontrar-se com o seu astuto e irresponsável companheiro de fugazes sensações carnais, colocando-o a par da sua resolução.

Durante todo o trajeto, Espíritos amigos procuraram inspirá-la a abandonar a ideia funesta que transitava pela sua mente, porém, apesar de todos os seus abnegados esforços, não conseguiram este intento.

Trazendo o semblante desanuviado, demonstrando uma serenidade inabitual, Charlotte estava diante de Gilbert que, agradavelmente surpreendido pela metamorfose que com ela ocorrera, deixara de transparecer a preocupação e a ansiedade que, desde a noite anterior, o incomodava, aguardando a decisão que a jovem haveria de tomar.

Após acomodar-se em uma das poltronas que adornavam o atelier do pintor, Charlotte iniciara a conversação, dizendo-lhe com incontestável frieza e convicção:

— Refleti muito a respeito do assunto que, juntos, ontem abordamos, analisando todos os seus prós e contras, chegando à conclusão de que você tem toda razão ao sugerir-me para abortar o bebê o que, sem perda de tempo, me proponho a fazer.

Em seguida, abraços e beijos colocaram um ponto final naquele breve e frígido diálogo, aliviando as tensões que pesavam sobre os seus ombros, dificultando-lhes os passos, sempre pautados pela irresponsabilidade e pelo deleite exacerbado dos prazeres do corpo que os mantinham distantes das veredas que o Cristo Jesus para todos nós traçou.

Dias após, conforme havia se comprometido, Gilbert informara a Charlotte que um amigo de sua inteira confiança e que já havia passado por situação semelhante lhe aconselhara a procurar o concurso de um tal dr. Alois que, habituado e experiente neste tipo de ocorrência, iria prestar-lhes todos os esclarecimentos necessários a respeito.

Assim sendo, tomara a liberdade de procurar o referido profissional colocando-o a par da situação e da decisão, irrevogável, que o casal havia tomado.

Charlotte, atenta, a tudo ouvira, quando, então, experimentara um estranho calafrio percorrer-lhe as entranhas, fazendo-a sentir-se, por instantes, incitada a retroceder na decisão que, até minutos atrás, lhe parecia inquestionável.

Gilbert, de imediato, percebera que Charlotte vacilara, impactada que fora pelo que lhe havia sido informado.

Perspicaz, preocupado com a possibilidade de a jovem mudar de opinião, incontinenti a abraçara, beijando-a fervorosamente, impedindo-a de tecer, de imediato, qualquer comentário a respeito, subjugando-a totalmente.

Em seguida, dirigindo o olhar lascivo para a jovem fragilizada, aprisionando-a nas teias da sensualidade, abraçara-a pela cintura, conduzindo-a, carinhosamente, para a alcova, para, juntos, desfrutarem os prazeres da libido, tentando, assim agindo, eliminar qualquer dúvida que ainda pairasse na mente de Charlotte. Desta forma astuciosa, Gilbert conseguira o seu deplorável objetivo.

Cerca de dois meses após ter engravidado, apreensiva e temerosa, Charlotte encontrava-se na clínica particular do dr. Alois para submeter-se ao desumano procedimento que, fatalmente, culminaria com a morte do pequenino e indefeso ser que se alojava em seu ventre, cujo Espírito ali se encontrava, infeliz e desesperançado de poder receber o amparo e o carinho materno de que necessitava.

De um momento para o outro, o feto sentira-se, tenazmente, perseguido no até então aconchegante claustro materno, pelo inescrupuloso, experiente e implacável médico que, sem descanso, assediava o seu veículo físico em formação, a fim de ceifar-lhe a vida, impedindo-o de desfrutar mais uma nova experiência encarnatória.

Em pânico, desesperado, esforçava-se ao máximo para esquivar-se da morte iminente que o algoz, travestido de médico, procurava friamente impor-lhe.

Porém, após alguns minutos de inenarrável sofrimento, o Espírito reencarnante, derrotado, rendera-se ao inevitável, desistindo de lutar, sentindo-se prematuramente desligar-se do seu veículo físico, retornando, profundamente desolado, para o mundo dos espíritos de onde, há tão pouco tempo, cheio de esperanças, proviera.

Ferido pela ingratidão, trazendo na intimidade decepção avassaladora, imediata e amorosamente, fora acolhido e amparado por Espíritos amigos que, com o passar do tempo, acabariam por convencê-lo a perdoar quem tanto o desiludira, aguardando, resignado, que uma nova oportunidade reencarnatória surgisse para, enfim, poder dar continuidade à escalada evolutiva na longa e profícua estrada do tempo.

Fato consumado, Charlotte, sem demonstrar o menor resquício de arrependimento, voltara à vida, desfrutando-a intensamente, mantendo-se prisioneira dos instintos e das efêmeras e enganadoras ilustrações do mundo, comprometendo, a cada dia, mais e mais, o seu amanhã.

Continuara morando com seus familiares que nunca chegaram a tomar conhecimento do ocorrido.

Poucos anos depois, sua avó, já bastante idosa, viera a desencarnar, o mesmo ocorrendo com o seu avô, alguns meses após, deixando para a neta considerável fortuna.

Orgulhosa, prepotente, não admitia no convívio diário qualquer interferência no tocante à sua conduta, notadamente displicente e irresponsável para com a vida, fazendo com que tanto Antoine como Marie se sentissem, por vezes, impelidos a aconselhá-la a melhor agir, o que a deixava furiosa, intratável, passando a agredir verbalmente os genitores, utilizando-se de vocabulário chulo, desrespeitoso, que traduzia o seu total descontrole, frieza e ingratidão.

Impermeável aos conscienciosos aconselhamentos que recebia, sentindo-se invadida em sua privacidade, como se estivesse constantemente sendo observada pelos pais, ingrata, decidiu deixá-los, indo residir com Gilbert, com ele amasiando-se, literalmente.

Seus pais, irremediavelmente sós, envolvidos pelo abraço gélido da decepção, continuaram, resignados, suas jornadas, aguardando que o tempo viesse aclarar a visão da filha, fazendo-a enxergar novas veredas por onde, mais amadurecida, haveria de transitar.

Charlotte, cerca de um ano após ter abortado, apesar de todas as precauções que vinha tomando, engravidara outra vez.

Ao comunicar a inesperada ocorrência para Gilbert, ambos, sem nenhum escrúpulo, decidiram novamente optar pelo aborto, que ocorrera dois meses depois, sem maiores complicações para Charlotte.

Cúmplices inconsequentes nas sensações da carne, destituídos de nobres sentimentos, com o passar dos meses, viera o enfado e o desencanto do convívio entre os amantes, fazendo com que discussões estéreis, desrespeitosas, passassem a eclodir com muita frequência, provocando feridas de difícil cicatrização em suas almas, comprometendo, irremediavelmente, o relacionamento entre ambos.

Assim, antes que fatos mais graves viessem a ocorrer, Gilbert e Charlotte acharam por bem separar-se.

Cidadã do mundo, refém das suas vãs gloríolas e dos seus fugazes prazeres, detentora de consideráveis bens materiais que recebera como herança dos avós e outros ainda maiores que, por certo, herdaria dos pais, já relativamente idosos, irresponsavelmente despreocupada com o amanhã, Charlotte passara a viajar pelo mundo, desfrutando as suas incontáveis belezas, esquecendo-se de que o tempo, implacável, passava e, com ele, a vida.

Bem falante, extrovertida, exibindo sensualidade e beleza, distraída para com os tesouros da alma, Charlotte, descompromissadamente, transitava pelas passarelas da existência, despertando sentimentos, aprisionando corações que, depois de conquistados, eram por ela abandonados, mostrando-se indiferente para com os anseios e expectativas daqueles a quem cativara.

Durante essas levianas andanças pelas calçadas do mundo, apesar de experiente e precavida, acabara por ser surpreendida por mais uma gravidez, sem que tivesse a convicção de quem havia sido o pai, tal a irresponsabilidade que norteava os seus passos.

Ao certificar-se da incômoda realidade dos fatos, retornara o mais rapidamente possível para a sua terra natal, indo ao encontro do mesmo dr. Alois, para solicitar-lhe novamente o concurso, a fim de livrar-se, pela terceira vez, da maternidade. Assim fora feito.

Com o passar do tempo, já idosos, seus pais acabaram por desencarnar.

Primeiramente Antoine e, meses depois, teimosamente perseguida pela solidão e pela saudade, Marie também partira para o além, para ali, em Espírito, ambos continuarem suas respectivas romagens.

Charlotte dera-se conta então de que se encontrava inteiramente só e que, apesar de toda a fortuna com que fora agraciada, não era feliz. Sem dúvida, havia despertado inúmeros amores, porém, não guardara um só deles no recôndito do seu coração insensível e volúvel.

Abraçada pela solidão, tornara-se cativa do tardio arrependimento, motivado não só pela indiferença e pelo descaso com que, ao longo dos anos, demonstrara para com seus amoráveis familiares, como também por ter permitido que vidas indefesas fossem ceifadas e que poderiam estar ao seu lado, fazendo-lhe companhia, enfeitando os seus dias, livrando-a da tristeza atroz que a atormentava, fazendo-a sentir-se esquecida por todos, completamente só, refém das dores do remorso.

Por ele perseguida, sentindo-o teimosamente em seu encalço, procurava de todas as maneiras dele desvencilhar-se, na vã esperança de que, mergulhada, como até então o fizera, nas águas turvas das emoções dos sentidos, conseguisse o que tanto almejava.

Com o passar dos anos, fora conscientizando-se de que jamais iria conseguir apartar-se do tal remorso que lhe corroia as entranhas, fazendo-lhe amargosa companhia, exigindo-lhe a devida reparação pelas faltas que, para com tantos, havia cometido.

Na intimidade do seu ser, Charlotte indagava a si mesma como poderia reparar as ingratidões que cometera para com seus pais, avós e para com os frágeis serezinhos, permitindo que suas vidas fossem prematura, covarde e cruelmente interrompidas? Como? Porém, não conseguia obter respostas que viessem aliviar as dores da sua alma combalida e desalentada.

Enfim, a velhice, inexorável, aos poucos, dela fora se aproximando, fazendo-se acompanhar pelo desagradável séquito de realidades e desilusões, na forma de cabelos brancos, dos olhos cansados, das rugas indomáveis, dos passos lentos e inseguros, dos reflexos tardios e das incômodas dores que tramitavam, impassíveis, pelo seu corpo físico envelhecido.

Assim, numa noite fria e chuvosa, como tantas outras, acomodada em seu luxuoso leito, tendo à cabeceira tão somente a serviçal que há anos lhe fazia constante e caridosa companhia, abraçada por inenarrável tristeza, solidão e remorso, Charlotte dera seu derradeiro suspiro, despedindo-se do mundo que, enquanto viva, lhe arrebatara a consciência, tornando-a cativa dos reles sentidos que acabaram por dificultar-lhe a caminhada, impedindo o seu divino encontro com Jesus.

Por sua vez, Gilbert, anos antes, havia desencarnado, levando em sua pesada bagagem espiritual a somatória das irresponsabilidades que cometera ao longo da sua jornada terrena, tornando-se assim prisioneiro da lei, intransferível, de Causa e Efeito.

Depois...

Numa elegante e acolhedora residência, situada em bairro nobre da deslumbrante capital francesa, um grupo seleto de familiares e de amigos celebrava a recente formatura da jovem Clarence, em ciências médicas, mais especificamente no ramo de obstetrícia, para o qual denotava possuir inconteste vocação.

Contando cerca de 25 primaveras, Clarence ilustrava rosto belíssimo e corpo escultural que, por si sós, chamavam a atenção de quem por ela passasse ou viesse a desfrutar da sua simpática e cativante presença.

Extremamente responsável com os estudos, Clarence diplomara-se com distinção, tornando-se, aos poucos, competente profissional no campo da obstetrícia.

Dedicando-se de corpo e alma às suas pacientes, que confiavam, sem restrições, nos seus conhecimentos e na sua perícia, a todos acompanhava com a mesma dedicação e responsabilidade, fazendo jus aos elogios que, constantemente, recebia.

Numa agradável e ensolarada tarde de sábado, a jovem doutora, sentindo-se livre das responsabilidades que a profissão lhe impunha, dirigira-se, descontraída, a grande shopping situado na zona central da grande metrópole.

Visava não só adquirir importante instrumental cirúrgico que o exercício das suas atividades médicas exigia, como também arejar a sua mente, visitando uma e outra loja, fazendo algumas compras, amainando as tensões, reenergizando-se para, terminado o fim de semana, dar continuidade à sua gratificante missão de trazer ao mundo delicados e indefesos bebês, para a alegria dos seus pais, parentes e de si mesma, glorificando a vida.

Ao passear o seu olhar por colorida e sedutora vitrine, não se apercebera de que elegante e simpático jovem dela se aproximara, olhando-a, surpreso e hesitante, como se estivesse em dúvida se, de fato, a conhecia ou não.

Instantes após, tendo a certeza de que se tratava de Clarence, sua colega de universidade, educadamente lhe dirigira a palavra, dizendo-lhe:

— Clarence!

De imediato, ela se voltara, destinando surpreso olhar para o jovem, ao mesmo tempo que um espontâneo sorriso brotara dos seus lábios, adornando o seu semblante, delatando a alegria que experimentava ao rever o colega de classe.

Emocionada, respondera:

— Jean! Que surpresa agradável reencontrá-lo! Há quanto tempo não nos vemos!

O diálogo prazerosamente se fizera presente, quando o jovem cirurgião plástico a convidara para acompanhá-lo até aconchegante confeitaria, a fim de deleitarem-se com os saborosos cafés e biscoitos ali servidos, dando sequência à descontraída conversação.

Os ponteiros dos relógios rodopiavam sem parar, indicando o passar do tempo, enquanto os jovens dele não se davam conta, entretidos que estavam em saudoso e agradável diálogo, desfrutando apenas aquele feliz reencontro.

Com o transcorrer da descontraída prosa, refloresceram os sentimentos que, desde os tempos de faculdade, mutuamente sentiam, mas que não deixavam transparecer.

Em determinado instante, a suave música ambiente deixara de tocar quando, então, os jovens, surpresos, se deram conta de que eram os únicos frequentadores do local, conscientizandose de que as horas haviam passado, sem que delas tivessem se apercebido.

Em seguida, retiraram-se do elegante estabelecimento, ficando combinado que se reencontrariam no dia seguinte, por volta das 16 horas, em frente ao museu do Louvre, para, assim, poderem dar sequência à prazerosa conversação que, durante horas, mantiveram naquele sábado, fazendo-os voltar aos bons tempos de estudantes e que as intensas responsabilidades do dia a dia, se incumbiram de fazê-los esquecer, deixando-os para trás, recobertos pela poeira dos anos.

Clarence, ao retornar para o convívio familiar, imediatamente fora ao encontro dos pais que se encontravam na sala de estar, narrando-lhes, entusiasmada, o encontro que tivera com o jovem que fora seu colega de faculdade, denunciando, por meio dos olhos vivazes e do brando sorriso, a alegria que visitava o seu coração.

Seus pais, Claude e Amélie, eram todo ouvidos e, à medida que iam tomando conhecimento dos fatos, trocavam olhares marotos, agradavelmente impactados pelo entusiasmo que a jovem ilustrava no falar, no gesticular, incitando-os a, felizes, conjeturar que o coração de Clarence, por fim, havia sido tocado pelo imprevisível cúpido.

Em sequência, assuntos diversos vieram à baila, enquanto Clarence tentava, em vão, disfarçar as emoções que passara a experimentar desde que reencontrara o jovem cirurgião.

Quando as badaladas do relógio anunciavam 22 horas, Clarence despedira-se dos pais, destinando-se ao seu quarto, onde pretendia, embalada pela suave melodia dos sentimentos, sonhar com o próximo encontro.

Demorara para ser abraçada pelo sono, tais as emoções que, teimosamente, perduravam na intimidade do seu ser. O mesmo também ocorrera com Jean.

Na manhã seguinte, ao despertar, a jovem espelhava em seu semblante a doce felicidade que o seu coração jamais havia sentido.

Mal terminara o desjejum que, como sempre, desfrutava em companhia dos genitores, educadamente se retirara, buscando o aconchego do seu quarto para ali, calmamente, escolher os trajes que usaria logo mais à tarde, assim como o penteado e a delicada maquiagem que iriam adornar o seu rosto, realçando-lhe, discretamente, a formosura que, sem dúvidas, a premiava.

De tempos em tempos, dirigia o olhar para os ponteiros do relógio, como se estivesse a pedir-lhes para acelerar a marcha, a fim de que, a tão esperada hora do reencontro logo se fizesse presente, arrefecendo sua incontrolável, porém prazerosa, ansiedade.

Finalmente, quando o relógio apontava 15 horas e 30 minutos, Clarence, deixando-se envolver por jovial euforia, despedira-se dos pais, destinando-se para o local combinado, procurando precaver-se de eventuais contratempos que pudessem fazê-la atrasar-se ao encontro, impossibilitando-a de rever o jovem que, tão repentinamente, enlaçara o seu coração.

Em seguida, acionara a ignição do automóvel, partindo, célere, em direção ao seu destino.

Ao passar em frente ao local combinado, avistara, feliz, a figura elegante e atlética de Jean, já à sua espera, fazendo-a descartar as incertezas que comumente ocorrem às vésperas de esperados encontros, promovidos pelos corações sensíveis, envolvidos por nobres sentimentos.

Minutos depois se reencontraram, fazendo com que transbordassem as alegrias que, desde o dia anterior, se encontravam represadas em suas almas, ansiosas para reverem-se e desfrutarem inesquecíveis e bons momentos.

Ao cumprimentarem-se, tocando as mãos, uma agradável e insólita sensação viera-lhes ao encontro, anunciando-lhes que novos caminhos estavam sendo traçados, desbravando as sendas do sentimento, projetando-lhes um novo amanhã.

Passeando descompromissadamente pelos salões e corredores do afamado museu, entretidos com o seu riquíssimo acervo de obras de elevado valor para a humanidade, ao mesmo tempo em que se deleitavam com suas mútuas companhias, fazendo-os usufruir de sincero encantamento, não se aperceberam que as horas haviam passado e que seus corpos físicos pediam-lhes descanso e alimento.

Enfim, suas almas reencontravam-se nas passarelas da vida, para, juntas, iniciarem nova e promissora jornada, durante a qual teriam a oportunidade de fazerem-nas luzir, independentemente das alegrias ou das tristezas que, ao longo do percurso, viessem visitá-las.

Jean, não querendo apartar-se um só instante da encantadora presença de Clarence, convidou-a para jantar, dela recebendo imediata concordância. Felizes, lentamente se encaminharam em direção a charmoso restaurante, situado nas imediações, ali permanecendo por bom tempo.

Todavia, o adiantado das horas os convidara para o descanso e refazimento, pois suas respectivas tarefas profissionais se avizinhavam, obrigando-os, contrariados, a se despedirem.

Ao tocarem as mãos, as mesmas sensações de antes se fizeram presentes, incitando-os a marcarem um novo encontro para a noite seguinte, por volta das 20 horas, no mesmo local.

As emoções foram tantas, que os jovens somente conseguiram adormecer quando a madrugada já se fazia alta.

Tanto para Jean como para Clarence, a segunda-feira transcorrera morosa, sem maiores novidades, fazendo com que aguardassem, ansiosos, o momento marcado.

Por volta das 19 horas, o jovem, dissimuladamente, se postara nas proximidades da porta do hospital onde Clarence clinicava, aguardando-a, decidido a fazer-lhe uma surpresa, presenteando-a com gracioso e perfumado ramalhete de flores que trazia escondido às suas costas.

Meia hora mais tarde, a jovem deixara o hospital, encaminhando-se para o estacionamento a fim de apanhar o seu veículo e dirigir-se para o local do tão aguardado encontro.

Mantendo-se a prudente distância de Clarence para não ser notado, Jean, silenciosamente, dela se aproximara e, quando a jovem estava bem próxima do automóvel, apenas sussurrara o seu nome, sendo imediata e agradavelmente surpreendida, reconhecendo, de pronto, a voz do rapaz. Voltando-se, Clarence presenteou-o com cativante sorriso que demonstrava toda a satisfação que experimentava ao revê-lo.

Em seguida, Jean, sem dizer uma única palavra, oferecera-lhe o ramalhete de flores, que, por si só, expressava os nobres sentimentos que envolviam a sua alma, seduzida que estava pela simpatia e pela beleza da jovem doutora.

Verdadeiramente sensibilizada pelo gesto delicado e carinhoso de que fora alvo, Clarence, instintivamente, aconchegara o presente recebido em seu colo, beijando as flores que o compunham, denunciando a alegria e gratidão para com o jovem que, em tão pouco tempo, cativara o seu coração.

Dois anos haviam transcorrido desde aquele inolvidável encontro, quando, então, vamos encontrar Jean e Clarence, já casados, fazendo o habitual desjejum no jardim de inverno da aconchegante residência que os acolhia.

Apaixonados, trocavam palavras carinhosas, expondo os sinceros sentimentos que os enlaçavam, tornando-se cúmplices nas decisões, nas atitudes e nas ações que a vida, a cada momento, deles exigia, presenteando-os com a bendita oportunidade do convívio.

Em determinado instante da conversação, Clarence, endereçando ternuroso olhar para o esposo, lhe dissera, demonstrando certa inquietude:

— Meu querido. Nas últimas noites tenho sonhado com crianças que, de braços abertos, vêm ao meu encontro, como se estivessem, silenciosamente, a me pedir para acolhê-las em meu ventre, delas tornando-me mãe.

— Na primeira vez que o sonho ocorrera, atribuí o fato à minha intensa atividade no campo da obstetrícia, acolhendo em meus braços tantos e tantos bebês, predispondo-os para a vida. Por esta razão, meu amor, nada lhe dissera.

— Entretanto, os sonhos continuaram e, na noite passada, tornaram-se ainda mais reais, motivo pelo qual, me senti impelida a compartilhar com você estas experiências que me instigam sobre elas, mais profundamente, refletir.

Os olhos de Jean encheram-se de lágrimas, ao mesmo tempo que um brando sorriso viera adornar o seu semblante, expondo toda a alegria que o inesperado relato lhe proporcionara.

Ambos, em absoluto silêncio, levantaram-se, presenteando-se mutuamente com afetuoso abraço, que ilustrava a felicidade que lhes viera ao encontro, irmanando-os neste sublime objetivo.

A partir de então, os sonhos de Clarence não mais ocorreram, como se já tivessem cumprido a missão de alertá-la a respeito da maternidade, inspirando-a a meditar sobre este assunto, induzindo-a a preparar-se para este nobre e gratificante acontecimento.

Assim motivada, passara a dedicar-se mais intensamente ao exercício da sua profissão, observando, analisando cada sintoma, cada detalhe que ocorria com as suas pacientes, desde os primeiros sinais da gravidez até o instante, belíssimo, em que os bebês nasciam, premiando-as com suas doces presenças.

Ao término de cada parto, ao segurar em suas mãos aquele submisso e carente serzinho e, logo a seguir, visualizar a felicidade que as mamães expressavam por meio do olhar terno, do sorriso confiante e do semblante aliviado ao terem aconchegados em seus regaços os recém-nascidos, emocionava-se, imaginando-se no lugar de cada uma delas, desfrutando desses mesmos gloriosos momentos.

Os meses foram passando e, com eles, alguns anos, fazendo com que Jean e Clarence fossem, aos poucos, perdendo as esperanças de se tornarem pais, deixando-se enlaçar pelo desânimo que passara a acompanhá-los, dia após dia, fazendo-os reféns do desalento e da tristeza.

No final de uma fria e acinzentada tarde, ao término de mais uma intensa jornada de trabalho, exausta, Clarence dirigira-se para a sua sala particular, recostando-se em confortável poltrona, a fim de usufruir de merecido descanso, na tentativa de repor as energias que haviam sido despendidas durante o exercício da sua gratificante tarefa.

Instantes depois, sono profundo viera abraçá-la, quando, então, aquele mesmo sonho de tempos atrás se fizera presente, evidenciando as mesmas crianças, com os braços abertos, vindo ao seu encontro, suplicando-lhe para acolhê-las em seu ventre e delas tornar-se mãe.

Ao despertar, lembrara-se perfeitamente das cenas que se desenrolaram durante o repentino sonho, fazendo com que lágrimas de alegria deslizassem pelas suas faces, ao mesmo tempo que suave sorriso viera enfeitar os seus lábios, delatando que as doces esperanças da maternidade estavam de volta.

Em seguida, passara a rememorar todos os caminhos que, juntos, ela e Jean haviam percorrido com o propósito de alcançar a ventura de se tornarem pais, sem, contudo, lograrem êxito.

Dando asas ao pensamento, concluíra que, desde o momento em que se propusera a engravidar, quando os exames clínicos indicavam que o casal gozava de boa saúde, cerca de três anos haviam passado e, neste período, talvez algum contratempo físico pudesse ter surgido, dificultando ou mesmo impedindo a realização dos seus sonhos. Em vista disto, Clarence se propusera a melhor pesquisar o assunto.

À noite, logo após o jantar, Clarence narrou ao esposo o que ocorrera com ela naquele final de tarde, assim como a decisão que havia tomado de submeter-se a exames clínicos mais acurados, invasivos e desconfortáveis, com a finalidade de obter respostas mais conclusivas a respeito e que, por certo, iriam auxiliá-la quanto as providências que, se fosse o caso, haveria de tomar para ver realizada a doce aspiração que, há tempos, acalentava.

Jean concordara plenamente com o que a esposa lhe dissera, deixando que um expressivo olhar, acompanhado por espontâneo sorriso, delatassem que para ele também as esperanças haviam retornado.

Como Clarence estava prestes a tirar férias, iria aproveitar-se desta ocasião para submeter-se aos exames específicos.

Na noite seguinte, o casal fora visitar os pais de Clarence, como semanalmente fazia, para jantar em suas companhias quando, então, a conversação fluía solta, despretensiosa, relatando, cada qual, as experiências vividas desde o último encontro.

Na ocasião, Clarence colocara os genitores a par das suas intenções, na tentativa de devolver-lhes as esperanças de se tornarem avós que, acreditava, o longo tempo de espera se incumbira de fazê-los perder, da mesma forma que com ela e o esposo também havia ocorrido.

Claude e Amélie, sentindo renovadas as suas expectativas, desejaram ao casal os melhores e mais sinceros augúrios.

Quinze dias haviam passado desde que Clarence tomara a importante decisão, quando, fazendo-se acompanhar pelos pais, adentrara o laboratório escolhido para submeter-se aos exames que havia se proposto.

Alguns poucos dias depois, tendo os resultados em mãos, Clarence se dera conta de que, naquele momento, se encontrava impossibilitada de engravidar, o que a abalara profundamente.

Todavia, após recompor-se do impacto a que fora submetida, passara a fazer uma análise mais acurada da problemática situação em que se encontrava, chegando à conclusão de que somente submetendo-se a específica intervenção cirúrgica, na época considerada delicada e de inquestionável risco, é que poderia ter tão somente remota possibilidade de vir a gerar uma criança.

Oportunamente comunicara o fato a Jean e a seus pais que, amorosamente, a deixaram a vontade para tomar a tão difícil decisão.

Os dias foram passando e, com eles, amadurecendo o instante em que Clarence haveria de tomar uma posição definitiva a respeito do impasse.

Enfim, após muito refletir, comunicara ao esposo e, em seguida, aos seus pais, que, apesar dos riscos que, sabia, haveria de correr, decidira submeter-se à referida cirurgia, pois, convicta, assegurava que o seu desejo de tornar-se mãe era muito maior do que todo e qualquer risco que pudesse advir desta sua nobre e corajosa atitude, confiante de que o Pai da Vida iria ampará-la, predispondo-a a gerar um bebê que iria iluminar a sua vida e a de todos os seus queridos.

Um mês depois, Clarence estava sendo operada pelo renomeado dr. Valentim, enquanto que, na sala de espera, Jean, Claude e Amélie, em particular e silenciosas preces, aguardavam, esperançosos, um feliz desfecho.

Duas horas depois de ter sido iniciada a arriscada operação, o dr. Valentim adentrara a sala de espera, vindo-lhes ao encontro, presenteando-os com um radiante sorriso que demonstrava o sucesso da operação que realizara. Em seguida, dissera-lhes que todo o processo transcorrera sem maiores problemas, assegurando-lhes que Clarence passava bem e que, logo mais, seria conduzida para o quarto quando, então, estaria em condições de recebê-los.

Ao tomarem conhecimento da feliz notícia, todos, um a um, abraçaram o cirurgião, exteriorizando a gratidão que por ele sentiam, ao mesmo tempo que, silenciosamente, na intimidade das suas almas, agradeciam a Deus por ter-lhes atendido as rogativas.

Poucos dias depois, Clarence estava de volta ao lar para, ali, desfrutar da merecida convalescença e, tão logo recuperasse as energias despendidas, retornaria às lides profissionais, dando sequência à vida.

Quase um ano depois, numa ensolarada manhã de domingo, Clarence despertara, demonstrando em seu semblante uma insólita felicidade quando, de repente, voltara-se para Jean que já se encontrava acordado no leito, abraçando-o, efusivamente, surpreendendo-o, pois ele desconhecia o motivo de tanta alegria.

Logo após, com a voz embargada, cheia de esperanças e os olhos lacrimejantes, passara a relatar-lhe o sonho que tivera e que lhe parecera muito real, a ponto de fazê-la crer que, enfim, estava grávida, premiada com as bênçãos da venturosa maternidade. Eufórica, assim narrara a ocorrência:

— Jean, querido. Nesta oportunidade, as mesmas crianças que nos sonhos anteriores vinham ao meu encontro com os braços abertos e olhares súplices, como se estivessem, silenciosamente, me pedindo para acolhê-las em meu ventre, desta vez, apresentavam os semblantes felizes, os olhos serenos e sorrisos contagiantes como que agradecidas por ter-lhes atendido às súplicas.

— Foi quando, então, senti por meio dos seus calorosos abraços, todo o afeto e gratidão com que me presenteavam, dando-me a certeza de que, finalmente, me havia tornado mãe.

Jean, sem nada dizer, também emocionado, acolhera a esposa novamente em seus braços, deixando que, naqueles instantes, somente suas almas dialogassem, entrelaçando emoções.

Era tanta a alegria e o entusiasmos que a esposa demonstrava, que Jean não se sentira encorajado a pedir-lhe calma e moderação, aguardando, com paciência, que o tempo viesse confirmar suas doces expectativas.

Dias mais tarde, viera a confirmação de que Clarence estava grávida.

Tempos depois, ao fazer uma das consultas de rotina com o dr. Valentim, este, denotando prazerosa expressão facial, lhe dissera, convicto:

— Clarence. É com muita alegria que lhe comunico que você acolhe em seu ventre, não apenas um, mas três anjinhos que vieram enfeitar os seus dias.

Agradavelmente surpreendida pela inesperada e impactante notícia, espontaneamente, Clarence abraçara o experiente profissional, externando a sua mais profunda gratidão, pelo fato de ele ter contribuído, decisivamente, para que pudesse realizar o seu tão almejado anseio.

Ao deixar o consultório médico, espargindo felicidade, destinara-se ao encontro de Jean para presenteá-lo com a alvissareira notícia, com ele dividindo momentos de inenarrável ventura.

Imediatamente após, não conseguindo conter a ansiedade que os dominava, Jean e Clarence dirigiram-se à residência de Claude e Amélie e, em seguida, à de Bernard e Susete, pais de Jean, fazendo com que os já idosos casais com eles compartilhassem as alegrias que, desde aquela inesquecível tarde, quando souberam que haviam se tornado pais de trigêmeos, tramitavam pelas veredas das suas almas.

Assim, depois de um longo e inquietante período de espera, durante o qual Clarence, principalmente, e Jean, vivenciaram tantos momentos mesclados de dúlcidas esperanças e de impactantes desilusões e temores, o Pai de infinita misericórdia, amorosamente, concedera-lhes a bênção e a honra de tornarem-se pais.

Finalmente, Clarence, que em encarnação anterior fora a fútil e irresponsável Charlotte, docemente recebera em seu ventre materno três indefesas criaturinhas, esperançosas de virem a receber todo o amor de que estavam carentes, ensejando à jovem mãe a bendita oportunidade de reparar o erro de que, como Charlotte, cometera, abortando-as, fria e irresponsavelmente, negando-lhes o direito de viver.

Por sua vez, Jean, que em encarnação anterior fora Gilbert, frio e calculista coadjunte no execrável processo abortivo, também recebera do mesmo Pai misericordioso nova oportunidade para poder redimir-se dos erros cometidos, exercitando-se pelos caminhos da responsável paternidade, dulcificando o seu coração.

Quanto a Claude e Amélie, outrora Vincent e Claire, puderam, enfim, desfrutar a ventura de receberem em seus braços, como netos queridos, aqueles três serezinhos que, em encarnação anterior, tiveram suas vidas prematuramente interrompidas, impossibilitando-os de tornarem-se avós e, com eles conviverem, usufruindo as suas inocentes companhias que, sem dúvida, haveriam de ter-lhes enfeitado a existência.

Caro leitor:

Em cada nova encarnação, somos presenteados com o dom da vida para que, por meio de experiências tantas que ela nos faculta, venhamos a valorizar o amor incondicional, extirpando o egoísmo contumaz que, há tempos imemoráveis, se encontra enraizado em nossos Espíritos, dificultando-nos os passos, retardando o nosso divino encontro com Jesus.

Todavia, deixando-nos envolver imprudentemente pelos liames pegajosos do mundo da matéria, sentimo-nos estimulados a transitar pelas suas sedutoras e perigosas avenidas, muitas das vezes comprometendo não só o nosso hoje, como também o nosso amanhã, desperdiçando o tempo precioso que a vida, em cada nova encarnação, nos concede para que o nosso Espírito, inconstante, venha a evoluir, percorrendo os caminhos seguros e perfumosos do bem e do amor.

Neste conto, em cujas linhas seus olhos acabaram de viajar, alguns dos personagens nele inseridos ilustram o contundente descaso para com a vida, dela fazendo-a de joguete, deslumbrados com os seus fugazes gozos, olvidando-se, completamente, dos dúlcidos ensinamentos do Mártir da Cruz.

Assim, vamos acompanhar os passos da fútil e irresponsável Charlotte, acolhendo em suas entranhas novas vidas, incitando os respectivos Espíritos reencarnantes a vislumbrar outras paisagens que, por certo, haveriam de fazê-los desfrutar de outras promissoras experiências.

Todavia, de caráter débil, instável, súdita fiel do egoísmo e da vaidade pertinazes, Charlotte facilmente se deixara convencer por Gilbert, seu jovem e irresponsável parceiro de efêmeras sensações, a abortá-los, desvencilhando-se dos indefesos bebês que acolhia em seu ventre, ceifando-lhes impiedosamente a vida.

Assim agindo, comprometera-se, inapelavelmente, com a lei de Causa e Efeito, projetando para o seu amanhã as estradas ásperas e pedregosas por onde haveria de caminhar.

O mesmo acontecera com Gilbert, frio coautor do abominável e covarde atentado contra a vida.

Seus Espíritos, depois de prolongado período de estágio no além, estiletados pela dor dilacerante do remorso, foram conscientizando-se do gravíssimo erro que cometeram, sentindo-se impelidos a reencarnar para, juntos, repararem o mal que haviam perpetrado.

Convencidos, reencarnaram, desta feita como Clarence e Jean, dando sequência à vida.

Estimulados pelo incansável e nobre desejo de se tornarem pais, experienciando anos a fio momentos mesclados de alegrias, frustrações e tristezas, vivenciando perigos e dores, Clarence e Jean acabaram sendo merecedores da complacência infinita de Deus, que lhes concedera, novamente, o privilégio de se tornarem pais.

Assim, felizes, receberam em seus regaços aqueles mesmos três Espíritos que, em encarnação anterior, tiveram suas vidas ceifadas, por meio das vias do abominável aborto, comprometendo-se a ampará-los e educá-los, acompanhando-os pelas estradas do amor para, juntos, em espírito, evoluírem.

7

Refém do orgulho e da vaidade

"Tenhamos a coragem de nos destituir das medalhas do orgulho e da vaidade que pesam em nossas almas, retardando os nossos passos e o nosso divino encontro com Jesus."

Antes...

Era mais um daqueles tépidos finais de tarde, quando o sol, como se estivesse fatigado, pouco a pouco, fora se despedindo do convívio diário com os parisienses, dando lugar para que estrelas rutilantes se fizessem presentes no firmamento azul alaranjado, embelezando ainda mais aquela indescritível paisagem sideral.

Pelos exuberantes e bem cuidados jardins, praças e avenidas da encantadora Paris, transitavam inumeráveis seres humanos, exibindo seus trajes, seus adornos, seus charmes, enfeitando ainda mais aqueles aprazíveis locais, enaltecendo a beleza e a elegância típica dos franceses.

Tendo como pano de fundo um colorido e perfumado espaço, próximo à Torre Eiffel, Nicole e Mireille, duas jovens irmãs, dedicadas e talentosas aspirantes ao canto, no esplendor das suas 17 e 19 primaveras, elegantes e delicadas, desfilavam alegremente pelo local, convictas da beleza física que a vida lhes havia premiado.

Sem perceberem, os irmãos Marcel e Philippe, dois jovens violinistas, com 19 e 20 anos, acomodados em rústico, porém confortável, banco, acompanhavam-nas com o olhar, impactados que foram pela formosura que as caracterizava.

As moçoilas, sem dúvida, provocaram certo *frenesi* nos rapazes, fazendo-os sentirem-se encorajados a delas se aproximar, a fim de tentarem manter um primeiro contato. Assim o fizeram.

Seus corações pulsavam acelerados, tais as incontroláveis emoções que vieram fazer-lhes companhia.

Nicole, apercebendo-se da intenção dos jovens, presenteara-lhes com recatado sorriso, como que lhes concedendo o devido aval para delas se aproximar, iniciando assim o que esperava ser descontraída e agradável conversação.

Todavia, naquele exato momento, outras jovens se aproximaram das irmãs, com elas iniciando alegres diálogos, fazendo com que Marcel e Philippe se vissem desencorajados a dar prosseguimento às suas intenções.

Contrafeitos, prosseguiram caminhando, levando silenciosamente em seus íntimos pensamentos, as incertezas de um novo encontro.

Já a uma certa distância do grupo formado pelas jovens, Marcel, intentando guardar para si a imagem daquela moçoila que o cativara, virara para trás, no mesmo instante que Nicole, movida por idêntico pensamento, também o fizera, quando então seus olhares se encontraram, fazendo-se acompanhar por singelos sorrisos que adornaram os seus semblantes, demonstrando as inesperadas sensações que os vieram visitar.

No início da noite, todos os jovens protagonistas daquele episódio já se encontravam em seus respectivos lares, dando seguimento às suas vidas.

Sem o saberem, os quatro personagens estudavam no mesmo conservatório de música, porém, em horários e dias diferentes, razão pela qual nunca haviam se encontrado em suas dependências.

Durante toda a semana, Marcel, especialmente, não conseguira apagar do seu pensamento a imagem da jovem presenteando-o com seu doce olhar e meigo sorriso, fazendo com que guardasse na intimidade da sua alma romântica a esperança de que iria reencontrá-la no próximo domingo quando, então, nada o haveria de impedir de contatá-la.

Quando o esperado domingo chegara, Marcel e Philippe, ansiosos, dirigiram-se para aquele mesmo local, esperançosos de reencontrarem as jovens, eliminando de vez as incertezas que, desde aquela oportunidade, deles não se afastaram.

Aproximadamente à mesma hora, sentaram-se no mesmo banco, atentos a todas as pessoas que por ali transitavam, pois, desta feita, não queriam perder a oportunidade de manterem contato com as jovens.

O tempo fora passando e, com ele, arrefeceram-se as esperanças de vê-las outra vez, deixando-se, ambos, abraçar pela decepção e pelo pessimismo que passaram a fazer-lhes desagradável companhia.

Por outro lado, tanto Nicole como Mireille, durante toda a semana, também sentiram-se enlaçadas pelo mesmo pensamento de poder revê-los, entretanto, devido a compromissos familiares inadiáveis, viram-se impossibilitadas de comparecerem àquele mesmo local, assistindo, desanimadas, dissiparam-se os sonhos de virem a reencontrar os rapazes que tanto as atraíram.

Porém, as semanas foram passando, fazendo com que os jovens apenas guardassem no estojo das suas lembranças as quimeras que suas mentes vivazes e românticas haviam construído, dando, cada qual, continuidade à vida, empenhando-se no cumprimento das responsabilidades que lhes diziam respeito.

Certa ocasião, François, maestro e diretor do renomado conservatório musical em que os jovens militavam, expedira uma circular a todos os alunos, informando-os a respeito de uma apresentação musical que seria realizada em um domingo, em uma conhecida praça da capital francesa, solicitando-lhes confirmarem ou não suas participações no referido evento.

Aqueles que confirmassem a presença, automaticamente estariam convidados a participar de uma reunião que seria realizada no salão nobre da instituição, em dia e horário já estabelecidos.

Na manhã de um domingo, os alunos que haviam confirmado a participação foram adentrando o local indicado, a fim de tomarem conhecimento dos detalhes que envolveriam a referida apresentação.

Cerca de 30 jovens se fizeram presentes, irradiando incontida alegria, ao mesmo tempo que certa apreensão lhes visitava a intimidade e o semblante, motivada pelas responsabilidades que, por livre vontade, estavam assumindo.

O descontraído burburinho se fazia presente quando o diretor, expondo um leve sorriso, acompanhado pela autoridade de que se encontrava investido, convidara todos a sentarem-se, pois, em seguida, iria colocá-los a par do assunto para o qual haviam sido convidados.

Quando todos estavam devidamente acomodados e o diretor prestes a iniciar sua fala, Nicole e Mireille, ligeiramente atrasadas, ilustrando em seus semblantes a timidez que as caracterizava, adentraram o salão.

Foi quando, Marcel e Philippe, surpresos e emocionalmente impactados, tomaram conhecimento de que as jovens também ali se dedicavam aos estudos.

Aos poucos, o maestro fora pacientemente delineando as responsabilidades que caberiam aos musicistas, incentivando-os aos estudos e à prática dos respectivos exercícios musicais para que, no dia do evento, estivessem bem preparados para o sucesso da apresentação.

Terminada a detalhada exposição, os alunos foram se retirando do local, quando Marcel e Philippe se aproximaram das jovens, que ainda não os haviam notado, para com elas, esperavam, entabular prazerosa conversação.

As duas irmãs, ainda em seus lugares, dialogavam, exteriorizando todo o contentamento que as envolvia por terem sido convidadas a participar da referida apresentação, podendo, assim, melhor testarem os valores vocais que possuíam e que, na referida ocasião, seriam devidamente avaliados.

Distraídas, não notaram a aproximação dos irmãos que, sem delongas, educadamente lhes chamara a atenção, cumprimentando-as.

Agradavelmente surpreendidas, não conseguiram disfarçar a visível timidez que lhes viera adornar as faces, realçando-lhes a beleza delicada e inocente.

De imediato, Nicole sentira um incontrolável e acelerado pulsar em seu coração, denunciando, por meio dos olhos vivazes, da voz titubeante e do sorriso alegre e espontâneo que aflorara dos seus lábios rubros, o indisfarçável impacto que a presença dos jovens, diante de si, também emocionados, lhe causara.

Em seguida, jovial conversação passara a todos entreter, fazendo com que indomáveis sensações viessem tocar os seus corações, despertando-lhes sentimentos que, até então, lhes eram desconhecidos.

Os diálogos foram se sucedendo, sem que os musicistas se apercebessem que os minutos, indiferentes, deslizavam através dos ponteiros do relógio que enfeitava a parede central do grande salão.

Somente quando um dos funcionários encarregados da limpeza ali adentrara, os casais, recém formados, tomaram ciência de que o tempo, agradavelmente, havia passado, convidando-os a deixarem o local.

Em seguida, despediram-se, destinando-se aos seus lares, levando na intimidade das suas almas o encantamento daqueles doces momentos.

Ao chegarem em sua residência, as irmãs foram recebidas por seus pais, Corinne e Armand, veramente surpreendidos pela alegria que as filhas deixavam transparecer por meio dos sorrisos francos e dos olhos cheios de vida, característicos da generosa, porém fugaz, juventude.

Durante o tradicional almoço dominical, a conversação transcorrera descontraída, durante a qual Nicole e Mireille foram narrando, com riqueza de detalhes, tudo o que havia ocorrido naquela inolvidável manhã, quando então começaram a ser traçadas as primeiras linhas dos seus respectivos futuros.

Enquanto transcorria a entusiasmada exposição dos acontecimentos, os pais das jovens expressavam, por meio dos seus semblantes, visível contentamento, porém, calados, acompanhavam o relato das filhas que se intercalavam nas exposições, não dando aos genitores a mínima chance para que pudessem interpor qualquer parecer a respeito, tal a incontrolável euforia que das jovens havia se apossado.

Terminada a refeição, as jovens encaminharam-se para o quarto, dando continuidade à conversação. O tempo passara e, fatigadas, buscaram o leito, deixando-se levar pelas asas delicadas do pensamento, quando leve torpor as abraçara, fazendo-as adormecer por alguns breves minutos, arrefecendo, assim, as fortes emoções que, naquela manhã, intensamente vivenciaram.

Ao se afastarem das suas respectivas vestimentas carnais, os Espíritos Nicole e Mireille foram alegremente recebidos por seus guias espirituais que, com eles, mantiveram rápidos e alentadores diálogos, incentivando-as a permanecerem fiéis aos nobres sentimentos que acabavam de aflorar e que, pouco a pouco, iriam delineando os contornos dos seus destinos.

As demais horas daquele inesquecível domingo transcorreram naturalmente, sem nenhum outro fato digno de menção.

Enquanto isto, os dois irmãos, também prisioneiros das mesmas sensações, passaram o restante do dia em companhia dos seus pais, Firmin e Anice, porém, mais contidos em suas manifestações, nada comentaram a respeito.

Na manhã seguinte, como ficara agendado, todos os jovens musicistas compareceram ao conservatório para darem início aos ensaios previstos, preparando-se assim para a esperada apresentação.

Nicole e Mireille, discretamente, percorriam com os olhos atentos todos os espaços ao redor, na expectativa de logo reverem os rapazes, amainando assim a gostosa ansiedade que desde o dia anterior lhes fazia fiel companhia.

Ao se encaminharem para o grande salão, para, ali receberem do maestro o devido detalhamento a respeito das responsabilidades que lhes caberiam no desenrolar do evento, avistaram, bem no topo de imponente escadaria, os dois irmãos, descontraidamente dialogando. Na verdade, esforçavam-se para tentar dissimular a ansiedade que também os acossava, para reencontrarem as moçoilas e, com elas, desfrutar agradáveis momentos, arrefecendo o desejo de revê-las que, desde a manhã de domingo, não lhes fora possível desvencilhar.

Os sorrisos espontâneos e os olhares plenos de alegria enfeitaram o feliz reencontro, fazendo com que as batidas dos seus jovens corações se fizessem mais rápidas, demonstrando, mutuamente, que um doce e, até então, desconhecido sentimento emergia, destemido, das entranhas das suas almas, tornando-as, a partir daqueles momentos dele reféns.

Os ensaios para a inusitada apresentação da recém-criada orquestra, desenrolaram-se durante todo o mês, como fora previsto e, nos seus intervalos, os jovens Marcel, Philippe, Nicole e Mireille conversavam alegremente, alimentando com sinceras palavras e cativantes olhares os sonhos que ocupavam as suas mentes, dulcificando os seus corações.

Os rapazes, incentivados pela presença constante das moçoilas, esmeravam-se nos ensaios, colocando nas cordas do violino toda a sensibilidade de que, naqueles momentos, se tornavam submissos, extraindo do delicado instrumento os sons que encantavam os ouvidos, acariciando a alma de todos aqueles que ali acompanhavam os seus respectivos desempenhos.

Nicole e Mireille, movidas pelas mesmas razões, também empenhavam-se com incontestável dedicação, fazendo com que suas vozes, estimuladas pelos dúlcidos e até então inusitados sentimentos, percorressem os ares, emocionando a todos os musicistas que acompanhavam suas impecáveis atuações.

Por fim, chegara o grande dia da apresentação e, com ele, recrudesceram o entusiasmo e as tensões que enlaçavam os integrantes da jovem orquestra, esperançosos de bem cumprirem com as responsabilidades que lhes foram destinadas.

O grande teatro estava literalmente tomado pelos convidados, que, ansiosos, aguardavam o início do espetáculo.

Minutos antes de serem descerradas as cortinas do palco, Marcel se aproximara de Nicole, que se encontrava visivelmente tensa e, pegando em suas delicadas mãos, as colocara entre as suas, na tentativa de acalmá-la, ao mesmo tempo que seus olhos, sutilmente, como que acariciavam seu rosto encantador, tornando-se dela definitivamente enamorado.

Em seguida, encorajado pela voz silenciosa do seu coração, inapelavelmente seduzido pela moçoila, a beijara, suavemente, em uma das faces, deixando que os seus mais sinceros sentimentos extravasassem por meio dos seus lábios empalidecidos pelas emoções e que Nicole, feliz, captara pelas vias da sua alma sonhadora.

A performance de cada um dos integrantes da orquestra ultrapassara as mais otimistas expectativas e, ao final da apresentação, a plateia, em pé, retribuiu com vivas e palmas o impecável desempenho dos jovens musicistas.

A partir daquela noite, todos aqueles que participaram do elogiado espetáculo sentiram-se motivados à manterem-se unidos, aprimorando seus estudos, aplicando-se com incontestável responsabilidade nos ensaios, a fim de levarem a outros ouvidos o encantamento, as emoções e o fetiche que a música tem o dom de proporcionar.

Na tarde do dia seguinte, conforme havia sido estabelecido, todos os musicistas que participaram do evento se encontravam presentes no salão principal do conservatório, aguardando, ansiosos e radiantes, a presença do maestro que, por certo, teria algo importante a lhes dizer.

O burburinho jovial e animado se estabelecera no local, quando François ali adentrara, traduzindo por meio do seu semblante calmo e do seu sorriso simpático e confiante, a alegria que estava experimentando desde o término da apresentação musical que, com incontestável maestria, conduzira na noite anterior.

Após as tradicionais saudações, o maestro passara a tecer os merecidos elogios a todos os integrantes da orquestra pelo excelente desempenho demonstrado, o que o estimulara a aceitar um convite que lhe fora feito, naquela inesquecível noite, para realizar uma nova apresentação, no mesmo local, porém, não só para convidados, e sim para o público em geral.

Viva! Viva! Esta fora a palavra que singrava os ares de todo o conservatório, delatando a alegria incontida que a todos contagiara, face às inesperadas e promissoras expectativas que se descortinaram diante de todos os atônitos presentes, fazendo com que cada qual passasse a traçar em suas mentes entusiasmadas, as linhas dos seus destinos.

Marcel e Nicole, Philippe e Mireille, espontaneamente abraçaram-se, deixando-se dominar não só pelas alegrias que o comunicado lhes houvera presenteado, mas, principalmente, pela felicidade ímpar que experimentavam ao sentirem que seus corações haviam sido enlaçados pelo amor.

Desde então, os enamorados casais passaram a percorrer as floridas estradas dos mais nobres e sinceros sentimentos, com eles emoldurando as suas vidas.

A orquestra que despretensiosamente havia sido formada passara, a partir da feliz estreia, a apresentar-se em várias localidades, levando aos aficionados da música e do canto, deslumbrantes páginas do seu elogiável repertório, fazendo com que a fama, aos poucos, viesse ao seu encalço, para alegria de todos os músicos que a compunham.

Três anos de absoluto sucesso haviam transcorrido quando, ao final de uma encantadora tarde de domingo, os pares Marcel e Nicole, Philippe e Mireille, diante do padre Frédéric e do pomposo altar da basílica de Saint Antoine, uniram suas vidas pelos laços do matrimônio, comprometendo-se, juntos, a trilharem as veredas dos seus respectivos e esperançosos amanhãs.

Os anos, indiferentes, foram tramitando pelos caminhos do tempo, enquanto Marcel e Philippe esmeravam-se em seus violinos, retirando das partituras que se encontravam diante dos seus olhos os acordes em todo o seu esplendor, deleitando as plateias que, atentas, assistiam aos espetáculos.

Por sua vez, Nicole e Mireille, com incansável aplicação, trabalhavam suas vozes, aprimorando-as a cada dia, deslumbrando o público que as acompanhava na execução do seus variados e primorosos repertórios musicais.

Assim sendo, os dois casais foram galgando vários degraus na escalada artística, até virem a ocupar lugar de destaque naquela que se tornara consagrada e requisitada orquestra, cujas apresentações se estenderam por diferentes rincões da romântica França, fazendo com que os veículos de comunicação se sentissem estimulados a divulgar e exaltar suas impecáveis atuações.

Apesar das frequentes e merecidas menções elogiosas que frequentemente recebiam por parte do público e da imprensa especializada, Marcel, Philippe, Nicole e Mireille em momento algum se deixaram seduzir pela vaidade efêmera e inebriante que entorpece as mentes e os corações daqueles que, desprevenidos, se deixam por ela contaminar.

Pouco a pouco, os dois casais foram dispondo de confortável situação financeira, quando, então, Marcel e Nicole tomaram a decisão de se tornarem pais, sonho este que Mireille e Philippe também perseguiam, mas que o destino não lhes haveria de permitir concretizar.

Alguns meses após a feliz e responsável decisão, Nicole engravidara, vendo-se, pouco tempo depois, obrigada a afastar-se dos seus compromissos musicais, obtendo do maestro o seu natural e consciencioso aval, sem uma data prevista para o seu retorno.

Os demais membros da unida família continuaram suas trajetórias musicais, aguardando, felizes, a chegada de mais um componente.

Após nove meses de gestação, Adrien viera ao mundo, enfeitando com a sua presença a vida dos seus jubilosos pais e tios que, em uníssono, comemoraram a vinda do pequenino varão, como sendo um indelével marco em suas existências.

Dotado de inquestionável beleza, Adrien era elogiado por todos aqueles que, por razões várias, desfrutavam sua inocente presença, para a alegria dos seus pais e parentes.

Desde cedo, o pequeno fora delatando evidente pendor para a música. Assim sendo, todas as vezes que Nicole cantarolava, Adrien, balbuciando algumas palavras ininteligíveis, como que inebriado pela voz da genitora, tentava acompanhá-la, denotando toda a alegria que experimentava quando tal ocorria.

Tão logo Adrien completara três anos, Nicole, de comum acordo com o esposo, se propora a retomar a carreira artística e, para tanto, reiniciara os devidos treinamentos, a fim de que sua voz, aos poucos, fosse voltando à devida forma.

Alguns meses mais tarde, achando-se preparada para aos palcos, obtivera do maestro o seu total apoio, voltando a cantar.

Quando era possível, Marcel e Nicole levavam o filho para assistir aos seus ensaios, sempre acompanhado por Brigitte, dedicada governanta da família.

Nessas ocasiões, Adrien permanecia atento, compenetrado, ao mesmo tempo admirado, deleitando-se com a performance da orquestra.

Vivaz, inteligente, Adrien demonstrava inconteste precocidade nas palavras, nas atitudes e ações, exigindo de todos aqueles que com ele mantinham convívio, permanente atenção para que o pequeno não viesse a exorbitar, deixando-se, desde cedo, conduzir-se pelas vias insidiosas do personalismo.

Em um dos saraus que Marcel e Nicole habitualmente promoviam em sua residência, Adrien, contando apenas 7 anos, segurando em uma das mãos da governanta, fora por ela conduzido ao centro da sala onde todos os convidados estavam presentes, quando então Brigitte, educadamente, pedira a atenção de todos, anunciando, em seguida, que o precoce menino iria homenagear os pais, naquele exato dia em que completavam 15 anos de feliz matrimônio.

Adrien ali permanecera, extático, concentrado, aguardando apenas que a governanta providenciasse a música que iria servir-lhe de pano de fundo, para que sobre ela colocasse a sua voz.

Agradavelmente surpreendidos, Marcel e Nicole não conseguiam dissimular as emoções que os vieram visitar.

Adrien, estimulado pelas salvas iniciais que recebera dos presentes, iniciara o canto para o qual havia se preparado.

Ao final da sua apresentação, as palmas surgiram espontâneas, premiando o pequeno pelo seu desempenho.

Horas depois, ao se despedirem dos anfitriões, os convidados foram unânimes em elogiar o dom artístico de que Adrien era possuidor, para alegria dos seus pais e tios.

Na verdade, atendendo a irrecusável pedido do sobrinho, para o qual dedicavam notado amor e carinho, Mireille e Philippe se propuseram, às escondidas dos seus pais, prepará-lo para aquela que fora aplaudida apresentação.

Poucos ajustes tiveram de ser feitos pelos seus tios, pois Adrien, dotado de inconteste inteligência e pendor musical, estando presente em muitos dos ensaios da orquestra, fora assimilando com facilidade as nuanças da música e do canto que, durante o transcorrer dos mesmos, naturalmente iam surgindo.

A partir de então, literalmente convencidos do potencial vocal que o menino demonstrava possuir, seus familiares passaram a dar-lhe toda a atenção neste sentido, esmerando-se em aconselhá-lo a respeito, ao mesmo tempo que o estimulavam à prática dos exercícios e das técnicas necessárias para, aos poucos, educar sua voz, preparando-se para, enfim, seguir a gratificante carreira artística, para a qual demonstrava insofismável vocação.

Desde então, Adrien, além das responsabilidades escolares que lhe eram afeitas, passara também, ora acompanhado pelos pais, ora pelos tios, ora pelos professores do conservatório, a estudar e praticar música e canto.

Dotado de inconteste inteligência, captava com extrema facilidade as orientações e conselhos que lhes eram ministrados, aplicando-os, oportunamente, aprimorando cada vez mais as qualidades que já possuía, encantando a todos que acompanhavam o seu nítido progresso vocal.

Com o passar do tempo, como os pais, tios e demais pessoas que com Adrien mantinham contato, não lhe poupavam elogios, ele fora se tornando um adolescente pernóstico, presunçoso, vangloriando-se da sua inteligência e predicados, fazendo com que, aos poucos, as pessoas fossem dele se afastando, incomodadas pela afetação que o passara a caracterizar.

Todavia, era notável e indiscutível o seu talento, destacando-se, sobremaneira, de todos aqueles que com ele estudavam música e canto, induzindo-os a antever um futuro promissor para o vaidoso rapazote.

Tendo em vista estes insofismáveis predicados, François fora, intimamente, semeando a ideia de colocar Adrien, solo, à frente da sua orquestra, tão logo surgisse uma boa oportunidade, precavendo-se, porém, para não expor o talentoso cantor a riscos desnecessários, que pudessem vir a comprometer sua carreira.

Assim pensando, o experiente maestro, em um dos intervalos dos ensaios da sua orquestra, fora ao encontro de Marcel e Nicole, convidando-os para virem até o seu escritório, pois tinha algo importante a lhes dizer.

Devidamente acomodados, François passara a expor-lhes a ideia que transitava em sua mente, assim dizendo:

— Queridos amigos. Há já algum tempo venho sentindo-me estimulado a colocar em maior evidência o precoce talento que possui o nosso Adrien.

— Em vista disto, é meu desejo colocar o jovenzinho, solo, à frente da nossa orquestra, em um dos números que farão parte da vesperal beneficente que pretendemos realizar no próximo mês, em uma cidade do interior, ainda por ser definida. Porém, para tanto, venho pedir-lhes a opinião a respeito.

Não cabendo em si de contentamento, Marcel e Nicole entreolharam-se agradavelmente surpreendidos pela generosa proposta que François acabara de lhes fazer, quando Marcel, externando um sorriso que espelhava toda a alegria que emergia da sua alma, meneando afirmativamente a cabeça, dera, juntamente com Nicole, o definitivo aval para que a ideia do maestro fosse colocada em prática.

Imediatamente após terem recebido a auspiciosa notícia, o casal se apressara em transmiti-la a Philippe e Mireille, convidando-os, para logo mais à noite, virem com eles jantar, quando então colocariam Adrien a par do ocorrido.

Em seguida, Marcel e Nicole convidaram os avós do jovenzinho para que também viessem, participando assim do insólito acontecimento.

Logo após o caprichoso e variado repasto, a convite da anfitriã, todos se dirigiram para a confortável e elegante sala de estar, cada qual tentando dissimular a ansiosa expectativa que lhes fazia companhia, incitando-os a imaginar qual seria a reação de Adrien ao inteirar-se do fato.

Despretensiosa conversação a todos envolvera, e ao surgir uma pequena pausa, Nicole delicadamente se levantara, indo ao encontro do filho, acomodando-se ao seu lado e, segurando suas mãos, ternamente as acariciara. Em seguida, destinara seu doce olhar para o esposo, como que convidando-o a dar ao filho a tão esperada notícia.

Marcel entendera o convite que lhe fora feito e, dirigindo o olhar radiante para o adolescente, lhe dissera, esboçando leve e confiante sorriso:

— Filho querido. Hoje, ao término de mais um dos nossos ensaios, fomos convidados pelo maestro para nos dirigir ao seu escritório, pois tinha algo importante a nos falar. Assim o fizemos.

— Após algumas palavras iniciais, o sr. François demonstrou-nos vivo interesse em fazer a você, Adrien, um honroso e promissor convite e, para tanto, antes nos pediu, em sendo pais, o devido consentimento para fazê-lo, obtendo, de imediato, nossa total concordância.

Naqueles momentos, como que pressentindo novas responsabilidades que viriam ao seu encontro, o jovenzinho, ansioso, movimentara-se na poltrona, ao mesmo tempo que um ligeiro calafrio percorrera-lhe o corpo, enregelando-lhe as mãos, mesmo estando acolhidas pelas mãos de Nicole, traduzindo assim as inusitadas sensações que estava experimentando.

Marcel, após ligeira pausa, criando um certo suspense, dera sequência à sua fala, dizendo-lhe:

— O conceituado maestro convidou-o para fazer um número musical, solo, na apresentação que a nossa orquestra fará daqui a um mês, em uma cidade do interior, ainda por ser definida.

Antes que seus ouvidos captassem as últimas palavras que lhe eram destinadas pelo seu emocionado pai, incontinenti, abraçara sua mãezinha, beijando-a com sofreguidão, para, logo em seguida, encaminhar-se em direção ao pai e aos demais, agindo com todos da mesma forma, espargindo uma mescla de alegria e de vaidade, a qual a longos evos o perseguia, sem que conseguisse dela se desvencilhar.

Arrefecidos os ânimos, Brigitte, que já havia tomado conhecimento da alvissareira notícia, adentrara o local, servindo gentilmente a todos taças de champanhe, celebrando e colocando um ponto final naquele festivo episódio.

A referida apresentação musical fora marcada para a mesma data em que Adrien estaria completando 15 anos, o que haveria de constituir-se em um marco inapagável em sua vida e em sua carreira profissional.

Os ensaios para o evento seguiram seu rumo, durante os quais Adrien superava-se, a cada momento, expondo toda a sensibilidade que percorria sua alma, porém, ainda fragilizada pelo assédio ininterrupto da vaidade que lhe fazia perniciosa companhia, desde há muito tempo, no carreiro bendito das suas encarnações.

Por fim, o dia tão esperado chegara e, com ele, as alegrias e as tensões que, comumente, precedem o exato instante em que o artista está prestes a adentrar o palco, a fim de brindar o público, ávido por entretenimento e descontração.

Os aficionados da música e do canto, estimulados pela divulgação que fora feita sobre o evento, acorreram em grande número ao teatro, ocupando todos os assentos, esperançosos de virem a desfrutar momentos de sensibilidade e enlevo.

Nos bastidores da refinada sala de espetáculos, após ter recebido do experiente maestro suas últimas recomendações, o jovenzinho curiosa e discretamente, entreabrira as cortinas do palco, sentindo forte impacto ao ver todos os lugares tomados pelo público que, delatando certa ansiedade, aguardava o início da apresentação.

Leve tremor viera abraçá-lo, ao mesmo tempo que um incômodo calafrio percorrera-lhe as entranhas físicas, denunciando a indisfarçável apreensão que viera incomodá-lo, fazendo com que, por instantes, viesse a temer pelo sucesso do seu desempenho, para o qual se preparara com insofismável dedicação e responsabilidade.

Nicole, que se encontrava por perto, percebendo o momento crítico que o filho vivenciava, dele se aproximara. Em seguida, acolhendo em suas mãos o rosto empalidecido do jovenzinho, no mesmo instante em que lhe dirigia ternuroso olhar, lhe dissera, ilustrando delicado e confiante sorriso:

— Filho. O instante por nós todos esperado enfim chegou. Tenha confiança em si, pois eu não tenho dúvida alguma de que, dentro de alguns minutos, você adentrará o palco e encantará a plateia com a sua interpretação e a sua voz, recebendo, ao final do seu número musical, aplausos que traduzirão o sucesso do seu desempenho.

Estas palavras proferidas com toda a convicção e amor penetraram docemente nos ouvidos de Adrien, acarinhando o seu coração, trazendo de volta a segurança íntima que, por momentos, lhe parecera tê-lo abandonado.

Logo depois, o maestro, assessorado pelo coordenador do palco, solicitara a todos os integrantes da orquestra para que ocupassem os seus respectivos lugares, pois a apresentação estava prestes a começar.

Faltando apenas dois minutos para as 16 horas, uma campainha se fizera ouvir, anunciando que as cortinas do palco iriam abrir-se, dando início ao espetáculo.

Ao final do primeiro número musical, do qual Marcel, Philippe, Nicole e Mireille tiveram brilhante atuação, o público retribuíra com generosos aplausos os momentos de sensibilidade e entretenimento com os quais foram brindados.

A seguir, a orquestra executara duas outras páginas musicais, presenteando a plateia presente com elogiável desempenho.

Terminada a terceira apresentação, as cortinas fecharam-se, quando, então, fez-se pequeno intervalo para que os integrantes da orquestra pudessem desfrutar alguns instantes de relaxamento e descontração, amainando as tensões que comumente deles se apossavam, durante o transcorrer dos eventos.

Poucos minutos depois, novamente as cortinas se abriram e o maestro, dirigindo-se aos presentes, anunciara o próximo número a ser apresentado, quando então, dando ênfase à sua voz, visivelmente emocionado, assim se expressara:

— Neste exato momento, tenho o privilégio de convidar para adentrar este palco, Adrien, o jovem e promissor cantor que, tenho a certeza, os presenteará com o seu vivaz desempenho.

— É a primeira vez que ele se apresentará diante de uma plateia e, por isto, convido a todos, para receberem-no com muito carinho, representado pelas suas generosas palmas, para que o talentoso jovenzinho sinta-se bem acolhido e confiante, a fim de poder brindá-los com a sua voz.

Adrien, altivo e confiante, com passos firmes e elegantes, adentrara o palco, sendo naturalmente aplaudido pelo público que estava ansioso para acompanhar o seu desempenho.

François, voltando-se para a orquestra que, com maestria conduzia, acionando a batuta, dera liberdade para que os primeiros acordes se fizessem ouvir, percorrendo os espaços do teatro, enquanto o jovem cantor, postado diante do microfone, aguardava, aparentemente tranquilo, o momento oportuno em que sua voz se faria presente.

Ao final daquela que fora impecável performance, o público, literalmente em pé, extasiado, prorrompera em palmas e vivas, fazendo com que Adrien, após ter-se retirado, por duas vezes tivesse de voltar ao palco para agradecer aos aplausos que os presentes, entusiasmados, não cessavam de lhe endereçar, verdadeiramente convencidos do seu precoce e indubitável talento.

Após mais alguns números apresentados pela grande orquestra, as cortinas do palco fecharam-se, dando por terminado o espetáculo musical.

Todos os músicos e cantores trocaram efusivos abraços, jubilosos por terem dado vida e beleza às partituras que se encontravam diante dos seus olhos atentos e às suas vozes, proporcionando ao grande público presente momentos de inquestionável deleite.

O jovenzinho fora aquele que mais cumprimentos recebera pela sua impecável apresentação, fazendo-o sentir-se prestigiado, deixando-se conduzir pela vaidade que, uma vez mais, insinuava-se pelos meandros da sua alma melindrosa, nutrindo o seu ego influenciável.

Cerca de 40 minutos depois de todos terem deixado os bastidores do teatro, Adrien, acompanhado pelos seus orgulhosos pais e tios, fora agradavelmente surpreendido pela presença carinhosa de muitos daqueles que o haviam assistido, que, ansiosos, o aguardavam, na saída do teatro, parabenizando-o pelo seu irrepreensível desempenho.

Assim sendo, novamente acossado pela vaidade contumaz, a todos agradecera, porém, sem deixá-los dele se aproximar, atribuindo-se, equivocadamente, valores notáveis, como se fosse joia rara, intocável, para ser apenas admirada.

Radiantes, os componentes da unida família de artistas, a convite de Marcel, dirigiram-se para afamado restaurante nas imediações do teatro, a fim de comemorarem o aniversário de Adrien.

Ali chegando, o local estava bastante concorrido, sendo que a maioria dos freqüentadores havia assistido à apresentação musical que, há pouco, houvera ocorrido.

O jovenzinho logo fora reconhecido, recebendo espontânea salva de palmas dos presentes que assim expressavam o reconhecimento pelo seu precoce talento.

Adrien, meneando a cabeça, educadamente agradecera aos aplausos, sentindo-se, uma vez mais, acariciado pela vaidade que, definitivamente, não mais o deixaria, acompanhando-o a todos os lugares e com quem estivesse.

Naquela noite, o talentoso jovem demorara para adormecer, inebriado com a repercussão que o seu desempenho tivera junto a todos os que o assistiram naquela memorável ocasião.

Na manhã seguinte, ao folhear o jornal, como habitualmente o fazia, Marcel fora agradavelmente surpreendido pela foto do filho estampada na página dedicada às artes, fazendo com que, ansioso, percorresse com os olhos atentos os comentários elogiosos que a crítica emitira com respeito ao evento musical, destacando, sobremaneira, a performance do jovem e promissor cantor.

Comovido, Marcel se apressara em comunicar a auspiciosa notícia à esposa e ao filho, quando então os abraços plenos de alegria foram a tônica daquele inesperado momento.

A somatória de todos estes acontecimentos impactaram emocionalmente o jovem Adrien, que, inexperiente, não estando por ora preparado para esses tipos de manifestações, passara a atribuir-se qualidades que ainda não possuía, porém, insofismavelmente latentes em sua alma, moldando, a partir daí, sua personalidade suscetível aos efêmeros elogios, pautada pela vaidade exacerbada e pelo ranço da autovalorização.

Com esta divulgação elogiosa e espontânea por parte da imprensa especializada, Adrien passara a ser requisitado para várias outras apresentações, juntamente com a grande orquestra, adquirindo assim mais e mais experiência, delineando, gradualmente, os seus futuros caminhos.

No liceu onde estudava, Adrien era tratado com toda a deferência pelos seus mestres, que não poupavam enaltecedoras menções a seu respeito, colocando-o num fictício pedestal, bem acima dos demais alunos que com ele estudavam.

Tendo completado a maioridade e os tradicionais estudos, Adrien pôde dedicar-se ainda mais à sua carreira artística, apresentando-se com a orquestra em outras cidades, deliciando os aficionados da música, fazendo-os vivenciar, nessas ocasiões, sensibilidade e emoções.

Assim, a vida do jovem cantor fora desfilando pelas dobras do tempo, mesclando momentos de tranquilo convívio familiar com outros tantos em que desfrutava a presença do público que não lhe regateava elogios e carinhosas atenções.

Com o passar do tempo, a vaidade que, no carreiro das encarnações, já havia criado raízes em sua alma influenciável, passara a manifestar-se, altiva, por meio do seu olhar presunçoso, dos seus ouvidos melindrosos, ávidos por elogios, das suas palavras destituídas da perfumosa humildade, das suas atitudes distanciadas da doce fraternidade e do seu coração pautado pela soberba e pela insensibilidade para com o público que o admirava e que, em suma, era o verdadeiro responsável por seu incontestável sucesso.

Assim, deixando-se envenenar por essas condenáveis condutas, Adrien fora, gradualmente, passando a considerar-se um ser especial, dotado de qualidades únicas que o distinguiam perante a massa popular que o prestigiava, acreditando-se dela merecedor de todo apreço e atenção.

Com esta forma arrogante de proceder, Adrien tornara-se uma criatura de difícil convívio, marcada por insensibilidade, egoísmo e inquestionável vaidade.

Apesar de desdenhar as pessoas que o prestigiavam, considerando-as desprovidas das qualidades que se julgava detentor, inebriado, rendia-se aos aplausos e aos elogios com os quais o presenteavam, massageando o seu ego, autocolocando-se em um suposto e frágil pedestal de vidro que, um dia, haveria de romper-se, devido ao peso excessivo da sua vaidade, arremessando-o ao solo da humildade para que, aos poucos, fosse atribuindo o justo valor aos seres humanos, compreendendo o verdadeiro sentido da vida.

Raramente transitava pelas calçadas, lojas, restaurantes e demais lugares públicos e, quando assim o fazia, era logo reconhecido pelas pessoas que lhe endereçavam olhares curiosos, algumas chegavam a esboçar tímidos sorrisos, outras, corajosamente, dirigiam-lhe carinhosas palavras, esperançosas por se verem retribuídas em suas espontâneas e sinceras manifestações.

Todavia, Adrien, envolvido pelo ranço da vaidade, mantinha-se altivo, fugidio, sem destinar-lhes um simples olhar, denotando total enfado pelo afável assédio de que era alvo.

Entretanto, na intimidade do seu ser, rejubilava-se pelas manifestações espontâneas de popularidade e apreço que habitualmente recebia.

Quando se encontrava na presença carinhosa dos seus pais e tios, Adrien esforçava-se para moderar seus arroubos de estrelismo, mantendo sua vaidade a níveis suportáveis, raramente deixando-a ultrapassar esses limites. Porém, quando se distraia, deixava-se por ela envolver, quando, então, Nicole lhe endereçava maternal olhar, fazendo-o sentir-se amorosamente censurado, impelido a amainar seus ímpetos.

Os anos foram passando pelos caminhos do tempo e, com eles, a doce juventude, fazendo com que Adrien fosse constatando a dura realidade de que o seu gênero artístico estava em franco declínio, sendo, gradativamente, substituído por outros tantos mais modernos, fazendo-o sentir-se tão somente prestigiado pelos seus antigos admiradores que também foram notando os reflexos do tempo, impelindo-os a arrefecerem o entusiasmo que outrora sentiam pelas suas inesquecíveis atuações.

Seus pais e amorosos tios também foram sentindo o peso dos anos que acabaram por afetar suas vozes e restringir-lhes os reflexos e movimentos, impelindo-os a colocar um ponto final em suas respectivas carreiras artísticas, que acabaram por ser carinhosamente guardadas no cadinho das suas doces recordações.

Tempos depois, cada qual partira rumo à pátria espiritual, levando no íntimo dos seus Espíritos a paz que, invariavelmente, acompanha todos aqueles que, de alguma forma, cumpriram com as suas missões, adornando o mundo com as suas presenças.

Adrien, transitando pelas avenidas da vida, carregando em sua alma o fardo pesado da vaidade, dificultando o seu caminhar e o seu convívio com quem quer que fosse, deixara-se algemar pela soberbia, menoscabando todos aqueles corações femininos que, ao longo da sua existência, dele tentaram se aproximar, na vã esperança de com ele virem a consorciar-se, conviver e constituir família.

Aos poucos fora sentindo o abraço gélido da solidão, conscientizando-se de que havia sido esquecido pelo mundo que, no passado, tanto o aplaudira, passando a viver apenas de recordações e das efêmeras glorganização que para nada serviram, a não ser para recrudescer a vaidade que trazia enquistada em sua alma, desde longínquos tempos, na esteira das reencarnações.

Enfim, com o passar implacável do tempo, Adrien acabara por deixar o seu estojo físico, partindo para o além, carregando em seu Espírito cristalizado pela vaidade a decepção, a mágoa e a revolta por todos aqueles que outrora haviam-no prestigiado e que o esqueceram.

Assim, somente uma outra impactante e sofrida encarnação, quiçá, seria capaz de modificar-lhe a intimidade e a conduta, rompendo a carapaça de orgulho e de vaidade que acobertam o seu Espírito recalcitrante, dificultando o seu caminhar pelas estradas perfumosas da humildade.

Depois...

A noite fria, engalanada pela neve fina que voejava, deitandose, aos poucos, suavemente sobre o solo, constituía-se em cenário propício para as apresentações teatrais que, com frequência, aconteciam em borbulhante e opulenta cidade do sul da França.

Os aficionados deste gênero artístico, trajados com requintado esmero, desfilavam pelos salões e corredores destas salas de espetáculos, distribuindo gentis sorrisos, enquanto aguardavam, com reservada ansiedade, o início do evento.

Em um desses concorridos teatros, o casal Acace e Adeline, devidamente acomodados em confortáveis poltronas, observavam, atentos, as cortinas do palco, ávidos para verem-nas abrir, para que a esperada apresentação fosse iniciada, proporcionando-lhes momentos de sensibilidade e saudável entretenimento.

Finalmente, a ópera tivera início. Enquanto cada um dos componentes do grande elenco esmerava-se no desempenho dos seus papéis, o público que lotava as dependências daquela casa de espetáculos atentamente acompanhava a performance dos personagens, deliciando-se com o desenrolar do cativante enredo.

Ao final da apresentação, quando a mesma atingira o seu auge, as emoções passaram a acarinhar os corações dos presentes, fazendo com que os mais sensíveis, por meio das lágrimas e das mãos entrelaçadas, deixassem extravasar os nobres sentimentos que, naqueles instantes, os envolviam.

Veramente comovidos com a peça teatral que lhes fora apresentada, Acace e Adeline retornaram ao lar para, ali, refazerem-se dos momentos de enlevo que vivenciaram, deixando-se adormecer, embalados pela suave melodia dos sentimentos.

Tão logo o sono viera-lhes ao encontro e seus Espíritos libertos de suas vestes físicas, viram-se na companhia de agradáveis entidades que lhes infundiam doce respeito e muita paz, ao mesmo tempo que, por meio de amistosa seriedade, os incitava a permanecer em silêncio, atentos às considerações que lhes haveriam de fazer.

Uma delas, irradiando envolvente simpatia, deles se aproximara, quando então, pelas vias do pensamento, assim se manifestara:

— Meus queridos irmãos. Nesta memorável noite em que se viram envolvidos pelo encantamento da música, das vozes e do enredo de belíssima página teatral, aproveitando-nos da sensibilidade e do enlevo que ainda os abraça, achamos oportuno vir às suas presenças para, acatando o desejo que há tempos faz morada em seus corações, propor-lhes tornarem-se pais, pela terceira vez.

— Antes, porém, é necessário que alguns pontos de vital importância sejam devidamente esclarecidos, exigindo do casal profundas reflexões a respeito.

— Se amorosa e resignadamente virem a aceitar esta honrosa missão, estarão presenteando um Espírito que lhes fora muito caro na última jornada terrena, com a bênção do renascimento para, juntos, percorrerem as mesmas estradas.

— Entretanto, queremos conscientizá-los de que estes caminhos serão íngremes e pedregosos, pois o Espírito reencarnante será portador de irreversível deficiência, exigindo-lhes abnegação, renúncias e incondicional amor, para que ele possa, com esforço próprio e paciencioso auxílio, transformar sua incontestável expiação em redentora oportunidade para evoluir nas sendas do Cristo Jesus.

Durante todo o transcorrer da serena exposição, os Espíritos Acace e Adeline foram se deixando envolver por imbatíveis emoções que, ao final da mensagem, passaram a fluir, destemidas, por meio dos seus radiantes sorrisos e dos seus expressivos olhares, delatando a total aceitação do casal para com a missão que estava sendo-lhe sugerida.

Na manhã seguinte, ao despertarem, cada qual guardava na intimidade da sua alma sensível apenas, indefinível alegria, ao mesmo tempo que *flashes* de um agradável e inesperado presságio de que se tornariam pais, outra vez, viera-lhes acarinhar a mente, enlaçando os seus corações em ondas de amor e de paz.

Antes que pudessem emitir um mútuo bom dia, Anselme e Adrienne, filhos do casal, intempestivamente adentraram o quarto, arrojando-se ao leito onde os pais ainda se encontravam, beijando-lhes as faces, com carinhosa efusão.

Acace e Adeline nada comentaram entre si a respeito do ocorrido durante a noite anterior, guardando em suas mentes apenas vagas lembranças do que fora, não um sonho, mas, sim um verdadeiro presente espiritual.

Desde então, Adeline, intuitivamente, passara a dar maior atenção à sua alimentação e ao seu necessário descanso, como que se preparando para uma nova gestação.

Dois meses haviam passado, quando se dera conta de que suas atividades biológicas haviam sofrido alterações, fazendo-a aventar a hipótese de que havia engravidado.

Assim desconfiada, dirigira-se ao médico de confiança da família para ser por ele examinada, pois sua intuição materna silenciosamente lhe dizia que o seu ventre agasalhava um novo ser, carente de extremado carinho e muito amor.

Após os educados cumprimentos, seguidos das perguntas de praxe, o dr. Achille, que a conhecia desde criança, passou a examiná-la.

Poucos minutos depois, abrindo um simpático sorriso, acompanhado pelo olhar confiante e experiente, o competente profissional lhe dissera, com serena e alegre convicção:

— Adeline. Você está grávida, outra vez!

Subitamente, a gestante abraçara o médico, deixando que a felicidade daquele instante emergisse, indomável, da intimidade do seu ser, sentindo-se premiada pelo Pai da vida, que lhe concedia uma vez mais a bênção da dúlcida maternidade.

Em sequência, insólita acalmia se apoderara de Adeline, quando então o dr. Achille, com ternura paternal, lhe dissera:

— Minha cara Adeline. Desta vez, algo me diz que esta criança que acolhe em seu ventre materno ensejará ao casal exercitar-se, paciente e abnegadamente, pelos caminhos do incansável amor, presenteando este serzinho que lhes dá o privilégio da presença e do convívio, com tudo aquilo de que irá necessitar para percorrer com sucesso esta sua jornada terrena, que está apenas começando.

Na realidade, Espíritos amigos que ali estavam presentes inspiraram o médico a emitir essas palavras, para que, de alguma forma, a alma sensível de Adeline viesse a captar nas entrelinhas o sutil alerta que lhe fora destinado.

Enquanto ouvia, atenta, as sábias palavras que o dr. Achille lhe dirigia, sentira-se, momentaneamente, incitada a sobre elas refletir, preparando-se, intuitivamente, para vivenciar com coragem os dias que estavam por vir. Em seguida, despedira-se do simpático doutor, retornando ao lar ansiosa para comunicar a auspiciosa notícia ao esposo e aos filhos.

Assim, antes que o jantar fosse servido, Adeline reunira todos os integrantes da diminuta família, para, emocionada, informar-lhes que estava grávida. Os sorrisos, os abraços e as doces palavras se transformaram na tônica daqueles felizes e inolvidáveis momentos.

Durante todo o transcorrer da gravidez, Adeline fora visitada por momentos de relativa tranquilidade, mesclados com outros tantos de incômoda inquietude que valentemente enfrentava, lutando para expulsá-la da sua mente e readquirir a paz.

Em algumas noites, após ter sido dominada pelo sono, quando então seu Espírito se libertava da embalagem carnal que o mantinha cativo, amorosas entidades vinham ao seu encontro, insuflando-lhe, pacienciosamente, a coragem e o otimismo necessários para que viesse bem cumprir a missão a que se propusera.

Pela manhã, ao acordar, conservava em sua mente apenas um leve pressentimento de que haveria de enfrentar um difícil e nebuloso futuro que, a passos decididos, se aproximava.

Com o passar dos meses, Adeline fora notando emergir do recôndito da sua alma, um amor imensurável pelo bebê que seu ventre acarinhava, enquanto que, concomitantemente, um inexplicável sentimento de compaixão passara a acompanhá-la, fazendo com que, por vezes, lágrimas incontidas aflorassem dos seus olhos, deixando extravasar as estranhas sensações que a visitavam.

Ao ter em mãos as roupinhas que, em breve, iriam agasalhar a esperada criança, as aconchegava ternamente junto ao peito, como se o neném ali já estivesse, envolvendo-o no seu indefinível amor de mãe.

Nesses instantes de inexprimível sensibilidade, o Espírito reencarnante de tudo se apercebia, retribuindo o carinho recebido, movimentando-se, suavemente, no refúgio materno que o protegia, agradecido pelo imenso afeto que lhe estava sendo direcionado.

Enfim, após nove meses de apreensiva expectação, Adam viera juntar-se à amorável família, trazendo consigo pesada bagagem espiritual, com a qual haveria de conviver, transitando pela vida, a fim de fazer reluzir a sua alma, ainda prisioneira do orgulho e da vaidade.

Quando todos já se encontravam em um dos quartos da maternidade, ao lado de Adeline, aguardando com visível expectativa a chegada do mais novo membro da família, o dr. Achille se fizera anunciar, adentrando, respeitoso, o recinto.

Desta feita, trazia ilustrada em seu semblante, habitualmente sereno e confiante, uma indisfarçável inquietação que, de pronto, a todos impactara, fazendo-os conjeturar que algo inesperado estava ocorrendo com a criança que acabara de nascer.

Após a todos cumprimentar, o doutor dirigira o olhar para Adeline perguntando-lhe como estava se sentindo, ao que ela apreensiva respondera que estava relativamente bem, apenas com um pouco de dores, porém muito ansiosa para saber se havia gerado um menino ou uma menina.

Após obter a resposta ao seu questionamento, o doutor, discretamente, pedira a Acace que solicitasse aos seus filhos para se encaminharem para a sala de espera, ali permanecendo até, oportunamente, serem chamados.

Circunspecto, procurando haurir forças para o fato que lhes haveria de comunicar, aproximara-se de Adeline e segurando, delicadamente, em suas mãos, como que tentando aplacar o impacto que a notícia por certo iria provocar, tentando encontrar as palavras mais adequadas para aquele delicado momento, dissera-lhes, dando à sua voz, terna entonação:

— Como já disse, trata-se de um menino. Ao examiná-lo, sinto em dizer-lhes, constatei que o nosso pequenino é portador da Síndrome de Down.

Antes que o médico viesse a esclarecê-los com respeito ao inesperado e contundente acometimento, lágrimas sentidas vieram visitar os olhos do casal, fazendo com que Adeline, instantaneamente, se recordasse da melancolia e do incômodo sentimento de compaixão pelo bebê, que durante a gravidez a perseguiram, conscientizando-se, resignadamente, de que o Pai de infinita misericórdia, desde então, estava preparando-a para enfrentar os dias difíceis que o bebê e toda a família iriam ter de vivenciar.

Quando, em parte, os ânimos haviam sido acalmados, o dr. Achille passara a elucidar os desalentados pais quanto a ocorrência, dizendo-lhes, compassivamente:

— As crianças com esta síndrome são portadoras de um desajuste genético ocorrido durante a formação do feto.

— Este desajuste, visivelmente caracterizado, é acompanhado, entre outros aspectos, por um certo retardamento mental, por vezes leve, moderado, nada impedindo que a criança venha a interagir com as demais pessoas, vivenciando diversas experiências, integrando-se, gradualmente, ao mundo e, obviamente, à sociedade.

— Todavia, cabe a vocês, pais, resignadamente compreenderem e aceitarem o que a vida lhes impõe, presenteando este novo cidadão francês com todo o carinho e as atenções de que necessita e de que é merecedor como todo e qualquer ser humano, a fim de que venha a empreender, por vocês amparado, sua difícil jornada terrena.

Silêncio absoluto se fizera presente, traduzindo um certo abrandamento da angústia que havia estiletado Adeline e Acace, fazendo-os, a partir de então, desfrutar um dúlcido sentimento pelo recém-nascido, comprometendo-se, mútua e intimamente, de todas as maneiras possíveis, amenizar as dificuldades que, por certo, viriam ao encalço do filho, forrando o chão dos seus caminhos com as pétalas veludosas da paciência, da abnegação e do mais puro amor.

Naqueles impactantes momentos, os mesmos Espíritos amigos que os acompanhava, ali estavam, procurando incutir-lhes serenidade e resignação para poderem dar seguimento à missão com a qual, alhures, se haviam comprometido.

Envolvendo-os com a ternura inconfundível dos amadores, conseguiram o nobre intento de asserená-los, fazendo-os, íntima e corajosamente, colocarem-se a serviço do amor e da caridade, comprometendo-se a acompanhar, sem esmorecer, os passos do filho, Adam, conduzindo-o, pouco a pouco, pelas veredas da resignação, direcionando-o ao terno regaço de Jesus.

Dez anos transcorreram desde o nascimento de Adam, mesclados com incontáveis momentos, traduzidos sob a forma de alegria, tristezas, apreensões, decepções, que bem ilustram as cenas e ocorrências que vão desfilando pelas avenidas desse nosso planeta de provas e expiações.

Adam, desde cedo, manifestara moderado atraso mental, todavia, não sendo empecilho para que viesse, dentro das suas limitações, interagir com as pessoas, com elas vivenciando experiências diversas e gratificantes que, aos poucos, foram redesenhando os contornos da sua alma, apagando, gradualmente, as cicatrizes provocadas pelo orgulho e pela vaidade que, desde antigas eras, faziam-lhe inseparável companhia.

Lentamente, Adam fora tomando consciência das suas restrições, todavia, por vezes, nas entrelinhas do seu comportamento, atiçado pelo seu teimoso orgulho, atribuía-se valores que não possuía, tentando ilustrar o que os olhos alheios, mesmo que se esforçassem, não conseguiam enxergar, caridosamente levando-os a conta do seu indisfarçável retardo mental.

Quando por alguma razão era generosamente presenteado com um elogio, por mínimo que fosse, enchia-se de brios, permitindo que a vaidade, disfarçada de satisfação, dele emergisse, fazendo-o acreditar naquilo que, na verdade, não era.

Ao acompanhar os seus familiares em qualquer tipo de evento, Adam fazia questão de escolher seus próprios trajes, para, em seguida, admirar-se diante do espelho, somente dando-se por satisfeito após receber dos seus queridos a devida aprovação e os consequentes elogios, após os quais, considerava-se preparado para sair a público.

Ao sentar-se diante da mesa para as costumeiras refeições do dia a dia, fazia questão que estivesse bem decorada, os copos e talheres bem dispostos, as iguarias bem apresentadas, para que, só então, pedisse para ser servido, comportando-se com certo refinamento, atitudes estas incompatíveis com a rotina diária da família que primava pela educada alegria e descontração.

Seus queridos, sem distinção, cercavam-no com todas as atenções e expressivos carinhos, procurando atribuir-lhe tarefas e responsabilidades condizentes com suas limitações, poupando-o de dissabores e possíveis frustrações, tudo em nome do amor.

Anselme e Adrienne, seus irmãos, contando, respectivamente, 14 e 12 primaveras, constante e descontraidamente, com ele dialogavam, propondo, exemplificando, colhendo seus pareceres, fazendo-o sentir-se querido e participativo membro da harmoniosa família.

Adam, em certas ocasiões, era visitado por inquestionável melancolia, fazendo com que seus pais e seus irmãos se empenhassem para que dela se desvencilhasse, o que, com relativa facilidade, o conseguiam, restituindo-lhe a alegria que, por pouco tempo, o havia abandonado.

Em verdade, durante as noites em que o Espírito Adam alforriava-se do seu desajustado arcabouço físico, desfrutando de relativa lucidez, seu guia espiritual o aguardava, amparando-o, envolvendo-o em ondas de esclarecedores conselhos, estimulando-o a sobre eles refletir, para que, gradativamente, fosse compreendendo e resignando-se quanto à difícil, porém, redentora expiação a que se propusera enfrentar, reparando as faltas outrora cometidas, traçando para si próprio as linhas de um novo e promissor amanhã.

Durante o desenrolar das suas experiências escolares, Adam era tratado pelos seus mestres com as devidas atenções, sabedores que eram das limitações que o aprisionavam.

Porém, o mesmo nem sempre ocorria por parte dos seus colegas que, com certa frequência, endereçavam-lhe olhares debochados, acompanhados por descaridosas chacotas que o entristeciam sobremaneira, fazendo-o sentir-se humilhado, inferiorizado, desprezado até, incapacitado para interagir como os demais garotos o faziam, impossibilitado de acompanhar-lhes os passos, como tanto gostaria.

Estas atitudes imaturas e impensadas dos garotos repercutiam fortemente no cerne da sua alma, entretanto, aos poucos, iam combatendo e, ao mesmo tempo, arrefecendo o orgulho e a vaidade que, teimosamente, ainda o perseguiam, retardando o seu encontro com a serena humildade.

Quando retornava para casa, trazendo no semblante a tristeza que o afligia e, na sua intimidade, o inconformismo por sentir-se marginalizado pelos colegas, era logo envolvido pelos carinhosos e espontâneos abraços dos seus queridos que, acompanhados por palavras amorosas e consoladoras, amenizavam suas agruras, devolvendo-lhe o otimismo e a alegria, impulsionando-o a continuar sua difícil romagem.

À noite, quando se aconchegava ao leito em busca de descanso, o Espírito Adam logo se despojava da indumentária física que o mantinha recluso, sendo então amparado e socorrido pelo seu mentor espiritual, que se empenhava para fortalecer o seu ânimo, restituindo-lhe a resignação e a confiança que, por vezes, pareciam tê-lo abandonado.

Nessas oportunidades, atento e respeitoso, acompanhava os conselhos que lhe estavam sendo ministrados, esforçando-se para compreender e aceitar a insuficiência mental que, quando em vigília, o caracterizava, predispondo-se, resignado, a seguir adiante, de braços dados com a humildade.

Igualmente como os seus familiares, Adam era apaixonado por música, reminiscência do passado artístico que todos vivenciaram, sendo comum escutá-lo cantarolar pela casa, deixando extravasar o prazer que desfrutava ao fazê-lo.

Gravava os acordes e as letras das composições que ouvia, com tal facilidade e entusiasmo, que seus pais sentiram-se motivados a adquirir um piano, instrumento para o qual Adam denotava nítida preferência, bem como seus irmãos, que além disso demonstravam vivo interesse em aprender a tocá-lo. Assim fora feito.

Esperançosos de que, em companhia dos irmãos, viesse a desenvolver alguma habilidade nesse sentido, seus pais contrataram um professor de música e canto que passara a ministrar-lhes aulas semanais.

Apesar de toda a dedicação do paciencioso professor Lionel, Adam apresentava nítidas dificuldades para adaptar-se ao piano, não conseguindo, apesar de esforçar-se, acompanhar os irmãos que evoluíam a olhos vistos.

Um ano após terem sido iniciados estes estudos, o professor mantivera uma conversa particular com Acace e Adeline, colocando-os a par das qualidades musicais de Anselme e Adrienne, sugerindo-lhes que os encaminhasse a um renomado conservatório para ali desenvolverem mais rapidamente seus inquestionáveis pendores.

Quanto ao desempenho de Adam, fora bastante cauteloso ao expô-lo, medindo as palavras para não magoá-los.

Entretanto, não querendo despertar-lhes qualquer ilusão a respeito do filho, deixara-lhes evidente que o mesmo apresentava nítidas dificuldades para manusear o piano, sentindo-o impossibilitado de progredir neste sentido, mesmo que, à custa de sacrificiosas horas de estudo e prática, viesse a tentar, o que a seu ver não era recomendado, fazendo fraternal alusão às evidentes limitações que o jovenzinho apresentava.

Acace e Adeline, notando o esforço que o professor fazia para não magoá-los, ou mesmo entristecê-los durante a exposição dos seus conscienciosos pareceres, leves sorrisos deixaram aflorar dos seus lábios, patenteando seus mútuos e sinceros agradecimentos pelos esclarecimentos que o competente e educado professor tinha acabado de lhes endereçar, fazendo-os compreender que Adam, Anselme e Adrienne haviam chegado a um ponto evolutivo musical tal, que por si só dispensava seu dedicado concurso.

Um mês depois, Lionel se despedira, levando em seu coração sensível as marcas da saudade pelo tempo que convivera e vivenciara, no seio daquela amorável família.

Todos os integrantes sentiram muito a sua falta, compreendendo e, ao mesmo tempo, enaltecendo sua elogiável atitude, exceto Adam que, a ele, muito se afeiçoara, não conseguindo bem entender o porquê do seu afastamento.

Uma vez mais, sentira-se esquecido e desprezado, golpeado que fora no seu desarrazoado orgulho e na sua fútil vaidade que dele ainda não haviam, de todo, desertado.

Os anos foram passando, enquanto Adam assistia a seus irmãos transitarem pelas estradas da música, sendo presenteados pelo sucesso e pelos aplausos, que atiçavam a sua alma, fazendo-a pelejar contra o seu orgulho e a sua vaidade, fazendo sentir-se cativo das suas limitações, profundamente desalentado.

Nessas oportunidades, após aconchegar seu corpo ao leito e adormecer, seu Espírito, uma vez mais, desprendia-se da sua embalagem física, sendo fraternalmente acolhido pelo seu guia espiritual que, paciencioso, o estimulava a prosseguir em sua peregrinação carnal, sem se lamentar, vivenciando-a com resignação e valentia.

Ao mesmo tempo, incitava-o a reconhecer e aceitar o sucesso dos irmãos, conseguido à custa de muitas horas de esforço e dedicação, fazendo-os merecedores do reconhecimento e dos elogios com os quais o público os brindava.

Assim, nessas benditas oportunidades, o orgulho e a vaidade que o enlaçavam sofriam forte assédio da conscienciosa reflexão, fazendo com que, aos poucos, a alma de Adam fosse rendendo-se ao abraço aveludado da humildade.

Ao despertar, trazia imantado em sua alma, outrora atolada nessas desvirtudes, um doce sentimento que o impelia a resignar-se das suas limitações, enquanto que um nobre pensamento passara a percorrer a sua mente, induzindo-o a respeitar os seres humanos que com ele interagiam, cada qual buscando encontrar a tal da felicidade, utilizando-se, para tanto, dos meios de que dispunham, compatíveis com o grau de conhecimento que haviam alcançado.

Era evidente que na intimidade de Adam desenrolava-se dorida, porém redentora, batalha, travada pelo orgulho e pela vaidade de antigas eras, contra a renúncia de si próprio.

Deixando-se contagiar pelas efêmeras e enganosas glóríolas do mundo, ilustradas pelos elogios e pelos aplausos que no passado recebia, tornara-se vítima da ilusão, colocando-se, equivocada e presunçosamente, em patamares superiores as criaturas humanas que o presenteavam com suas espontâneas manifestações de carinho e apreço, considerando-as apenas como reles mortais.

Enquanto os dias, meses, anos iam ilustrando, impassíveis, o passar do tempo, Adam fora vivenciando inumeráveis e, para si, edificantes episódios, extraindo, gradativa e valentemente da sua alma, outrora arredia e pretensiosa, as mazelas que, ao longo do processo reencarnatório, foram-na esculpindo, utilizando-se, para tanto, do cinzel da soberba e da vaidade.

Após ter ultrapassado 20 anos de idade, Adam passara a ser perseguido por leve dificuldade respiratória que, a princípio, por todos passara despercebida.

Porém, gradualmente, fora recrudescendo, fazendo-se acompanhar por desagradável palidez que passara a residir em suas faces, preocupando seus familiares, fazendo com que seus pais o levassem ao médico.

Este, após os devidos exames, diagnosticara que Adam apresentava preocupante insuficiência cardíaca, afirmando ser um dos possíveis inconvenientes que podem ocorrer aos portadores da Síndrome de Down. Em seguida, calmamente passara a expor para Acace e Adeline os cuidados que, doravante, deveriam ter para com o filho, relacionando-os.

As dificuldades respiratórias que, sem cessar, perseguiam Adam, foram aumentando de frequência e intensidade, obrigando-o a experienciar momentos de visíveis aflições, fazendo com todos os seus familiares e ele próprio tristemente deduzissem que a morte, sem complacência, estava a espreitá-lo, aguardando o instante oportuno para, em definitivo, ceifar-lhe a vida.

Qualquer esforço que realizava, mesmo que fosse para atender às suas habituais necessidades fisiológicas, era suficiente para descompensá-lo, fazendo recrudescer a falta de ar que, sem piedade, o maltratava, tornando ainda mais aflitiva sua jornada.

Assim sendo, Adam mantinha-se praticamente todo o tempo deitado, refém da agonia que não lhe dava tréguas. Somente a presença carinhosa e quase ininterrupta dos seus familiares era capaz de amainá-la, fazendo-o vivenciar instantes de relativa acalmia.

Durante o tempo em que o silêncio se fazia presente, o pensamento de Adam voejava, rememorando os dias felizes em que a saúde fazia-lhe agradável companhia, ensejando-lhe interagir, experienciar, viver.

Aprisionado ao leito, incapacitado para o exercício das suas limitadas ocupações, por vezes, deixava-se enredar por profunda melancolia, materializada em forma de lágrimas sentidas que percorriam suas faces descoloridas, incitando os seus familiares a abraçá-lo e beijá-lo com o mais puro afeto, na esperança de, assim agindo, apaziguarem o seu coração, arrefecendo os seus íntimos sofrimentos.

Nesses momentos, o enfermo endereçava aos seus queridos um doce olhar, agradecido pelo privilégio das suas amorosas presenças, único lenitivo de que dispunha para aliviar suas agruras.

Adam era constantemente inspirado pelo seu tutor espiritual no sentido de aceitar resignadamente sua desdita, dela aproveitando-se para retirar esclarecedoras lições, dulcificando seu Espírito, libertando-o da carapaça de orgulho e de vaidade que, ao longo do tempo, com inquebrantável teimosia, o mantivera cativo, impedindo-o de encontrar-se com a humildade e de desfrutar a tão sonhada paz.

Assim, dolorosamente, Adam fora percorrendo seus últimos dias de estágio neste planeta azul que a todos nós acolhe, oferecendo-nos inumeráveis oportunidades para que venhamos espiritualmente a evolver, transitando pelas estradas floridas e perfumadas do incondicional amor ao próximo.

Durante certa madrugada, uma vez mais o Espírito Adam abandonara seu estojo carnal, sendo carinhosamente recebido por entidades amigas que com ele passaram a dialogar, preparando-o, sutilmente, para o seu definitivo desligamento do corpo físico que, durante anos a fio, o albergara, ofertando-lhe a promissora oportunidade para pelejar e vencer suas desvirtudes que, até então, pareciam invencíveis.

Na manhã seguinte, ao despertar, Adam, como que por encanto, ilustrava um evidente arrefecimento em suas dificuldades respiratórias, ao mesmo tempo que trazia o seu semblante adornado por uma paz que há tempos não o visitava, contagiando todos os seus familiares, fazendo-os, por momentos, dela também desfrutar.

Na verdade, tais ocorrências traduziam as fraternas providências que, durante a madrugada, as referidas entidades espirituais haviam tomado, tendo em vista o seu já próximo desencarne.

Ao final de tarde, quando seus pais, Acace e Adeline, e seus irmãos, Anselme e Adrienne, outrora Marcel e Nicole, Philippe e Mireille, o presenteavam com o calor das suas presenças,

Adam, ex-Adrien, debilmente lhes estendera os braços, pegando em suas mãos, beijando-as com indescritível carinho, agradecido por todo o amor que lhe dedicaram, enquanto um sorriso brando viera adornar-lhe os lábios.

Instantes após, seus olhos suavemente se fecharam, despedindo-se da vida, enquanto o seu Espírito, humildemente, partia para o além, radiante pela vitória alcançada sobre o seu exacerbado orgulho e pretensiosa vaidade de outrora, deixando nos corações dos seus amados a saudosa lembrança dos doces momentos que, juntos, desfrutaram.

Caro leitor:

Transitando pelas coloridas e envolventes passarelas do mundo da matéria, inebriados pelos seus fugazes aromas, inumeráveis seres humanos não se apercebem que, em paralelo, camuflados e perigosos despenhadeiros os espreitam, bastando dar um só passo em falso para se verem arremessados às águas profundas e lamacentas que acariciam as bases das suas encostas, num vai-e-vem constante e amedrontador, fazendo-os necessitados de urgente e salvador socorro.

Ao caminharmos, prazerosamente, por sobre as sinuosas linhas deste conto, somos impelidos a destacar, dentre os personagens que o compõe, um deles, que, pelas experiências vividas, bem ilustra o que acabamos de apontar.

Referimo-nos a Adrien, o soberbo e vaidoso cantor que, ao desfrutar das perfumosas gloríolas da fama, por elas deixara-se fascinar, acabando por demarcar os contornos das estradas íngremes e negregosas que no amanhã iria percorrer, comprovando a soberana lei de Causa e Efeito, com a qual todos nós, habitantes deste maravilhoso planeta, estamos inexoravelmente comprometidos.

Carregando ao longo das encarnações a soberba e a vaidade cristalizadas em seu Espírito, teimosamente resistente aos doces chamamentos da humildade, permitira-se, em mais uma existência carnal, seduzir-se pelos aplausos e pelos elogios que o público o presenteava, fazendo com que, equivocadamente, viesse a considerar-se um ser especial, autossuficiente, superior àqueles simples mortais que carinhosamente o enalteciam.

Extremamente orgulhoso dos seus dotes vocais, acabara por construir para si próprio frágil pedestal de vidro, por onde passara a desfilar, exibindo seus pretensiosos valores, esperando, vaidoso, as palmas que haveriam de acariciar o seu ego.

Eram tantos os elogios para si endereçados que, por vezes, se sentia visitado por incômodo e visível tédio com relação aos seus admiradores, bem ilustrando sua alma egocêntrica e extravagante.

Assim transitara pelas calçadas da vida, de mãos dadas com o orgulho exacerbado e a vaidade exigente.

Todavia, idoso, enfermo e só, pois seus queridos já haviam deixado este mundo, profundamente entristecido e magoado com os admiradores que o abandonaram, partira para o além, onde, oportunamente, haveria de constatar os ilusórios caminhos que havia percorrido quando encarnado, sentindo-se arrependido e, ao mesmo tempo, motivado a redimir-se dos erros cometidos, tendo como objetivo descristalizar de vez o orgulho e a vaidade que até então o enclausuravam, fazendo com que a humildade, enfim, pudesse emergir, vitoriosa, das profundezas do seu ser, ensejando-lhe o feliz encontro com a fraternidade e a paz.

Tempos depois, após ter vivenciado na erraticidade, inumeráveis experiências, mescladas de sofrimento, aprendizado e contundentes renúncias, o Espírito Adrien reencarnara, desta feita como Adam, trazendo no corpo físico que lhe servia de calabouço um incômodo atraso mental que a ciência catalogara como Síndrome de Down e, na alma, a coragem inquebrantável para bem cumprir a missão que lhe fora destinada.

Percorrendo os atalhos da nova existência, distante dos aplausos e dos elogios de outros tempos, tendo como companhias o desdém de algumas criaturas, a compaixão de outras e o amor incondicional dos seus familiares, Adam fora resignadamente conscientizando-se das sua limita-

ções, deixando-se, pouco a pouco, acompanhar pela dúlcida humildade, levando-a consigo, quando da Terra uma vez mais se desligara, rumando novamente para a pátria espiritual, convicto de que bem cumprira com seu papel pelos palcos da vida.

Por outro lado, seus pais, Acace e Adeline, outrora Marcel e Nicole, e seus irmãos Anselme e Adrienne, ex-Philippe e Mireille, naquela oportunidade seus amoráveis tios, acompanharam-no por toda a sua árdua, porém redentora, existência, envolvendo-o com todo o carinho e com todo o amor de que eram capazes.

Assim agindo, ajudaram-no a trilhar os caminhos do bem, da resignação e da humildade, reparando a falta que com ele haviam cometido na encarnação anterior, aplaudindo-o e elogiando-o, por vezes em demasia, contribuindo, imprudentemente distraídos, para fazê-lo distanciar-se ainda mais das perfumadas estradas da humildade, das quais se desviara, durante a longa esteira das reencarnações.

8

Escravo da luxúria

"Ao despertarmos a afeição nos corações que nos acompanham os passos, tornamo-nos por eles responsáveis, assumindo para conosco o inadiável compromisso de retribuir-lhes o honroso sentimento com o qual nos presentearam."

Antes...

Ao final de uma cinzenta tarde de domingo, a chuva tão esperada, por fim, vestia os céus, umedecendo as terras ressequidas pelo calor intenso que, há meses, castigava aquela rica região de Portugal.

A vegetação outrora verdejante havia perdido o colorido e o viço que a caracterizavam, como se estivesse hibernando, aguardando pacienciosamente, que as nuvens refertas do licor divino caridosamente fizessem-no verter sobre aquelas terras, devolvendo-lhes as cores e a vida.

Assim permanecera durante toda a noite, prosseguindo madrugada adentro, para alegria dos fazendeiros e dos trabalhadores da região, entre eles, Vasco Tavares, rico proprietário de extensa e bem cuidada vinha, cujos frutos eram praticamente destinados à produção de saboroso e requisitado vinho, possuidor de qualidade irrepreensível que o tornavam muito requisitado e reconhecido pelos exigentes apreciadores deste tipo de bebida.

As garrafas que o continham eram revestidas por sofisticados rótulos, cuja ilustração e dizeres o distinguiam das demais marcas existentes, evidenciando as técnicas e o esmero com que era produzido.

Na manhã seguinte, fazendo-se acompanhar por um dos seus principais empregados, fora visitar a plantação, trazendo no semblante a alegria que o enlaçava, ao constatar que minúsculas folhinhas verdes brotavam destemidas, enfeitando as terras, como se estivessem a bradar aos quatro ventos que, enfim, a vida estava de volta.

Vasco Tavares era um homem bom e justo, porém, muito rígido com os seus funcionários, mantendo-os com rédeas curtas, exigindo-lhes apenas trabalho e responsabilidade.

Nutria pela sua vinha, especial carinho e dedicação, tratando-a com todo esmero, orgulhoso da beleza e do viço dos seus frutos e da qualidade inatacável do vinho que produzia.

Íntegro em suas atividades comerciais, pautava suas palavras, atitudes e ações pela honestidade absoluta, tornando-se, assim agindo, respeitado por todos aqueles que com ele mantinham qualquer tipo de negociação.

Era completamente avesso a mentiras, entretanto, ao adquirir confiança em alguma pessoa, nela acreditava sem restrições, correndo por vezes riscos desnecessários em suas transações.

Rosa, sua amorável esposa, ao contrário, era sensível, afável, condescendente para com os seus empregados, tendo sempre para com eles palavras, atitudes e ações que evidenciavam a bondade de que estava repleto o seu coração. Almiro e Antero, filhos do casal, contemplados por máscula beleza física, contando, respectivamente, 23 e 25 anos, respeitavam e tudo faziam para agradar ao pai, demonstrando todo o apoio que davam à sua forma de conduzir os negócios, tudo fazendo para seguir-lhe os passos.

Após terem terminado os estudos, tendo o genitor como exemplo, passaram a dedicar todo o tempo às vinhas, que de todos exigia muito empenho e determinação, fazendo com que

Vasco Tavares deles se orgulhasse, elogiando-os sempre que surgia uma oportunidade.

Almiro e Antero eram inseparáveis companheiros, nutrindo entre si notável amor de irmãos, virtude esta que o pai enaltecia, estimulando-os a continuar assim agindo para, juntos, enfrentarem os desafios que a vida para todos reserva.

Paralelamente a isto, os irmãos evidenciavam possuir, mormente Antero, incontrolável compulsão pelo sexo oposto, perdendo o equilíbrio e a compostura todas as vezes que belas e cativantes mulheres desfilavam diante dos seus olhos, dominados pela lascívia, fazendo com que, pelas vias do pensamento, delineassem abomináveis cenas de sensualidade e erotismo, atiçando suas almas cativas da luxúria que, sem tréguas, os perseguiam, ao longo do percurso das suas respectivas reencarnações.

Deixando-se envolver pelo instinto que, nestas ocasiões os dominavam, sentiam-se impelidos a empregar todos os meios possíveis para conquistá-las, desfrutando-lhes a companhia e por vezes o próprio amor delas, friamente se descartando após satisfeitos os seus desejos doentios de conquista e prazer.

Ao conseguirem se aproximar das mulheres que almejavam, o que ocorria com certa frequência, seus olhares replenos de cobiça, fazendo-se acompanhar por palavras envoltas por declarada sensualidade, como que anestesiavam suas vítimas, tornando-as submissas aos seus caprichos e deploráveis desejos para, em seguida, abandoná-las, colocando-as no rol das suas efêmeras conquistas, vangloriando-se dos seus poderes de sedução.

Para Antero, principalmente, as mulheres se constituíam apenas em inesgotáveis fontes de prazeres carnais, delas roubando-lhes o afeto e o amor, retribuindo-lhes em forma de ingrato, frio e inconsequente desdém, como se fossem criaturas sem alma, desprovidas de sentimentos, destinadas apenas a servir aos homens e gerar os seus filhos, quando assim o desejassem.

Quando estava a sós com o irmão, relatava com riqueza de detalhes as aventuras amorosas de que participara depreciando as mulheres que, cativas do amor, a ele se entregavam, na esperança, muitas vezes ingênua, de conquistar o seu coração volúvel e com ele virem a unir-se em matrimônio, constituindo suas próprias famílias.

Irresponsável para com o afeto que despertava nos corações femininos, fora se comprometendo perante a espiritualidade, assumindo graves compromissos neste campo, que, no amanhã, a lei de Causa e Efeito haveria de exigir-lhe o devido resgate, ceitil por ceitil.

Com o passar do tempo, inspirada por amigos espirituais, Rosa fora deduzindo e, aos poucos, conscientizando-se do caráter volúvel e irresponsável, mormente de Antero, quanto ao sexo oposto, passando a preocupar-se neste sentido.

Por vezes tentara discretamente alertar o marido neste particular, dele recebendo desatenção e reproche, evidenciando confiar plenamente no comportamento dos filhos, que oportunamente haveriam de consorciar-se formando suas respectivas famílias.

Em seguida, habilmente procurava desviar o rumo da conversação, enaltecendo as qualidades dos filhos quanto ao desempenho das tarefas de que se encontravam incumbidos nas vinhas, o que representava a mais cristalina realidade.

Aos poucos, Rosa fora se dando conta de que nada adiantaria conversar com o esposo a este respeito, pois suas palavras não encontravam eco nos seus ouvidos.

Entretanto, sempre que surgia uma oportunidade, procurava dialogar com Almiro e Antero, esperançosa de, gradualmente, vir a conscientizá-los da responsabilidade que assumiam ao despertar o afeto no coração feminino, alertando-os quanto as consequências que poderiam advir se não dessem a este nobre sentimento o merecido respeito e valor.

Os irmãos educadamente ouviam-na discorrer sobre o assunto, todavia, Antero não dava a devida atenção ao seu conteúdo, esquecendo-o assim que a mãe terminava os seus aconselhamentos, ansioso por se ver liberto das suas ponderações.

Almiro, o mais jovem, por vezes sentia-se impactado pela consciênciosa argumentação de que a genitora se utilizava, a ponto de questionar-se a respeito da sua conduta junto aos corações femininos, sentindo-se acossado por fugaz arrependimento que logo se dissipava ao ver-se diante de qualquer mulher bonita que cruzasse o seu caminho, despertando-lhe a cobiça.

Antero, por sua vez, não demonstrava a mínima sensibilidade aos conselhos maternos, pautando seu comportamento por extremada desconsideração para com aquelas desavisadas criaturas que, enganosamente, enlaçava em seus braços, delas se desvencilhando como se fossem simples objetos de prazer, deserdados de sentimento e de amor.

Enceguecido pelos instintos, não conseguia nem mesmo vislumbrar a importância que a própria mãe representava no seio da sua família, valorizando apenas a figura do pai como sustentáculo e mantenedor do lar, colocando-o nas alturas, relegando a mãe a planos inferiores, aprisionada pela dependência e submissão.

Assim agindo, enregelava cada vez mais o seu coração, tornando-o refém da insensibilidade e do desrespeito para com aquelas almas que trajavam a indumentária feminina, valorizando, errônea e prepotentemente, os homens, como sendo os senhores absolutos do mundo, devendo-lhes os demais seres humanos o respeito e a subserviência.

Os negócios da família Tavares prosperavam a olhos vistos e, como consequência, a moeda passara a transbordar dos seus cofres, fazendo com que Antero, pretensioso e imprudente, tudo julgasse poder.

Incentivado e convencido pelo irmão, Almiro também passara a fazer da noite o seu reduto de prazeres e irresponsabilidades, para descontentamento do pai que passara a notar certa indolência dos filhos quanto as suas respectivas tarefas na vinha, e de Rosa, por perceber os caminhos perigosos e fúteis que estavam, imprudentemente, trilhando.

Numa noite de segunda-feira, logo após o jantar, Vasco e Rosa reuniram-se com os filhos, expondo-lhes os motivos pelos quais se encontravam incomodados e descontentes, exigindo-lhes explicações, bem como rápidas e conscienciosas mudanças em seus desajustados comportamentos.

Os irmãos atentos, em absoluto silêncio, escutaram as admoestações que lhes foram endereçadas, assimilando-as por meio do respeito que tinham para com os pais, entretanto, assim não o fizeram pelas vias da consciência. Todavia, mutuamente se propuseram a encontrar uma solução que viesse amainar o desconforto dos pais e, ao mesmo tempo, não os privasse dos prazeres a que estavam acostumados.

Após as devidas e sensatas recomendações de Vasco e Rosa, a conversação se tornara agradável, descontraída como tempos atrás, para a alegria de todos.

Antes de recolherem-se aos seus respectivos aposentos, Almiro e Antero entreolharam-se, matreiros, perguntando-se pelas vias do pensamento como haveriam de solucionar e safar-se do impasse que acabara de surgir.

Ao se ver abraçado pela bênção do sono, o Espírito Antero desprendera-se do veículo físico que o agasalhava, vendo-se, de imediato, ligado a entidades irresponsáveis, desregradas e libidinosas, verdadeiros obsessores que o tornavam escravo da insaciável compulsão pelo sexo sem freios, incapacitando-o a controlar seus torpes e exacerbados desejos.

Na manhã seguinte, logo após a refeição matinal, pai e filhos encaminharam-se para as vinhas, a fim de cumprirem com as específicas atribuições que já os estavam aguardando.

Ao se verem a sós, Almiro e Antero confabularam, propondo-se a se esforçarem para atender às pontuais recomendações dos pais, arrefecendo os seus ímpetos, melhor cumprindo com as obrigações que lhes diziam respeito.

Alma frágil e instável, carente da têmpera dos fortes, Antero, ao contrário do irmão, novamente se deixara enlaçar pela invigilância e insensatez, desertando em poucas semanas dos compromissos que havia assumido para com os pais, voltando, gradualmente, a ceder aos apelos constantes da libido inconsequente e desassossegada.

Assim agindo, imprudente, fazia-se acompanhar pela chusma de Espíritos obsessores, seus antigos e fiéis comparsas de orgias, na longa esteira das suas anteriores reencarnações, que dele se aproveitavam para a satisfação dos seus apetites condenáveis, estimulando-o a transitar pelos caminhos obscuros e perigosos do desrespeito e do desamor.

Avesso aos compromissos matrimoniais que, por si sós, haveriam de exigir-lhe sensíveis mudanças comportamentais, dificultando-lhe, sobremaneira, a procura dos prazeres carnais de que era súdito fiel, Antero não se deixava envolver por estes nobres sentimentos. Quando, porém, começavam a querer assediá-lo, logo deles se desvencilhava, partindo em busca de outros corações desprevenidos e carentes de afeto, para depois abandoná-los, sem compaixão, como assim estava acostumado a fazer em suas reencarnações anteriores.

Por força das suas atividades comerciais, Vasco, certa vez, convidara Gaspar Saraiva e seus familiares para virem jantar em sua residência, quando então o anfitrião se aproveitaria da oportunidade para dialogar com o convidado, fazendo-lhe algumas propostas que, a seu ver, a ambos interessava.

Foi assim que, naquele sábado, Antero viera a conhecer a jovem Mirela, cuja beleza inocente e recatada simpatia eram capazes de despertar puros sentimentos nos corações masculinos, esperançosos por conquistar-lhe a afeição.

Tal não ocorrera com Antero, que a vira apenas como futura vítima dos seus torpes impulsos.

Impactado pelos delicados encantos da jovem, que contava 22 primaveras, logo após o requintado jantar ladino, convidara, gentilmente, Mirela para acompanhá-lo até aconchegante terraço para com ela entretecer descompromissada conversação.

Sem perda de tempo, endereçando à senhorinha o olhar mesclado de simpatia e sensualidade, acompanhado pelos galanteios que estava acostumado a fazer, provocando um certo *frenesi* nas incautas criaturas que, via de regra, acabavam por ceder aos seus tendenciosos argumentos, Antero iniciara uma pacienciosa incursão pelos campos da enganosa sedução.

Surpreendida, pois não estava acostumada a tais delicadezas, Mirela sentira acelerar as batidas do seu coração, comprovando a si mesma de que fora impactada pelo olhar e pelas palavras do astucioso cortejador.

Bem orientada pelos seus amorosos, porém rígidos, pais, a jovem tentara controlar-se, esforçando-se para não ilustrar a repercussão que tais galanteios haviam provocado na intimidade da sua alma inocente e sensível.

Todavia, o rubor que viera visitar-lhe as faces a denunciara, fazendo com que Antero não tivesse dúvidas de que conseguira o seu ardiloso intento de desestabilizá-la emocionalmente.

Antes que pudessem dar continuidade ao diálogo, Rosa viera-lhes ao encontro, convidando-os para o jantar que estava prestes a ser servido, encerrando assim aquela que fora agradável e promissora conversação.

Durante o requintado e saboroso repasto, os jovens trocaram olhares significativos que não passaram despercebidos para Rosa que, discretamente, os notara.

Horas mais tarde, as famílias se despediram quando então Antero, educadamente, beijara a mão de Mirela, ao mesmo tempo que, entre dentes, a convidara para com ele encontrar-se no sábado seguinte, junto ao coreto do parque central da cidade por volta das 16 horas.

Ao obter da jovem sua imediata aceitação, ilustrada por um delicado movimento da cabeça, Antero, esboçando expressivo e simpático sorriso, acabara por cativar ainda mais a senhorinha.

Na manhã seguinte, quando toda a família Tavares se encontrava desfrutando a trivial refeição matinal, a matriarca dirigindo a palavra para Antero, calma e seriamente, lhe dissera:

— Filho. Ontem quando os Saraiva aqui estiveram, não pude deixar de notar os olhares que você endereçou para Mirela, a ponto de deixá-la, por instantes, visivelmente constrangida, tal a insistência que denotavam.

— Acredito que tal fato não passara despercebido pelos pais da jovem, que polidamente procuraram nada demonstrar.

— Se eu estivesse em seus lugares, me sentiria desconfortada, pois, para bom observador, os olhares que você destinou a Mirela demonstravam certa dose de malícia que a mim própria incomodara, tal a ousadia de que se revestiam.

Repentinamente, o que era incomum, as faces de Antero enrubesceram, face a inesperada e perspicaz observação da genitora.

Apesar da exacerbada lascívia que percorria suas entranhas, o jovem não se apercebia que a deixava transparecer por meio do olhar malicioso e do sorriso sensual, como se as suas células estivessem constantemente excitadas, ansiosas por deixarem extravasar a volúpia de que eram reféns, característica das criaturas que ainda se encontram distantes do Mártir da Cruz.

Antes que o jovem pudesse interpor qualquer tipo de explicação, na tentativa de justificar o que não conseguiria, tal a realidade dos fatos que acabaram de ser expostos, Rosa dera continuidade à sua fala, assim se expressando:

— Como você sabe, temos muito apreço pela família Saraiva e, logicamente, pela jovem Mirela, cuja beleza, educação e fineza de trato a todos nós encantara, conquistando-nos a simpatia.

— Em vista disto, quero aconselhá-lo a não despertar na senhorinha sentimentos que você não esteja preparado ou disposto a honrar, evitando futuros dissabores que somente virão em nossa direção, se você não der o devido valor a estas nossas recomendações.

Em seguida, com olhar matreiro, acompanhado por um leve sorriso, Antero respondera:

— Vou me esforçar.

Em seguida, Vasco colocara um ponto final na conversação, convocando os filhos para acompanhá-lo até as vinhas, pois o trabalho e as responsabilidades os estavam aguardando.

Atendendo ao incisivo chamado do pai, os irmãos levantaram-se da mesa, despedindo-se carinhosamente da mãe.

Abraçados, seguiram logo atrás do pai, irresponsavelmente sorrindo, mormente Antero, antegozando os prazeres que estavam por vir, tão logo consolidasse a nova conquista que passara a projetar em sua mente enfermiça, fascinada pela sensualidade e pela fria inconsequência.

Conforme Rosa havia previsto, Gaspar e Otília, os pais de Mirela, também haviam observado os olhares ousados que Antero destinara à filha e que os desagradara sobremaneira, predispondo-os a não dar prosseguimento às visitas sociais que no futuro poderiam ocorrer entre as duas famílias, atendo-se, exclusivamente, às atividades comerciais que a ambas diziam respeito.

Em momento oportuno, os pais de Mirela, com amorosa austeridade, expuseram à jovem seus experientes e devidos pareceres quanto ao desagradável comportamento de Antero durante a visita que fizeram à família Tavares, alertando-a para evitar qualquer tipo de aproximação com o rapaz, pois algo lhes dizia que se assim não agisse, o futuro poderia reservar-lhe desilusões e tristezas.

Mirela, em atento e educado silêncio, escutara as recomendações dos pais, porém, atiçada que fora pelo jovem em seus mais íntimos sentimentos, não se achava no momento capaz de resistir aos apelos do seu inexperiente e delicado coração, sendo de imediato visitada por visível constrangimento. Instantes depois, a senhorinha dirigira-se para o quarto, acompanhada pelas incertezas que, desde então, passaram a vir em seu encontro.

No sábado seguinte, conforme ficara veladamente combinado entre os jovens, Antero encaminhara-se ao parque central da cidade, na esperança de encontrar-se com a moçoila e com ela desenvolver jovial conversação, quando então iria colocar em prática os seus poderes de sedução, com o único propósito de enlaçar o seu coração, colocando assim um novo troféu na sua galeria de conquistas, subjugando mais uma carente donzela, para depois, sem maiores explicações, covardemente dela se descartar, destruindo, sem piedade, os seus mais sinceros sonhos.

Ansioso, Antero fora rapidamente percorrendo as ruelas do parque que o conduziriam ao singelo coreto, na expectativa de que a jovem ali já se encontrasse.

Chegando àquele local, divisara Mirela, sentada em um banco nas imediações, conversando com outra moçoila que lhe fazia alegre companhia, ao mesmo tempo em que se mantinha, disfarçadamente, atenta a tudo o que se passava ao seu redor, denunciando a ansiedade que a visitava enquanto aguardava a presença do jovem sedutor.

Ao notar o rapaz vindo, sorridente, em sua direção, o coração de Mirela acelerara os seus batimentos, deixando-a convicta de que estava se deixando envolver pelas delicadas teias dos sentimentos.

Ao cumprimentá-las, meneando a cabeça, Antero segurou, delicadamente, em uma das mão de Mirela, beijando-a com os lábios úmidos, causando-lhe inesperado *frenesi*, tal a sensualidade de que se revestira. O mesmo acontecera com Marta que, mais experiente, imediatamente notara a maliciosa atitude do jovem.

Mirela mantivera-se atenta e curiosa no tocante às reações faciais que a amiga poderia apresentar devido à cativante presença do rapaz. Todavia, nada observara, pois Marta soubera bem disfarçar o impacto que a presença de Antero lhe causara.

A partir de então, a conversação seguira jovial, despretensiosa, fazendo com que cada qual fosse traçando as primeiras linhas das suas personalidades.

Experiente e sagaz, Antero fora notando por meio do olhar, dos gestos e das palavras de Marta, que continham dissimulada dose de malícia, que a jovem seria uma presa fácil para os seus futuros e condenáveis objetivos, bastando um simples estalar dos seus dedos para tê-la junto a si, ávida por desfrutar-lhe a companhia.

Suas conjeturas estavam corretas, pois, Marta, de fato, era uma jovem suscetível a tudo aquilo que se referisse a sensualidade, deixando-se conduzir pelos sonhos próprios da doce mocidade, correndo sérios riscos de enveredar-se pelos caminhos perigosos da imprudência.

Mirela, distraída, nada percebera, deleitando-se apenas com a atraente presença de Antero que, aos poucos, fora enlaçando o seu desprevenido é crédulo coração.

As horas foram passando, até que as despedidas se fizeram presentes, para tristeza das moçoilas e certa satisfação para o rapaz, que previa presas fáceis para as suas infames pretensões.

Durante todo o mês, os encontros sucederam-se, quando Mirela sempre se fazia acompanhar por Marta, única forma que encontrara para ludibriar os pais, obtendo-lhes o devido consentimento para sair a passeio nos finais de semana.

Deixando-se gradualmente se convencer pelas enganosas intenções de Antero, Mirela estava aguardando o momento oportuno para convidá-lo a vir à sua residência, quando então ambos exporiam aos seus pais os sentimentos que nutriam entre si, pedindo-lhes o devido aval para iniciarem o namoro.

Durante os encontros, Marta, ardilosamente, esmerava-se para cativar as atenções de Antero, demonstrando por meio dos olhares maliciosos que lhe dirigia, estar apenas na espera de um sutil convite do rapaz para cair-lhe nos braços, tornando realidade os devaneios que a perseguiam desde que o conhecera.

No início do segundo mês de mútuo conhecimento, Mirela insinuara para que Antero viesse à sua residência, induzindo o jovem a pensar que pretendia deixar os pais a par do relacionamento que entre ambos estava se iniciando.

Pego de surpresa pelo velado convite, Antero habilmente se fizera de desentendido, mudando o foco da conversação, safando-se ileso do desagradável e inesperado imprevisto.

Astuto, aproveitando-se de alguns poucos minutos em que ficaram a sós, enquanto Marta fora ao encontro de algumas outras colegas que por ali passavam, Antero aproximara-se, ousadamente, de Mirela e, ao mesmo tempo que colocava entre as suas, as mãos da moçoila, beijara-lhe, carinhosamente, o rosto, fazendo-a vivenciar instantes de desconhecido enlevo.

De repente, direcionando para Mirela o seu olhar insinuante o voluptuoso, que a inocente jovem interpretava como sendo a manifestação do sincero sentimento que lhe dedicava, Antero aproveitara-se deste instante mágico e oportuno para manifestar o seu desejo de com ela estar a sós, induzindo-a, nas entrelinhas, a valer-se de alguma artimanha para, no próximo encontro, desvencilhar-se da companhia da amiga. Minutos depois, as despedidas se tornaram necessárias e prudentes.

Velhaco, Antero continuava, pacienciosamente, a dar asas àquele relacionamento apenas por puro capricho, saboreando, antecipadamente, o momento em que teria a ingênua Mirela em seus braços, à mercê das suas carícias, submissa aos seus torpes desejos, mantendo-se indiferente aos sentimentos que suscitava no coração da doce senhorinha, para logo mais abandoná-la, sem comiseração, colocando-a como sendo mais uma peça na estante comprometedora das suas vãs conquistas.

Durante toda a semana, Mirela ficara em dúvida quanto a atender ou não ao pedido de Antero. Sua consciência dizia para não fazê-lo, enquanto o seu coração dizia-lhe exatamente o contrário.

Todavia, no sábado pela manhã, temerosa de que se viesse a dar ouvidos à sua consciência, haveria de descontentar o rapaz, correndo o risco de fazê-lo desistir de cortejá-la, deixara convencer-se pela mentira, dizendo aos pais que iria encontrar-se logo mais à tarde com Marta, para juntas saírem a passeio.

Imediatamente após ter mentido para os seus genitores, sua consciência uma vez mais se manifestara, tentando fazê-la desistir do seu escuso intento, eliminando assim as dores morais que a mentira, de imediato, lhe havia causado.

Entretanto, fraquejara, acabando por ceder aos apelos do coração, decidindo ir ao encontro de Antero, deixando de convidar Marta, desprezando-lhe a companhia.

Ao chegar ao local combinado, o rapaz já a aguardava, demonstrando por meio da sua expressão facial, o seu contentamento por vê-la, pela primeira vez, só, desacompanhada, deixando-o à vontade para pôr em prática os seus astuciosos meios de sedução, aproveitando-se da inexperiência e ingenuidade de Mirela.

De mãos dadas, iniciaram o passeio pelo parque, quando, então, Antero passara a elogiar os trajes e a beleza da moçoila, da qual o mentiroso conquistador dizia ter se tornado prisioneiro, induzindo-a a pensar que estava dela enamorado, objetivando assim facilitar suas premeditadas investidas.

Distraída, confiando nas boas intenções de Antero, a jovem fora sendo astutamente conduzida pelo rapaz a um recanto ermo do parque, protegido por abundante e bem cuidada vegetação, raramente visitado pelos frequentadores, intencionando ali tentar subjugá-la aos seus inescrupulosos instintos.

Logo após se verem sentados em gracioso banco, emoldurado por coloridas flores, Antero, insinuante, iniciara suas intempestivas e tendenciosas investidas em direção à moçoila, deixando-a veramente encabulada, tal a volúpia de que se revertiam.

Atingida em sua intimidade moral, sentindo-se envolvida por uma mescla de decepção e repulsa pelo rapaz, que até aqueles momentos estivera agradavelmente presente em seus sonhos, Mirela abruptamente se levantara, deixando Antero só, estático, pasmo, sem ação ou palavra, tal o impacto que a inesperada atitude da jovem lhe causara.

A seguir, desiludida com a conduta inoportuna e desrespeitosa de Antero para com a sua pessoa, Mirela partira a passos rápidos em direção à sua residência.

Lá chegando, trazendo no semblante as marcas da desilusão e do remorso, Mirela fora, de imediato, ao encontro dos pais, abraçando-os com sofreguidão.

Chorosa, ferida em seus brios de mulher, Mirela passara a resumir-lhes todo o ocorrido, desde o primeiro encontro, pedindo-lhes perdão por haver-lhes enganado todo o tempo, tomando, habilmente, toda a cautela para não delatar o nome daquele que fora o causador do triste e censurável episódio, evitando assim que futuros problemas pudessem advir, prejudicando os interesses comerciais existentes entre as famílias Tavares e Saraiva.

Sem que os olhos humanos pudessem enxergar, o guia espiritual de Mirela, como sempre, estava ao seu lado, dando-lhe forças para resistir às tentações que viriam visitá-la.

Naqueles incômodos momentos, a doce Mirela acolhera em sua alma sensível, a inspiração que do alto recebia, readquirindo o equilíbrio e a consciência, impondo, com espontaneidade e energia, o respeito que lhe era devido, esquivando-se da cilada que Antero lhe havia preparado.

Logo após o jantar, desolada, Mirela encaminhara-se para o seu quarto, na tentativa de apaziguar o seu coração ferido.

Ao mesmo tempo em que se sentia enganada pelo irresponsável rapaz, uma insólita satisfação viera ao seu encontro, pelo fato de ter conseguido, corajosamente, resistir ao perturbador assédio de Antero, saindo incólume e vitoriosa daquela situação desconfortante e inesperada que, há pouco, vivenciara.

Assim pensando, colocara um ponto final naquele infeliz relacionamento, predispondo-se a esquecê-lo, sem deixar qualquer vestígio que pudesse macular o seu coração.

Golpeado no cerne do seu orgulho frívolo de inveterado conquistador, Antero, nervosamente, retornara para sua casa, carregando enquistado em sua alma o insano propósito de vingar-se daquela que, bravamente, resistira às suas reprováveis pretensões.

No dia seguinte, passara a delinear a forma de que iria se utilizar para desforrar-se da situação incômoda que experienciara, julgando-se, egoística e insensatamente, vítima, concluindo que se utilizaria de Marta para conseguir o seu intento.

Assim pensando, antes que Mirela pudesse relatar à amiga o que havia acontecido, astucioso, apressara-se para encontrar-se com Marta, a fim de dar sua mentirosa versão ao caso, procurando, assim agindo, defender-se, mantendo intacta sua enganosa imagem de bom rapaz.

Desta forma, sagaz, procurando convencê-la de que fora vítima de lamentável injustiça, haveria de induzi-la a dele penalizar-se, fazendo com que abrisse as portas do seu coração, também volúvel, para que, aos poucos, sorrateiramente, nele adentrasse, conquistando-o, dando seguimento ao seu plano de vingança.

Assim maquinando, tomando todo o cuidado para não ser visto, esperaria que Marta deixasse a escola de artes, para, no momento oportuno, ir ao seu encontro, abordando-a, para, em seguida, passar a narrar-lhe a cena ocorrida entre ele e Mirela, pintando-a com as cores da irresponsabilidade e da mentira, de que se tornara obediente servidor.

Ainda abatida pela desagradável ocorrência do dia anterior, Mirela se ausentara da referida escola, permanecendo em sua residência, refazendo-se do impacto que havia sofrido.

Desta forma, Marta não se encontrara com a amiga e, portanto, desconhecia o que havia ocorrido entre os dois.

Ao deixar os estudos, Marta, distraída, não notara que Antero, dissimuladamente, passara a acompanhá-la e tão logo percebera não correr nenhum risco de encontrar-se com Mirela, aproximou-se de Marta, como se fora por acaso, iniciando, a seguir, simpática conversação, dando sequência ao que havia planejado.

Arguto, acumpliciado pela falsidade e pela calúnia, dissera-lhe, insinuante:

— Senti sua falta, sábado passado. Mirela disse-me que a convidou, porém, devido às suas inesperadas obrigações para com o estudo, você não pôde atender ao seu convite.

Marta, surpreendida pelo que acabara de ouvir, abstendo-se de qualquer comentário a respeito, manteve-se calada, a fim de não se comprometer, aguardando que Antero lhe desse outros detalhes para, então, manifestar-se, caso achasse oportuno e conveniente.

Dando sequência ao seu tendencioso monólogo, o rapaz dissera-lhe:

— Eu e Mirela nos encontramos sábado passado novamente no parque, buscando um banco onde pudéssemos nos assentar e conversar calmamente. Assim fizemos.

— No transcorrer do nosso diálogo, ao segurar respeitosamente em uma das mãos de Mirela, ela, repentinamente a recolheu, levantando-se inesperada e rapidamente do banco, deixando o local, para minha total surpresa e decepção.

— Quanto a mim, estou em paz com a minha consciência, pois procedi de acordo com os preceitos que regem a boa educação e o respeito, recebendo em troca imprevista e injusta desconsideração por parte da sua ingrata amiga.

Antero dera teatral ênfase à sua argumentação, que acabara por convencer Marta de que estava dizendo-lhe a mais pura verdade, fazendo com que, de imediato, a jovem se sentisse melindrada com a amiga pelo fato de não a ter convidado para o passeio e, além do mais, por ter mentido para o rapaz.

Por meio do olhar mesclado de surpresa e ressentimento da moçoila, Antero, experiente, tivera a certeza de que conseguira convencê-la da sua mentira, sentindo que Marta começara a abrir as comportas do seu coração volúvel para que nele astuciosamente pudesse adentrar.

Antero acompanhara a jovem até as imediações da sua residência quando então ilustrando no olhar ardiloso desconsolo, traduzido por Marta como sendo falta de atenção e afeto, o jovem ousado pegara em uma das suas mãos e a levara aos lábios, beijando-a, fazendo com que a jovem dele se compadecesse, no mesmo instante que um ardente, porém contido, desejo de abraçá-lo percorrera as entranhas da sua alma carente de companhia e afeição. Em seguida, despediram-se, rumando para os seus lares.

Sem procurar certificar-se da verdade dos fatos, Marta, a partir daqueles momentos, passara acintosamente a evitar a companhia de Mirela, sem mesmo destinar-lhe um só olhar, denunciando todo o irrefletido ressentimento que passara a residir na intimidade do seu ser.

Mirela percebendo a estranha atitude da amiga para consigo, tentara, algumas vezes dela se aproximar, porém conscientizara-se em definitivo de que, por razões para ela desconhecidas, Marta, claramente, dispensara a sua companhia. Desde então, não mais se falaram, colocando um ponto final na amizade que, por um tempo, mantiveram-nas unidas.

A partir daquele encontro com Antero, Marta passara a agasalhar o desejo de reencontrar-se com o rapaz, para, quiçá, com ele iniciar um relacionamento que viria apaziguar os irresistíveis sentimentos que passaram a transitar pelo seu coração.

Com o correr das semanas, habilmente, Antero passara a encontrar-se com Marta ao deixar a escola de artes, conquistando, aos poucos, o seu coração ávido por perigosas emoções.

Logicamente, em algumas oportunidades, quando o casal notava que Mirela estava por perto, Antero esmerava-se nas atenções que direcionava para Marta, pensando, assim agindo, estar vingando-se da jovem que lhe recusara a companhia e os carinhos.

Na verdade, Mirela nada sentia a respeito, a não ser um certo repúdio pelo jovem e, ao mesmo tempo, um sincero pesar em relação à ex-amiga, convicta de que Marta, distraída e desavisada, começava a percorrer arriscados caminhos que, se não detectados a tempo, poderiam vir a prejudicar o seu amanhã.

Porém, desalentada, sentira que nada poderia fazer para alertá-la a respeito, pois, se assim o fizesse, os seus conselhos seriam interpretados como ciúme ou despeito e, portanto, imediatamente descartados, sem alcançar o seu objetivo.

Assim sendo, Mirela esquecera-se totalmente de Antero, seguindo, esperançosa, pelas estradas do seu porvir.

Enquanto isto, Marta deixava-se envolver cada vez mais pelas falsas promessas e galanteios do engenhoso sedutor, cedendo, pouco a pouco, aos enganadores convites da libido.

Assim, num momento de fraqueza acabara por entregar-se de corpo e alma ao jovem conquistador que, sem o mínimo escrúpulo, a desonrara, abandonando-a sem nenhuma explicação, com a frieza de um carrasco, como se fosse apenas mais uma medalha que, orgulhosamente, colocava em seu peito, em meio a tantas outras, por ter conseguido outra vitória.

Sem se importar com os infortúnios que a imprevidente senhorinha iria ter de enfrentar ao longo da sua existência, maculando o seu porvir com as tintas escuras do desencanto e da desilusão, Antero, indiferente às dores alheias, seguia adiante, à procura dos fugazes prazeres que a vida lhe ofertava.

Do outro lado da vida, o mentor espiritual de Marta empenhava-se para incutir-lhe bons pensamentos, estimulando-lhe a consciência, com o propósito de evitar que cometesse desatino maior que viesse a comprometê-la ainda mais.

Todavia, escravizada pela paixão e pela desesperança, não captara pelas vias da alma os sábios aconselhamentos que do alto estavam sendo enviados, passando a transitar, indiferente, pelas largas estradas da luxúria, comprometendo-se, irreversivelmente, perante o seu amanhã.

Quanto a Antero, impassível, continuara seguindo o seu rumo, como se nada tivesse acontecido, ávido por conhecer e conquistar outros desprevenidos corações, ludibriando-os com suas falsas promessas, para, logo depois, esquecê-los, com a rapidez do relâmpago, como assim o fizera, ao longo da sua estrada reencarnatória, decepcionando tantas almas, mudando os seu destinos, tornando-se, a cada nova reencarnação, prisioneiro da inexorável lei de Causa e Efeito.

Contudo, com respeito às atividades que exercia nas vinhas da família, o fazia com insofismável dedicação e responsabilidade, recebendo do pai frequentes elogios, condizentes com a sua notada aplicação neste sentido.

Durante um dos jantares em que toda a família Tavares se encontrava reunida, Vasco manifestara o desejo de expandir suas atividades comerciais a outros países, a começar pela França, visando para lá exportar o seu vinho, cujo refinado sabor e incontestável qualidade o deixavam otimista quanto ao sucesso que haveria de alcançar este seu novo empreendimento.

Almiro e Antero entreolharam-se, alegremente surpreendidos, face às boas perspectivas que, de imediato, vislumbraram para consolidar ainda mais o apreciável patrimônio da família, conseguido com muito trabalho e extremada dedicação.

Sentindo que sua ideia recebera o aval dos filhos, Vasco passara a expor a necessidade de bem conhecer as vantagens e os riscos que haveria de enfrentar, para implantar o novo negócio, necessitando da eficiente colaboração de Almiro e Antero para, juntos, com prudência, virem a tomar a devida decisão.

Para tanto, antes de qualquer outra providência, observou o pai, deveriam dispor de todas as informações possíveis a respeito do complexo processo de importação e exportação de vinhos praticado naquele país, procurando conhecer, em detalhes, todos os prós e os contras deste negócio, evitando futuras decepções para a família.

Por isto convocara os filhos, para dirigirem-se à capital francesa, ali permanecendo pelo tempo que julgassem necessário, a fim de adquirirem todos os conhecimentos necessários para que pudessem, oportunamente, decidir sobre a viabilidade ou não do recente projeto.

Radiantes pela agradável e insólita notícia, os irmãos abraçaram-se efusivamente, para a alegria de Vasco e a natural preocupação da bondosa genitora.

Quinze dias depois, Almiro e Antero, eufóricos, partiram para a França, levando nos ombros as responsabilidades que o pai, confiante, lhes destinara.

Ao chegarem na cativante Paris, ficaram, literalmente, encantados com as suas belezas.

Nos dois primeiros dias em que ali estiveram, sentiram-se motivados a visitar algum dos principais pontos turísticos da cidade-luz, curtindo-os em detalhes, satisfazendo suas recíprocas curiosidades.

Passada a euforia dos primeiros contatos com a exuberante metrópole francesa, as responsabilidades se fizeram presentes, impelindo-os a iniciar as tarefas das quais foram incumbidos.

Com o passar dos dias e das semanas, os contatos com os importadores e exportadores de vinhos foram sendo realizados, fazendo com que os irmãos, a pouco e pouco, fossem delineando os contornos das promissoras negociações que, no futuro, poderiam realizar, confirmando as previsões que Vasco Tavares, dias atrás, havia feito.

Diariamente, cada qual dos irmãos visitava um ou mais escritórios comerciais específicos do ramo, para, à noite, quando se reencontrassem no hotel onde estavam hospedados, pudessem trocar ideias e pareceres a respeito das informações que haviam obtido, conseguindo, gradualmente, formar conscienciosa e consistente opinião sobre o assunto que pesquisavam, o que muito iria contribuir para a decisão que haveria de ser tomada.

Em um dos contatos que realizara, Almiro conhecera Madeleine, eficiente e dedicada secretária de um importante comerciante de vinho, cuja delicada e cativante beleza o encantaram, tornando-o prisioneiro, pela primeira vez, de nobres sentimentos.

A jovem Madeleine, por sua vez, também fora abraçada pelos mesmos sentimentos, sendo, aos poucos, conquistada pelo sedutor rapaz.

Assim sendo, passaram a encontrar-se com muita frequência, pois Almiro queria aproveitar-se de todo o tempo livre de que dispunha, para desfrutar a companhia de Madeleine, por ela vindo a apaixonar-se, tal qual com ela também ocorrera.

Tomando conhecimento do que se passava com o irmão, Antero tentara dissuadi-lo de seguir avante naquele relacionamento, procurando trazê-lo novamente para bem próximo de si, para, juntos, voltarem a usufruir os prazeres que o mundo é pródigo em oferecer.

Como não conseguira o seu intento, ao ver-se só, passara a visitar sofisticadas casas noturnas, não só para assistir aos seus shows, como, principalmente, para dispor das companhias femininas que, como sempre, aguçavam-lhe a intimidade, incentivando-o a buscar, afoito, os enganosos prazeres dos sentidos, embrenhando-se, cada vez mais, na selva densa e traiçoeira dos instintos, acumulando dívidas que, no futuro, seria compelido a resgatar.

Os dias, semanas e meses foram deslizando pelas estradas do tempo e ao completarem três meses de estada em Paris, uma carta de Vasco Tavares convocara os filhos para retornarem a Portugal, convicto de que tiveram tempo suficiente para concluírem suas pesquisas e poderem relatar-lhe suas respectivas conclusões.

Nesse momento, Almiro sentira, pela primeira vez, a realidade dolorosa de uma separação, como se o gume de uma lâmina de aço lhe rasgasse as entranhas, causando-lhe aflitivo sofrimento.

No final da tarde seguinte, conforme havia sido combinado, Almiro fora encontrar-se com Madeleine para irem jantar em renomado restaurante nas cercanias do rio Sena.

Logo após estarem devidamente acomodados, Almiro, segurando as delicadas mãos da senhorinha, demonstrando no olhar inconteste melancolia que, indomável, percorria sua alma apaixonada, passara, consternado, a relatar-lhe os dizeres contidos na missiva que seu pai havia enviado.

Impactada nas fibras mais íntimas do seu ser, a jovem não conseguira impedir que duas lágrimas emergissem, delicadas, dos seus lindos olhos cor do mel, deslizando lentamente pelas suas faces empalidecidas, deixando transparecer a profunda tristeza que, de repente, viera visitar sua alma sensível e apaixonada.

Almiro, denunciando em suas feições o constrangimento que dele se apossara desde a leitura da inesperada e incisiva carta do genitor, seus olhos, naqueles instantes, também marejaram, expondo toda a melancolia que assaltava a sua alma.

Durante o jantar, o silêncio fizera-lhes fiel companhia, deixando apenas que os olhares enamorados e as mãos, por vezes carinhosamente entrelaçadas, por si só falassem, utilizando-se da doce linguagem que somente os corações apaixonados são capazes de traduzir e compreender.

Ao final daquele melancólico jantar, as mais puras juras de amor se fizeram presentes, quando Almiro, pleno de sincera emoção, prometera a Madeleine que, muito em breve, retornaria à França, para, juntos, desfrutarem outros tantos momentos de felicidade.

De mãos entrelaçadas, procurando usufruir cada instante de suas mútuas companhias, deixaram o restaurante, encaminhando-se para a residência de Madeleine, para Almiro deixá-la ali e dela, por ora, despedir-se.

A jovem que vivia só, desde que os seus pais desencarnaram em trágico acidente ferroviário, ocorrido a cerca de um ano, ao conhecer Almiro, conseguira, aos poucos, desvencilharse do estado depressivo em que se encontrava, vislumbrando um futuro promissor ao lado do jovem que seduzira o seu coração carente e solitário.

Porém, ao tomar conhecimento de que Almiro iria partir de volta para a sua terra natal, seus sonhos pareciam haver dissipado e, com eles, a tão esperada felicidade.

Ao deixá-la em sua moradia, Almiro, olhando doce e fixamente nos lindos olhos da amada, como se quisesse visualizar sua alma e os sentimentos que a envolviam, lhe dissera, pleno de sinceridade, convicção e amor:

— Madeleine. Apazigue o seu coração, pois tenha a certeza de que muito em breve aqui estarei para desfrutar a sua presença, matando a saudade que desde agora estou sentindo e que, tenho a certeza, irá se intensificar à medida que for aumentando a distância que haverá de nos separar.

Sem nada mais dizerem, deixando tão somente que os olhares e as lágrimas expressassem, livremente, o que lhes dizia o coração, os apaixonados com indescritível ternura e amor despediram-se, enquanto Madeleine guardava na alma as incertezas do amanhã e Almiro o sincero desejo de voltar.

No dia seguinte, os irmãos partiram de retorno a Portugal, atendendo com presteza à impositiva recomendação do pai.

Durante todo o percurso de volta, enquanto Antero mostrava-se eufórico pelas boas perspectivas comerciais que as pesquisas evidenciaram, Almiro mantinha-se, a maioria do tempo, calado e pensativo, aprisionado pela saudade que sentia da jovem Madeleine.

Ao chegarem em casa, foram efusivamente recebidos pelos pais, que estavam saudosos das suas presenças.

Oportunamente, Almiro e Antero reuniram-se com o pai, relatando-lhe com riqueza de detalhes todas as informações colhidas durante suas estadias em terras francesas, fazendo com que Vasco se entusiasmasse, face as boas perspectivas comerciais que os filhos acabavam de enunciar, entre elas, a perspectiva de poderem abrir um escritório de importação e distribuição do produto produzido nas próprias vinhas dos Tavares.

Vasco interessou-se vivamente pela ideia, propondo aos filhos que a estudassem minuciosamente, pois tal iniciativa iria custar-lhes considerável soma, razão pela qual deveriam abastecer-se de todas as informações possíveis e necessárias para evitar possíveis dissabores.

Assim o fizeram, concluindo, em poucas semanas, os referidos estudos, acabando por serem convencidos a dar prosseguimento ao ousado projeto.

Nesse ínterim, Almiro e Madeleine trocavam cartas apaixonadas, mantendo vivo o sentimento que os havia enredado.

Com o passar do tempo, Rosa fora notando que Almiro não mais acompanhava o irmão em suas saídas noturnas, permanecendo a maioria do tempo em que estava liberto das suas obrigações para com as vinhas, em seus íntimos aposentos, deixando transparecer certa melancolia, fazendo-a conjeturar que o filho havia se enamorado de alguma francesa.

Assim, em uma das oportunidades em que ficara a sós com o filho, sutilmente tocara neste delicado assunto, quando então,

Almiro, denotando incomum timidez, passara a expor-lhe o que havia ocorrido com os seus sentimentos, demonstrando, claramente, que o seu coração havia se deixado apaixonar.

Feliz, Rosa o abraçara, carinhosamente, incentivando-o a dar asas a este lindo sentimento que, naturalmente, aflorara da intimidade da sua alma, fazendo-o sonhar com o doce encantamento da futura união e, consequentemente, de uma nova família.

Tão logo Vasco, assessorado pelos filhos, ter tomado a importante decisão de ampliar suas atividades comerciais além fronteiras, Almiro, com o devido aval do irmão, se propora a retornar à França, a fim de tomar as providências necessárias para consolidar a abertura do referido escritório e ali permanecer gerenciando-o, caso o pai concordasse.

Pego de surpresa, Vasco ficara momentaneamente indeciso e temeroso em dar ao filho tão importante responsabilidade. Todavia, conhecendo os nobres sentimentos que Almiro albergava em seu coração, Rosa, de imediato, dera o seu consentimento, apoiando o filho em seus propósitos, confiando na sua capacidade, inteligência e bom senso para lá gerir os negócios da família.

Com a sua vibrante convicção, Rosa acabara convencendo o esposo que, sorrindo, abraçara o filho, desejando-lhe todo o sucesso no novo negócio.

Uma semana depois, tão logo Almiro colocara os pés em solo francês, rapidamente, dirigira-se ao encontro de Madeleine, dissipando assim a saudade pungente que, há tempos, havia aprisionado as suas almas.

Com o passar do tempo, os negócios na capital francesa prosperavam a olhos vistos, para júbilo de toda a família Tavares que, saudosa, aguardava a vinda de Almiro para, juntos, celebrarem as festas de Natal.

Algumas horas antes da meia-noite do dia 24 de dezembro, a sineta da belíssima mansão dos Tavares soara, impaciente, anunciando a chegada do querido e esperado visitante.

Ao ser aberta a porta, veramente surpreendidos, viram diante de si Almiro, de braços dados com a encantadora Madeleine, que, instantaneamente, arrebatara-lhes a atenção, tal a delicada e exuberante beleza que a natureza lhe presenteara.

As apresentações logo se fizeram presentes, enquanto sorrisos e abraços se multiplicavam, demonstrando as alegrias do reencontro, acrescidas da inesperada e doce presença da senhorinha, que a todos, sem exceção, cativara.

Assim, descompromissadas, as horas foram deslizando pelos caminhos do tempo, acompanhadas pelas alegrias sinceras dos corações que se querem bem.

Quando faltava 15 minutos para a meia-noite, Almiro, dando um ar de seriedade à sua fisionomia, tomara para si a palavra, dizendo com a voz embargada, visivelmente emocionado:

— Meus queridos. Há tempos, venho sentindo-me agradavelmente impelido a tomar importante decisão que, sem dúvida, irá alterar o rumo e o sentido da minha vida.

— Desde que conheci Madeleine, meu coração aninhara em seu interior um sentimento que jamais fora por mim vivenciado, dando-me a certeza de que o amor, por fim, viera ao meu encontro.

A seguir, endereçando terno olhar para a senhorinha, ao mesmo tempo que, carinhosamente, segurava em suas delicadas mãos, continuara, comovido:

— Assim, na presença de todos vocês, meus queridos, eu peço Madeleine em casamento!

No mesmo instante, com os olhos embaçados pelas lágrimas, acompanhados por um sorriso de felicidade que viera adornar os seus lábios, Madeleine, silenciosamente, dera por aceito o pedido que Almiro acabara de lhe endereçar.

Os abraços, beijos e votos de felicidade foram a tônica daqueles inesquecíveis momentos.

Poucos meses depois, na França, Almiro e Madeleine casaram-se diante do bem ornamentado altar da basílica de Saint Germain. Logo após a cerimônia nupcial, Vasco, Rosa, Antero e os demais convidados dirigiram-se para o elegante solar dos recém-casados, para, ali, desfrutarem momentos de amistoso entretenimento, quando, então, puderam cumprimentar pessoalmente Almiro e Madeleine, desejando-lhes os melhores augúrios.

Poucos dias depois, Antero e seus pais despediram-se do recém-formado casal, retornando a Portugal, dando prosseguimento às obrigações que os aguardavam. Assim também ocorrera com Almiro e Madeleine, que passara a secretariar o marido em suas atividades comerciais.

Com os anos, implacavelmente transitando pelo calendário do tempo, Almiro e Madeleine foram premiados com o nascimento de saudável e bela menina que passara a alegrar os seus dias, adornando as suas existências com a sua doce presença.

Quanto a Antero, assediado mental e constantemente por Espíritos viciosos que incentivavam o seu condenável proceder, para que também pudessem saciar os seus desejos malsãos, não dispunha de um só momento de paz.

Aprisionado pela luxúria incontrolada, continuara agindo como se fosse um cruel ferino, atento, esperando um só vacilo da presa que aguçasse o seu apetite doentio para arrojar-se sobre ela, submetendo-a aos seus censuráveis caprichos para depois, sem piedade, abandoná-la a própria sorte, indiferente as aflições e sofrimentos pelos quais haveria de passar.

Descompromissado para com a moral e a honra, obstinado pela lascívia desenfreada, começara a frequentar, com mais assiduidade, ambientes permissivos e censuráveis, deixando-se, irreversivelmente, dominar pelo desfrute irresponsável dos efêmeros e traiçoeiros prazeres da carne.

Assim, imprudentemente agindo, acabara por ser contaminado pela terrível sífilis que, aos poucos, acabaria por minar-lhe as forças físicas, fazendo-o passar por atrozes sofrimentos que, por fim, acabariam por roubar-lhe a vida, pautada pelo descaso e pela indiferença em relação ao sexo oposto.

Porém, antes que a morte viesse em seu encalço, revoltado, passara a engendrar plano macabro em sua mente enferma, visando contaminar, sem compaixão, as mulheres que, invigilantes, serviam-lhe de repasto, como se fossem culpadas pelo seu infortúnio.

Assim, insanamente agindo, sentia-se vingado, fazendo com que as imprudentes criaturas que cediam aos seus caprichos viessem a passar pelos mesmos sofrimentos e aflições que experimentava.

Ardilosamente, dissimulando os rastros que a doença fora deixando em seu corpo físico, passara a colocar em prática o seu execrável plano, comprometendo vidas, maculando-lhes o porvir, aprisionando-as ao sofrimento.

Enfim, Antero partira para o mundo das sombras, encerrando mais um triste capítulo na história das suas diversas vidas.

Ensandecido pela lascívia que, uma vez mais, lhe fora fiel companhia, comprometera gravemente sua próxima reencarnação, que haveria de ser compulsória, sem contestação, como sendo a forma mais indicada que os amoráveis Espíritos responsáveis pelos processos reencarnatórios encontraram para que, gradualmente, o Espírito Antero viesse a compreender os ditames da vida, valorizando as criaturas que trazem para si a sublime responsabilidade de gerar vidas, facultando-nos a bendita oportunidade de renascer.

Depois...

Altos, imponentes e bem cuidados edifícios, ladeando largas e movimentadas avenidas, em cujas calçadas um sem-número de apressados seres humanos transitavam, em perfeita simbiose com o trânsito de veículos que, nervosamente, percorriam o asfalto, compunham um dos cenários característicos da grande e pujante capital de São Paulo.

Em um dos seus tradicionais bairros, em elegante construção, adornada por exuberante e colorido jardim, residia a reduzida família Siqueira.

Marcos e Simone, ele médico, ela psicóloga, após fracassadas tentativas para se tornarem pais, acabaram por constatar que a jovem, definitivamente, não poderia gerar filhos.

Diante dessa impactante realidade, o casal decidira-se por adotar uma criança, acolhendo em seus braços a graciosa Alessandra, cujos pais biológicos haviam-na abandonado, com apenas alguns dias de vida, às portas de conhecida instituição de caridade, à mercê da benevolência alheia.

Desde cedo, a pequenina fora motivo de preocupação para os pais, pois, apesar de bem assistida em todas as necessidades, mostrava-se pouco resistente às infecções que, com teimosa frequência, vinham em seu encalço, deixando evidente a fragilidade do seu corpinho físico.

Esmerando-se nos cuidados médicos e nutricionais, seus pais foram conseguindo que as enfermidades fossem, aos poucos, debeladas, espaçando-se, demonstrando que Alessandra estava fortalecendo-se, despedindo-se, gradualmente, dos incomodos que, costumeiramente, vinham-na molestar.

Quando completara 3 aninhos, Marcos e Simone promoveram a tradicional festa de aniversário, convidando seus parentes e amigos para, juntos, celebrarem o feliz momento.

Como de praxe, inúmeros foram os presentes que a menina recebera, o que lhe possibilitaria desfrutar horas inteiras de prazeroso entretenimento.

Com a carinhosa ajuda da mãe, Alessandra procurava abri-los e, ao consegui-lo, deixava transparecer todo o seu infantil contentamento, para a alegria de quem a havia presenteado.

No dia seguinte, Simone colocara todos os presentes recebidos em um só cômodo e, logo após, fazendo-se acompanhar pela filha, ali a deixara para que pudesse distrair-se e brincar à vontade.

A prestimosa mamãe esperava que Alessandra se encantasse com as bonecas e demais brinquedos do gênero, entretanto, qual não fora sua surpresa, ao vê-la entretida com outros folguedos, deixando de lado aqueles que, acreditava, seriam o foco de suas atenções.

Simone, logicamente, levara aquela atitude da filha como sendo um breve instante de deslumbramento pelas formas e pelos impactantes coloridos dos referidos brinquedos que acabaram por incentivar-lhe o manuseio.

Os meses foram passando e Simone, aos poucos, fora notando que Alessandra demonstrava nítida preferência por brinquedos e folguedos destinados aos meninos.

Ao vesti-la, também fora percebendo que a filha procurava dispensar seus graciosos e coloridos vestidos, optando por trajes mais discretos, que poderiam ser usados tanto por meninos como por meninas, só assim demonstrando estar satisfeita e à vontade.

Os anos foram passando e, com eles, aumentaram as preocupações do casal, no que dizia respeito ao incomum comportamento da filha, que, apesar dos inúmeros aconselhamentos que dos pais recebia, continuava apresentando, em algumas ocasiões, uma certa inclinação para a masculinidade.

Ao aproximar-se o complexo período da adolescência, o processo agravara-se, tornando-se mais evidente e constante, fazendo com que Marcos e Simone se vissem compelidos a interceder mais a miúde, no desarrazoado proceder de Alessandra, procurando incentivá-la não só a vestir-se como as demais meninas, como também a adotar postura e conduta condizentes com a feminilidade que seu corpo físico denotava.

Alessandra, atenta, educada e no mais absoluto silêncio, ouvia e, a princípio, aceitava as considerações dos genitores, todavia, ao encontrar-se a sós, no interior do seu quarto, confrangida e chorosa com o que acabara de ouvir, indagava a si mesma como fazer para atender aos experientes aconselhamentos dos pais, desertando dos constantes desejos que a incitavam a agir, justamente, ao contrário?

Desta forma pensando, a menina Alessandra iniciava intensa e dificílima batalha entre o seu querer e o consciencioso parecer dos seus pais, esperando que o tempo viesse em seu auxílio, ajudando-a a encontrar uma solução que arejasse a sua mente, dissipando a neblina da indecisão que a impossibilitava de vislumbrar as estradas que, no futuro, iria ter de percorrer.

Apesar das incisivas e pontuais observações dos pais e de, sinceramente, esforçar-se para colocá-las em prática, Alessandra encontrava incontestável dificuldade para reprimir os impulsos provenientes da sua alma intranquila, deixando-se, por vezes, envolver por pensamentos que não condiziam com as suas características femininas, induzindo-a a sonhar, de forma reprovável, violentando, assim, a intimidade do seu ser, indeciso, sem rumo.

No colégio onde estudava, sempre fora uma boa aluna, cumprindo seus deveres com responsabilidade e inteligência.

Porém fora nos esportes, preferencialmente destinados aos meninos, que conseguira maior destaque, deixando, despreocupadamente, extravasar os seus impulsos masculinizados, naturalmente disfarçados pela virilidade que a modalidade esportiva por ela escolhida assim o exigia.

Justificando para os pais que a prática esportiva exigia-lhe algumas renúncias, mantinha os seus cabelos bem curtos, o que, de certa forma, contribuía para nublar o seu visual feminino.

Assim agindo, expunha-se aos olhares curiosos e matreiros que as pessoas lhe dirigiam, como se a estivessem julgando e imediatamente condenando o seu comportamento, o que a deixava profundamente entristecida.

Paulatinamente, fora agravando-se o drama particular que Alessandra experienciava, acabando por roubar-lhe a paz, deixando-a preocupada quanto as dúvidas que lhe assaltavam a mente juvenil.

Marcos e Simone, deveras preocupados, procuravam amorosamente fazer com que a filha se conscientizasse das responsabilidades que, no futuro, a aguardavam, estimulando-a a refletir sobre a provável formação de sua própria família quando, então, iria poder desfrutar o doce perfume da maternidade.

As palavras emitidas pelos genitores eram envolvidas com tal carinho e sinceridade que, momentaneamente, Alessandra sentia-se propensa a seguir-lhe as ponderações, contudo, tão logo se encontrava a sós, a indecisão vinha novamente em sua perseguição, fazendo-se acompanhar pelo desalento e pelas dúvidas.

Assim dividida, Alessandra viera completar suas 18 primaveras, conquistando a sua alforria, sem contudo ter conseguido libertar-se das teimosas apreensões que ainda permaneciam em sua mente vacilante, quanto à conduta que, doravante, se via forçada a definir e adotar.

Vivendo terríveis e inimagináveis dramas íntimos, Alessandra passara, maduramente, a meditar sobre o que tanto a afligia, quando então tivera de tomar a difícil decisão quanto a sujeitar-se aos insensatos e comprometedores clamores do seu psico masculino, ou então seguir os justos e conscienciosos apelos que o seu corpo físico feminino lhe endereçava.

Enfim, somente o tempo iria dar a Alessandra, ex-Antero, a devida resposta, quanto ao acerto ou não da decisão que haveria de tomar.

Caro leitor:

A cada instante, somos compelidos a vivenciar um sem-números de experiências, que, se bem avaliadas e compreendidas à luz dos ensinamentos do Cristo Jesus, haverão de nos enriquecer de nobres sentimentos, preparando-nos para que bem possamos discernir quanto ao rumo que haveremos de tomar no hoje e no amanhã das nossas existências.

Momentos, os mais diversos, surgem diante de nós, estimulando-nos à análise, à reflexão e à devida decisão.

Somos ininterruptamente gerenciados pelo nosso livre-arbítrio que, se estiver apartado de Jesus, por certo, nos incitará ao egoísmo, todavia, se Dele estiver próximo, desfrutando-lhe os divinos eflúvios, nos estimulará à sabedoria e ao incondicional amor ao próximo.

Ao percorrermos, com os olhos atentos, as folhas sobre as quais foram grafadas as palavras que compõem este conto, chama-nos a atenção o comportamento recriminável de um dos seus personagens. Referimo-nos a Antero, o recalcitrante, inconsequente e astucioso conquistador.

Deixando-se convencer e seduzir pela libido desenfreada, sem tentar ao menos apor-lhe um mínimo de resistência, Antero enveredara pelas estradas negregosas e escorregadias da leviandade, conquistando, comprometendo e ferindo desprevenidos e, por vezes, inocentes corações femininos, esperançosos por arrebatar-lhe o amor, sendo, logo mais, por ele, abandonados, como se fossem simples objetos de sensualidade e de prazer.

Apesar do beneplácito que o Pai de infinita misericórdia lhe concedera, de poder dispor de uma nova reencarnação, presenteando-o com mais uma chance para redimir-se dos recalcitrantes erros que cometera em vidas passadas, não o levara em conta, comprometendo-se, uma vez mais, com as leis do amor, delineando os contornos do triste destino que, para si mesmo, projetara.

Ao contrair a terrível sífilis, ao invés de procurar penitenciar-se dos erros até então cometidos, ao contrário, Antero se revoltara contra todas as mulheres, culpando-as, insanamente, pelo infortúnio que vivenciava quando, na verdade, fora ele mesmo que o provocara, deixando-se enlaçar pela luxúria sem limites, única responsável pela sua desgraça.

Mesmo consciente da sua contagiosa doença, maldosamente irresponsável, dera continuidade à sua vida de orgias, transmitindo sua cruel enfermidade às criaturas que se deixavam seduzir pelas suas falsas promessas, comprometendo-lhes o amanhã, fazendo com que, assim agindo, dementado, se sentisse vingado de todas as mulheres.

Literalmente endividado para com a lei de Causa e Efeito, os Espíritos responsáveis pelo processo reencarnatório de Antero não encontraram alternativa mais eficaz, se não a de fazê-lo, compulsoriamente, retornar ao mundo da matéria, trajando-se, desta feita, com a indumentária física feminina, para assim, como Alessandra, vir a conhecer e vivenciar todas as experiências que lhes seriam destinadas, valorizando e respeitando, enfim, todas as mulheres, redimindo-se dos lamentáveis erros cometidos no seu irresponsável pretérito.

Últimas Palavras

Era mais um tépido final de tarde, como tantos outros, acariciado por suave brisa, colorido pelos raios alaranjados do astro-rei que se esforçavam para manter as derradeiras claridades do dia, embelezando o horizonte distante, dando novas esperanças às criaturas que por ali, na Terra Santa, transitavam.

Grande número de seres humanos, curiosos e ávidos de saber, acompanhavam o Cristo em mais uma das suas peregrinações por aquelas plagas longínquas, desfrutando a paz da Sua presença, abeberando-se da sabedoria dos Seus insuperáveis ensinamentos.

Naquela oportunidade, posicionando-se em pequena elevação do árido terreno, o Mestre, serenamente, passara a aguardar que todos, à sua frente, se acomodassem.

Enquanto isto, por alguns momentos, percorrera com Seu doce olhar os semblantes daquelas criaturas que, ansiosas, aguardavam a Sua fala, auscultando a intimidade das suas almas sofridas, esquecidas pelo mundo, órfãs do amor, deserdadas pela felicidade.

Instantes após, a voz ternurosa do Emissário do Amor se fizera ouvir, passando a visitar as entranhas daqueles corações desalentados, fazendo-os vislumbrar novas e esperançosas veredas que seus pés ainda haveriam de trilhar.

Cada palavra, cada frase, por Ele emitidas inebriavam aqueles atentos ouvintes, amainando-lhes as agruras, ressoando em suas almas como suave acalanto, embalando seus corações, tais a singeleza e a sabedoria de que se revestiam.

Os minutos escoaram rápidos e, ao final daquela Sua divina preleção, a alegria a todos contagiara, quando fraternais abraços, confiantes sorrisos, esperançosos comentários se fizeram presentes, delatando o vivo contentamento que de todos se apossara.

Assim, mais uma etapa da monumental missão de Jesus, amorosamente, fora cumprida.

Ah! Momentos sublimes foram aqueles, quando tantas criaturas tiveram a ventura de usufruir a presença do mais excelso dos seres humanos que por aqui, nesta Terra abençoada, transitara.

Porém, ignorando as celestes verdades que Ele, o Cristo, viera presenteá-las, ingratas, não Lhe deram ouvidos, deixando-O inquestionavelmente só, tendo como única companhia a cruz.

Do Divino Amigo em sua jornada de luzes nada ficara grafado, porém, com o cinzel do amor, Ele esculpira no éter e nas almas as Suas sábias e imorredouras lições.

Muitos séculos se passaram desde aqueles memoráveis tempos, e hoje, por vezes perseguidos pelas dores do corpo e da alma, clamamos por Ele, desejando sentir-lhe a doce presença, inspirando-nos a caminhada, acompanhando-nos os passos, abrandando-nos os sofrimentos.

Caro irmão, se também forem estes os seus desejos, acredite, no Evangelho Consolador, em suas páginas de luz, você se encontrará, definitivamente, com Jesus!

Ave, Cristo!

Trilogia História Espiritual da Humanidade

Aliança

Os Exilados da Capela
Edgard Armond
14 x 21 cm | 176 Pág.

A formação e evolução das raças no planeta Terra.

Na Cortina do Tempo
Edgard Armond
14 x 21 cm | 96 Pág.

Sobreviventes salvos da Atlântida preservam seus conhecimentos destinados à posteridade.

Almas Afins
Edgard Armond
14 x 21 cm | 128 Pág.

A trajetória de Espíritos afins desde a submersa Lemúria até os dias atuais.